Claudia Wagner–Baumann

Mein Leben war zum Kotzen

D1734234

Claudia Wagner–Baumann

Mein Leben war zum Kotzen

Der Heilungsweg einer Eß-/Brechsüchtigen

Brunnen-Verlag · Basel und Gießen

ABCteam-Bücher erscheinen in folgenden Verlagen:

Aussaat Verlag Neukirchen-Vluyn
R. Brockhaus Verlag Wuppertal
Brunnen-Verlag Basel und Gießen
Christliches Verlagshaus Stuttgart
Oncken Verlag Wuppertal und Kassel

Die Deutsche Bibliothek – CIP-Einheitsaufnahme

Wagner-Baumann, Claudia:
Mein Leben war zum Kotzen: der Heilungsweg einer Eß-, Brechsüchtigen / Claudia Wagner-Baumann. – Basel; Gießen: Brunnen-Verl., 1997
  (ABC-Team) (Brunnen Erfahrungen)
  ISBN 3-7655-1129-3

© 1997 by Brunnen-Verlag Basel

Umschlag: Michael Basler, Lörrach
Satz: Uhl + Massopust, Aalen
Gesamtherstellung: Clausen & Bosse, Leck
Printed in Germany

ISBN 3-7655-1129-3

Inhalt

Trautes Heim – Glück allein 7

Lehr- und Frustjahre 24

Scheiden tut weh 30

Magere Aussichten auf Besserung 51

«Kreative» Brechmethoden 63

Der Tag X und große Reisepläne 85

Amerika, ich komme! 96

Bei den Johnsons in Los Angeles 105

Ohne Freund, Familie und Job 114

Ein neuer Anlauf bei den Coopers 122

Von Ladenplünderungen und Knochengestellen . . 136

Fressen und Erbrechen, sogar auf Hawaii 154

Als halbe Amerikanerin zurück in der Schweiz . . . 169

Die Wende: Ich hätte platzen können vor Freude! . . 184

Anhang

Wichtigste Merkmale der Bulimie 223

Schritte hin zur Wende 225

Schritte aus der Bulimie 226

Bild: Wagner-Baumann

Trautes Heim – Glück allein ...

Verzweifelte Schreie hallten aus den Räumen einer öffentlichen Toilette. Dann ein lautes Weinen, aus dem Trostlosigkeit und Leere herauszuspüren waren. Das Häufchen Elend, von dem all das kam, war ich. Ich kniete neben dem Klo, hatte meine Arme auf den Deckel gestützt und heulte, so laut ich konnte. Ich hatte dabei keine Hemmungen, denn ich war allein im Raum, und draußen war es schon dunkel. Ab und zu schlug ich mit der Faust auf den Deckel, weil ich so wütend war: auf mich, auf die Menschen – auf die ganze Welt!

Nun war es wieder mal soweit gekommen: Ich hatte erneut versagt. Denn kurz davor hatte ich mir hier, auf dieser Toilette, beinahe die Lunge herausgebrochen. Danach hatte mich eine unsagbare Wut gepackt, weil ich es schon wieder nicht geschafft hatte, meinen Körper zu kontrollieren.

«Dieser Drang, mich übergeben zu wollen – wieso pack' ich das einfach nicht, ihn loszuwerden?» fragte ich laut, und dabei donnerte ich wieder mit der Faust auf den Klodeckel. «Und wieso pack' ich es nicht, mich rechtzeitig davon abzuhalten, mich der Fresserei hinzugeben, bis ich fast platze?» Ich legte meinen Kopf auf den linken Arm und wischte mir die Tränen an meinem Hemdsärmel aus dem Gesicht. Ich konnte mir keine Antwort geben. Meine Sucht hatte mich vollständig im Griff. Das Wissen um diesen Zustand erdrückte mich. Wieder mal war mir klargeworden, wie ausgeliefert ich mir selber war: Ich konnte mir bei dem zusehen, was ich mir eigenhändig antat – ohne es verhindern zu können.

Schon lange war ich nicht mehr Herr meiner selbst. Ich wußte, daß ich im Laufe der Jahre immer tiefer gesunken war. Seit Jahren führte ich ein Doppelleben: Da war mein geheimes, finsteres Dasein, das niemand außer mir kannte, und da war das andere Leben, das meine Umwelt sah, die mich für einen zufriedenen Menschen hielt. Was war mit mir geschehen?

Als ich fünfzehn war, gab es eigentlich nichts, was für mich ein wirkliches Problem gewesen wäre. Ich ging noch zur Schule, hatte viel freie Zeit, viele Freunde und außer den Hausaufgaben keine wirklichen Verpflichtungen. Meine Eltern hatten vor ein paar Jahren nach jahrelangem Sparen ein kleines, altes Häuschen gekauft. Meine Mutter war eine fleißige Hausfrau und stets für alle da. Sie bereitete mit dem Gemüse aus unserem Garten die tollsten Gerichte zu. Sie war es, die das Haus zu dem machte, was es war: ein trautes Heim.

Mein Paps arbeitete, seit ich denken konnte, in derselben Firma. Sein Lebensinhalt aber war von jeher nicht die Arbeit, sondern das Basteln. Unser Häuschen bot ihm dafür jede Menge Gelegenheiten, denn er wollte es im Alleingang völlig um- und ausbauen. Sein Wunsch war es, uns trotz unserer bescheidenen Verhältnisse ein schönes und wertvolles Heim zu bieten, und er tat alles, um dieses Ziel Wirklichkeit werden zu lassen. Jede freie Minute investierte er dafür.

Ich hatte zusätzlich das Glück, einen großen Bruder zu haben. Ich war mächtig stolz auf ihn, und immer, wenn mich jemand schikanieren wollte, konnte ich mit meinem großen Bruder Werner drohen! Außerdem half er mir immer bei den Hausaufgaben, wenn ich nicht mehr weiterkam – und das passierte des öfteren. Dabei bewunderte ich seine Intelligenz und seinen Scharfsinn.

Werner gab mir auch sonst wichtige Ratschläge fürs Leben, die ich gerne von ihm annahm, denn bei unserem Altersunterschied von neun Jahren hatte er natürlich schon so einige Erfahrungen mehr gemacht als ich. Wenn es um wichtige Angelegenheiten für mein Leben ging, nahm er sich immer viel Zeit.

Zu meinem Leben gehörte außerdem eine Katze. Sie hieß eigentlich «Cruella». Das konnte sie aber nicht wissen, denn ich rief immer mit einem «bssbss» nach ihr. Dann kam sie sofort angerannt, egal wo sie war und was sie gerade tat.

Als wir unser Häuschen kauften, war es fast hundert Jahre alt und hatte für heutige Verhältnisse keinen Komfort. Immerhin gab es ein Klo – doch das war schon der ganze Luxus! Es waren weder Badewanne noch Dusche vorhanden, geschweige denn ein Badezimmer. Fließend warmes Wasser gab es auch nicht.

Ein Kachelofen war die einzige Heizung. Er befand sich in der Küche, und seine Wärme mußte für alle Räume reichen. Die Feuerstelle für den Kachelofen war zugleich auch unser Herd. Die wenigen Zimmer, die das Haus hatte, waren winzig, dafür gab es eine riesige Scheune, einen Schuppen und einen Stall für Schweine und Ziegen. Doch von diesen Gebäuden konnten wir zunächst mal nichts zum Wohnen gebrauchen.

Das war eine riesige Umstellung für uns alle gewesen – vom Komfort einer Mietwohnung zum einfachen Leben in diesem Haus. Sich täglich von Kopf bis Fuß mit einem Waschlappen zu waschen und dafür am Samstag in der Küche einen «Badetag» mit Waschtrog durchzuführen, ist sicher nicht jedermanns Sache. Doch ich erlebte die ganze Umstellung als Abenteuer und hatte mächtig Spaß daran. Mit der Zeit war für mich dieses einfache Leben ganz selbstverständlich und zeigte mir gleichzeitig, daß man gar nicht viel mehr zum Leben braucht. Im Gegenteil, unser Lebensstil ließ uns als Familie vorerst näher zusammenrükken, weil alle einander halfen, damit der Tagesablauf funktionierte.

Paps' Ziel war es natürlich, das ganze Haus auf heutigen Standard zu bringen. So zeichnete er Pläne, wie das Haus einmal aussehen sollte, und fing an, die Scheune und den Schuppen in Wohnräume umzubauen, Leitungen zu legen, Wände einzureißen und andere aufzumauern. Und dabei halfen wir alle lange Zeit tatkräftig mit – unter seiner Anleitung, versteht sich. Öfters waren wir von Kopf bis Fuß weiß wie Schneemänner von dem vielen Dreck und Staub, der in der Luft herumflog. Unsere gemeinsamen Aktivitäten als Familie beschränkten sich von da an fast nur noch auf das Haus, und meistens sprachen wir über die nächsten Aufgaben, die erledigt werden mußten. Doch die gemeinsame Arbeit machte Spaß, und die Motivation war noch groß.

Irgendwie war diese Zeit sehr harmonisch, und materiell fehlte es mir an gar nichts. Und doch schleppte ich ein Problem mit mir herum. Ich hatte nämlich ständig das Gefühl, dünner sein zu müssen, als ich schon war. Mit meinen Einmetervierundfünfzig wog ich zwar nur dreiundvierzig Kilo, doch mein Schönheitsideal sah ich nun mal in sehr dünnen Frauen. Die absolute Traumfrau war für mich die amerikanische Schauspielerin Audrey Hepburn («My fair Lady»). Sie war für mich der Inbegriff einer perfekten und hübschen Frau. Optisch stimmte bei ihr für meinen Geschmack einfach alles. Sie hatte feine Gesichtszüge und einen wohlgeformten dünnen Körper. Ihre Augen, die Form der Nase, der Mund, gar die Form der Ohren und die Haarfarbe: alles entsprach hundertprozentig meinem Geschmack! Und diesem Idealbild wollte ich gleich sein, wußte aber auch ständig, daß ich es nicht tat. Mir war einerseits klar, daß man sich in bestimmten Bereichen körperlich einfach nicht verändern kann. Andererseits wollte ich alles Veränderbare radikal in Angriff nehmen.

Mein Wunsch, noch schlanker zu sein, als ich war, wurde durch die tagtäglichen Bilder in Illustrierten und im Fernsehen untermauert, wo ich laufend vorgezeigt bekam, was für ein Typ Frau in unserer Zeit gefragt ist und wie erfolgreich man wird, wenn man groß und hübsch ist und eine sehr, sehr schlanke Figur hat. Aus meinem Ehrgeiz heraus klebte ich des öfteren Zeitungsausschnitte von dürren Models an meine Zimmertür, manchmal gar an den Kühlschrank, um mich stets daran zu erinnern, daß ich mein gewünschtes Aussehen noch nicht erreicht hatte.

Gleichzeitig kam ich in das Alter, in dem mich das andere Geschlecht immer stärker interessierte. Um Erfolg zu haben (wie ich meinte), steckte ich mir das Ziel, mein Gewicht auf maximal vierzig Kilo zu verringern. Ich glaubte, dann noch attraktiver zu wirken und mit einem schlanken Körper *die* perfekte Person schlechthin zu werden. Doch soweit war ich noch nicht, und so blickte ich etwas neidvoll in Kataloge und auf den Bildschirm und bewunderte dort die ranken und schlanken Frauen. Schließlich begann ich, mich durch verschiedene Schlankheitskuren zu quälen. Nebenbei trieb ich noch enorm viel Sport. Am Mittagstisch verweigerte ich immer mehr das Essen und wollte mir meine eigene Mahlzeit nach irgendeinem Diätplan herrichten. Oder ich pickte mir aus Mutters Essen das heraus, was wenig Kalorien hatte. Mutter ärgerte sich darüber, doch ich blieb stur, worauf es regelmäßig zwischen uns krachte. Irgendwann einmal resignierte meine Mutter und überließ mich meiner «Diäterei». Damit war mein lange gehegter Wunsch erfüllt. Da Paps und Werner mittags nicht zu Hause waren und wir auch abends selten alle zusammen an einem Tisch aßen, sahen «meine Herren» meine abnorme Eßweise höchst selten. Wenn sie etwas davon mitbekamen, dann regten sie sich allerdings darüber auf und wollten mich wie Mutter zur Vernunft bringen. Doch mit meinem Starrsinn setzte ich mich erfolgreich durch!

Durch die vielen Diätpläne, die ich studierte, wußte ich sehr bald, wie viele Kalorien eine Eßware oder ein Getränk hatten. In kürzester Zeit verwandelte ich mich in eine wandelnde Kalorientabelle. Kam ich abends von der Schule heim und verspürte Hunger, so stellte ich mich zuallererst auf die Waage, um zu sehen, ob ich mir etwas zu essen genehmigen durfte. Zeigte die Waage dreiundvierzig Kilo oder weniger an, aß ich etwas, war es mehr, ließ ich es vor Schreck. Die Waage wurde meine engste Verbündete; ich stellte mich mindestens einmal am Tag darauf.

Insgeheim war ich stolz auf mein Aussehen, denn ich war nicht nur schlank, sondern schien auch sonst attraktiv auf andere zu wirken. Und wenn sich Frauen über ihre Gewichtsprobleme unterhielten, lächelte ich in mich hinein und dachte dabei, daß sie ja selbst schuld daran seien. Wenn sie weniger essen würden und dann das Richtige, dann wären sie auch nicht so dick, meinte ich. Leicht gesagt, denn bei mir war es tatsächlich so, daß ich mich nur ein paar Tage einschränken mußte, um wieder bei meinem Normalgewicht zu sein. Überhaupt begriff ich nicht, daß jemand über Jahre hinweg einfach zuviel aß, ohne sich um Kalorien zu kümmern. Mein Prinzip bestand darin, daß ich einen «Fehltritt» direkt am andern Tag korrigierte. Dadurch vermied ich es, noch hundert weiteren Freßattacken nachzugeben und erst bei unzähligen Kilos Übergewicht Radikalkuren zu starten, die sowieso zum Scheitern verurteilt waren. Andererseits störte mich, daß ich mein Traumgewicht von vierzig Kilo noch immer nicht erreicht hatte. Und das wollte ich jetzt schaffen – egal wie.

Wenn ich an den Wochenenden abends länger fortbleiben durfte, vergaß ich meine Kontrolle meist ganz. Das hatte sehr oft zur Folge, daß ich überhaupt nicht ans Essen dachte und erst im Bett auf einmal hörte, wie mein Magen knurrte. Aber auch dann stand ich nicht auf, sondern freute mich, wieder mal ein paar Kalorien eingespart zu haben. Interessanterweise blieb mein Gewicht jedoch trotz aller Anstrengungen immer bei etwa dreiundvierzig Kilo, abgesehen von ein paar Gramm mehr oder weniger. Ich konnte das einfach nicht verstehen. Was sollte ich denn noch anderes tun als nichts essen? Ich war verwirrt und wurde richtig traurig. Und ich versuchte wieder, mir neue Möglichkeiten fürs Abnehmen auszudenken. Nichts davon klapppte. Es wollte mir nicht in den Kopf, daß ich von meinem Körperbau her wohl mit dem vorhandenen Gewicht ideal ausgestattet war!

Daß sich mein Körper während der Pubertät zusätzlich stetig veränderte und ich weibliche Rundungen annahm, kam mir ganz und gar nicht gelegen. Im Gegenteil – es verstärkte mein Unbehagen. Ich empfand mich mehr und mehr als dick und mollig, obwohl sich mein Gewicht nicht verändert hatte. Meine Körperformen wurden einfach rundlicher und weicher – und das störte mich. Jetzt wollte ich erst recht abnehmen und diese Rundungen verschwinden sehen. Denn ich empfand sie als weiche, fette Stellen, und das stand voll und ganz im Gegensatz zu meinem absoluten Ideal: einem asketisch wirkenden Körperbau aus Knochen und Muskeln.

Aus der Panik über meine Rundungen entwickelte ich einen neuen Spleen, mit dem ich eines Tages meine Mutter überraschte: Ich wollte von jetzt an nur noch Babybrei essen. Meine Mutter war entsetzt über meinen Einfall und fragte sich zum x-ten Mal, für wen sie eigentlich kochte. Doch nach langem Hin und Her setzte ich mich durch und aß einige Wochen nur Säuglingsnahrung.

Der Hintergrund für diese irre Idee war folgender: Wenn im Fernsehen für Babynahrung geworben wurde, sah man nie einen dicken Säugling. (Daß die Werbeleute nur dünne Babys nehmen, wußte ich damals noch nicht.) Also glaubte ich, mit Babybrei abnehmen zu können, wobei ich mir jeweils nur eine Babyportion genehmigte. Meine neuen Mahlzeiten schmeckten zwar sehr gut und waren sicher auch sehr gesund, doch nach ein paar Wochen mußte ich feststellen, daß ich nicht dünner geworden war! Ich fühlte mich immer noch rund. Daß meine Selbsteinschätzung sich im Grunde schon zu einer fixen Idee entwickelt hatte, konnte ich damals nicht erkennen.

Aufgrund meines Mißerfolgs stellte ich meine «Babybrei-Diät» sofort ein. Ich ging davon aus, daß es an den Flocken gelegen hatte und nicht an der Milch, deshalb beschloß ich von da an, einen Liter Magermilch als Abendessen zu mir zu nehmen. «Milch ist erstens gesund, und zweitens nehme ich damit die Flüssigkeit auf, die mein Körper braucht», so lautete meine neueste Gedankenkombination. Schon früh am Morgen freute ich mich auf meine abendliche «Flasche Milch». Ich wurde zwar wieder mal von meiner Mutter schräg angesehen, dazu redeten «meine Herren» auf mich ein, aber alle ließen mich dann doch machen, worauf ich beharrlich bestand. Leider fruchtete auch dieser Abnehmversuch nicht. Ich nahm auch mit meinem «Fläschchen» nicht ab, deshalb stoppte ich nach einigen Tagen auch diese Erfindung.

So suchte ich weiter krampfhaft nach des Rätsels Lösung, wie ich abnehmen könnte, um endlich mein Traumgewicht von vierzig Kilo zu erreichen und mich selbst im Spiegel wieder als schlank und attraktiv erkennen zu können.

Bald kam mir ein neuer Einfall. Ich ging in den Keller und beschlagnahmte alle Konservendosen, die in den Regalen lagerten. Der Familie meldete ich, daß ich von nun an zu jeder Mahlzeit eine Dose essen würde – und sonst nichts.

Wieder ging der Tumult los, doch in meiner Starrköpfigkeit setzte ich mich erneut durch und tat das, was ich für richtig hielt. Auf dem Gebiet des Essens ließ ich mich von niemandem eines Besseren belehren.

So stellte ich im Keller meinen «Speiseplan» zusammen. Ich überlegte mir, welche Dosen zusammenpaßten. Für Montag zum Beispiel legte ich folgendes bereit: zum Frühstück Spargel, zum Mittagessen Erbsen und für den Abend eine Dose weiße Bohnen. Auf ein Blatt Papier schrieb ich dann «Montag». So bereitete ich alle weiteren Wochentage vor. Die Blätter verteilte ich auf dem Kellerboden und stellte jeweils die ausgesuchte Tagesration von drei Konservenbüchsen darauf. Da ich mir Nahrung für zwei Wochen auf einmal zusammenstellte, war der Kellerboden zur Hälfte mit meinen sortierten Konserven belegt.

Weil wir in der Schule gleichzeitig Sommerferien hatten und ich meine Zeit von morgens früh bis abends spät im Schwimmbad verbrachte, erwies sich meine neue Diät als äußerst praktisch. Ich mußte nie viel mit ins Schwimmbad schleppen, neben den drei Konservendosen und einer Wasserflasche nur noch mein Badezeug.

Nach zwei Wochen «Badeferien mit Konservendosen» hatte ich keine Lust mehr auf meine Diät, weil ich schon so lange im voraus wußte, was ich die restliche Woche zu essen bekam, und das machte keinen Spaß mehr. Außerdem war die Auswahl doch sehr beschränkt. Deshalb stellte ich die restlichen Dosen an ihren alten Platz zurück und gab sie wieder für meine Mutter frei. Abgenommen hatte ich zwar ein wenig, aber dafür war ich immer schlecht gelaunt, weil ich mich durch meine eigenen Eßverbote selbst so gefangenhielt. Überhaupt verschlechterte sich meine Grundstimmung zusehends, denn ich legte mir dauernd neue Verbote auf, und das machte mich unzufrieden, zeitweise sogar aggressiv.

In der Schule war ich keine Spitzenschülerin, doch ich

schlug mich durch, und zwar immer öfter durch Schummeln; das taten ja alle. Darauf waren wir sogar stolz! Allmählich mußte ich erkennen, daß ich gar keine andere Wahl mehr hatte als zu betrügen, denn ich hatte mit einem Mal den Anschluß verpaßt. Tatsache war auch, daß die Schummelei ziemlich Nerven kostete. Außerdem war der Aufwand, Zettelchen zu schreiben, genauso groß, wie wenn ich von Anfang an richtig gelernt hätte.

Uns Schülern wurde in unserem letzten Schuljahr ans Herz gelegt, eine Berufsberatungsstelle aufzusuchen, falls wir unseren «Traumberuf» noch nicht ausfindig gemacht hätten. Ich gehörte zu den Betroffenen, deshalb vereinbarte ich einen Termin bei einem Berufsberater.

Dort wurde ich freundlich empfangen und mußte zunächst alle möglichen Arten von Tests machen: Spiele mit Farben, Formen, Gedächtnistraining und so weiter. Beim nächsten Termin sprach ich mit einer sehr netten Frau, die mich nach meinen Hobbys und meinen möglichen Berufswünschen fragte. Meine Hobbys konnte ich ihr gleich aufzählen, doch beim Thema Beruf sagte ich ihr, daß ich eigentlich genau deshalb zu ihr gekommen sei.

Sie fragte mich dann sehr vieles und wollte wissen, ob mir dieser oder jener Beruf gefallen könnte. Ich fragte zurück, was man denn da jeweils den ganzen Tag machen müßte. Das wußte sie meist auch nicht so genau und verwies mich auf Bücher in der Bibliothek. Ihre Antworten reichten mir nicht aus, und gleichzeitig wurde mir klar, daß ich mit fünfzehn Jahren nicht sehr viele Berufe kannte und so auch nicht die richtige Entscheidung treffen konnte. Irgendwie fühlte ich mich insgesamt überfordert, zu jung und zu unreif, um mich für einen Beruf fürs ganze Leben entscheiden zu können.

Schließlich faßte ich doch den Mut, ihr zu verraten, daß es mein geheimer Wunsch war, Tänzerin zu werden. Schließlich war das Turnen von klein auf mein Ein und

Alles gewesen. Sieben Jahre lang war ich eine erfolgreiche Kunstturnerin gewesen, und sehr hartes, stundenlanges Training war mir vertraut. Da ich als Turnerin auf vielen Bühnen mein Können zum Besten gegeben und auch an vielen Meisterschaften teilgenommen hatte, war ich es gewöhnt, im Rampenlicht zu stehen und gefeiert zu werden. Dieses tolle Gefühl wollte ich wieder haben!

Mit zwölf Jahren hatte ich meine Kunstturnerkarriere aus gesundheitlichen Gründen abrupt abbrechen müssen. Das war für mich schwer zu verkraften gewesen, und oft dachte ich mit Wehmut an die Zeit zurück, als ich so viel Anerkennung von fremden Menschen bekommen hatte.

Ich glaubte aber, daß mein Körper noch fit genug war für die tänzerische Laufbahn. Als Alternative konnte ich mir auch die Schauspielerei vorstellen. Auch in diesem Beruf glaubte ich diesen Kick, dieses Gefühl, bei allen beliebt zu sein, wieder erleben zu können.

Als ich der Beraterin erzählte, was mich bewegte, machte sie meine Träume gleich als kindliche Spielerei herunter und zerschlug mir jede Hoffnung, daß irgend etwas daraus werden könnte. Sie fand, aufgrund der Tests und unserer Gespräche könnte ich doch Diätköchin werden. Über diese Antwort war ich sehr erstaunt. Ich hatte ihr zwar gesagt, daß ich sehr auf meine Linie achtete, doch von Freude am Kochen war nie die Rede gewesen. Außerdem war Essen für mich schon immer ein notwendiges Übel gewesen und kein Vergnügen. So wollte ich mich sicherlich nicht noch den ganzen Tag mit dem Thema Essen beschäftigen. Ich dankte ihr für den Vorschlag, doch auch sie merkte, daß wir nicht recht weiterkamen. Deshalb vereinbarten wir, daß ich mich eventuell nochmals melden würde.

Die Besuche bei der Beratungsstelle fand ich ziemlich ernüchternd. Naiverweise hatte ich geglaubt, daß diese

Leute aufgrund der vielen Tests *den* Beruf für mich finden würden. Zu allem Übel waren bereits wieder einige wertvolle Wochen verstrichen, und es wurde zeitlich langsam eng. Mir war klar, daß ich mich sehr bald für einen Beruf zu entscheiden hatte, denn dann mußte ich ja noch eine Lehrstelle finden.

Schließlich fragte ich meine Klassenkameradinnen, was sie vorhätten. «Arztgehilfin», «Handarbeitslehrerin» oder «Zahnarztgehilfin», lauteten die Antworten. Doch das waren alles Berufe, die mich nicht reizten. Außerdem war ich grundsätzlich gegen ausgesprochene Frauenberufe; das ging mir gegen den Strich. Ich wollte einfach nicht weiblich sein. Irgendwie war ich vom Typ her sowieso ein halber Junge. Ich kletterte auf Bäume, liebte Fußball und mochte handwerkliches Arbeiten. So ängstlich ich Menschen gegenüber war, so sehr war ich für Dinge zu haben, für die man Mut und Waghalsigkeit brauchte. Typisch mädchenhafte Zimperlichkeiten gingen mir auf die Nerven. Außerdem fühlte ich mich bei Jungen meistens besser verstanden. Und deshalb fragte ich meinen Banknachbarn nach seinen Zukunftsplänen.

«Ich werde eine kaufmännische Ausbildung machen, daran eine Spezialausbildung im EDV-Bereich anhängen und Fachmann auf diesem Gebiet werden», gab er zur Antwort. Ich staunte nicht schlecht, denn das klang toll. Ich hatte zwar keine Ahnung, wovon er sprach, doch ich fand, daß sich das alles unheimlich hochstehend anhörte. Er erklärte mir dann, daß ein kaufmännischer Angestellter ein Allrounder sei. Man lerne viele Grundlagen in verschiedenen Fächern und habe da ziemlich gute Chancen, in weiteren Berufen einzusteigen und sich weiterzubilden. Ideal, dachte ich bei mir. Es würden Fächer wie Buchhaltung, Französisch, Schreibmaschineschreiben, kaufmännisches Rechnen und noch vieles mehr unterrichtet, wußte er. Das reichte mir soweit als Auskunft.

Zu Hause im Bett ließ ich mir das ganze Gespräch noch einmal durch den Kopf gehen. Französisch und Rechnen mochte ich nicht, unter Buchhaltung konnte ich mir nicht viel vorstellen, doch ein Allrounder zu sein, das paßte mir sehr. Vor allem die Möglichkeit zu haben, in andere Berufe einsteigen zu können, klang für mich sehr attraktiv. Grübelnd lag ich im Bett und konnte nicht einschlafen. Je länger ich über den kaufmännischen Beruf nachdachte, desto mehr legten sich Scheuklappen auf meine Augen. Ich sah nur noch die volle Bewegungsfreiheit in diesem Beruf und ignorierte die negativen Aspekte.

Am nächsten Morgen stand ich äußerst gutgelaunt auf und berichtete meiner Familie gleich, daß ich in der vergangenen Nacht meinen zukünftigen Beruf ausfindig gemacht hätte! Sehr erstaunt, doch erfreut nahmen alle drei die Kunde entgegen. Noch am selben Tag machte ich mich daran, Bewerbungsschreiben an einige Firmen aufzusetzen. Beim Texten half mir Werner, und ich schrieb mit Elan zehn, fünfzehn Mal denselben Text und adressierte meine Briefe an sämtliche Banken, die mir einfielen. Zu dieser Zeit waren Banken in aller Munde und genossen großes Ansehen. Deshalb wollte ich dort meine Ausbildung machen, und zwar nur, weil das so trendy war!

Nach vielen Absagen fand sich zu guter Letzt eine Bank in der Stadt, die Interesse an mir zeigte. Überglücklich erzählte ich das herum. Kurze Zeit später hatte ich wirklich meinen Lehrvertrag in der Tasche und war glücklich! Endlich konnte ich meine Unruhe ablegen und verschnaufen. Ich brauchte keine Angst mehr zu haben, als einzige in der Klasse keine Lehrstelle zu haben oder nicht zu wissen, was ich werden wollte. Gleichzeitig war ich stolz darauf, auch bald zu den «Erwachsenen» zu gehören.

Einige Wochen nach meinem Höhenflug rief meine Berufsberaterin bei uns an und fragte nach, ob ich mich für einen Beruf entschieden hätte. Voller Stolz erklärte ich ihr, daß ich mich nicht nur für einen Beruf entschieden, sondern bereits den Vertrag für eine Banklehre in der Tasche hätte.

Im ersten Moment war Funkstille. Ihre Stimme klang sehr überrascht. Als sie sich schließlich gefangen hatte, gab sie mir in nettem Ton zu verstehen, sie freue sich für mich und wünsche mir Glück. Als ich den Hörer auflegte, bekam ich ein ungutes Gefühl. Die Reaktion dieser Frau bohrte in mir. Ich wußte genau, warum sie so erstaunt gewesen war: weil nämlich ein Büroberuf nicht zu mir paßte. Ich war ein Mensch, der Bewegung und viel Bestätigung brauchte. Den ganzen Tag auf einem Stuhl sitzen – das war nicht meine Welt. Ich ahnte, daß ich den falschen Beruf gewählt hatte, doch ich verdrängte den Gedanken sofort wieder, da ja alles schon in die Wege geleitet war. Außerdem hatte ich keinen Nerv mehr, mich dem ganzen Bewerbungsstreß erneut auszusetzen.

Dazu kam, daß ich mein Leben noch sehr stark als Spiel sah. «Heute so, morgen so» – so schien es mir im Leben zuzugehen. Meine Eltern wollten mich schon mehrfach eines Besseren belehren und mir beibringen, *vor* einer Entscheidung mein Gehirn einzuschalten, denn sonst könnte es schnell zu spät sein. Ich wollte aber von ihren Ratschlägen nichts mehr wissen. Ich hielt mich für erwachsen und glaubte zu wissen, was mir guttat. Außerdem mußten Konflikte sein, denn ich wollte wie die anderen Schulfreunde «in» sein und mir von meinen Eltern nichts mehr sagen lassen. Denn das galt schließlich als «cool».

Diese Distanz zu meinen Eltern hatte ich natürlich nicht immer gehabt. Im Gegenteil – eigentlich hatten meine Kindheit und Jugend sehr viel mit Nähe zu tun. Besonders meine Mutter und ich hatten ein besonderes Verhältnis zueinander gehabt. Als Baby war ich ein sehr, sehr anhängliches und liebesbedürftiges Persönchen. Wann immer möglich, lag ich bei meiner Mutter auf dem Bauch, ließ mich von ihr kraulen oder umklammerte ihre Hand. Immer suchte ich körperlichen Kontakt und war schon zufrieden, wenn ich wenigstens ihren kleinen Finger festhalten konnte. Ihre Nähe war mir äußerst wichtig, und als ich größer wurde, brauchte ich die Bestätigung ihrer Liebe sogar noch mehr.

Auch Paps war mir wichtig. Als kleines Mädchen hielt ich oft mit ihm auf dem Sofa ein Mittagsschläfchen, und darauf freute ich mich immer. Ab und zu bastelten wir zusammen Schiffchen in der Garage, die als Werkstatt diente. Als ich noch klein war, unternahmen wir beide auch viel zusammen. Doch einige Zeit nach dem Hauskauf war diese Phase dann endgültig vorbei.

Überhaupt: Jeder in meiner Familie mußte herhalten, wenn ich, das Nesthäkchen, meinen unstillbaren Durst nach Nähe stillen wollte. Bei Werner war es beispielsweise der Rücken: Wenn er gemütlich auf einer Liege auf dem Balkon lag, kam ich an und machte es mir bäuchlings auf ihm bequem. Da kannte ich kein Pardon.

So sehr ich meinen großen Bruder und meinen Paps liebhatte – meiner Mutter konnten sie nicht das Wasser reichen. Sie war die Nummer eins in meinem Leben, denn sie hatte eine besondere Gabe, meine Sehnsucht nach Geborgenheit und Liebe zu stillen, und ich hing enorm an ihr. Die Liebe, die ich ihr gegenüber empfand, nahm sie für sich auch gerne in Anspruch und vergaß wahrscheinlich ab und zu meinen Vater dabei. Was mich betrifft, so bin ich davon überzeugt, daß mein Selbstwertgefühl lange Zeit deshalb so gesund und ausgeprägt war, weil ich in jenen Kindheitstagen so viel Liebe erfahren durfte.

Meine Sonderstellung als Nesthäkchen verlief sich dann, je älter ich wurde. Und damit konnte ich schlecht umgehen. Zunächst aber erfuhr ich nochmals einige Jahre lang besondere Bestätigung, da ich als Kunstturnerin sehr erfolgreich war. Dort stand ich im Rampenlicht und wurde von vielen Seiten bewundert ... Was sicherlich zu einer Entlastung meiner Familie führte. Es kam sogar soweit, daß mich die Familie kaum noch sah, denn in meiner Glanzzeit trainierte ich neben der Schule bis zu sechzehn Stunden in der Woche! Somit war ich voll ausgebucht! Daß ich nach dem Training mindestens drei Scheiben Brot mit Nutella verdrücken konnte, war überhaupt kein Problem für mich, denn die Kalorien wurden ständig verbraucht. Jeden Abend massierte mir Mutter meinen Rücken mit Salbe ein, weil jeder Muskel so angespannt war.

Meine Karriere endete abrupt, als ich schwerwiegende Rückenprobleme bekam und die Verschleißerscheinungen an meinen Gelenken zu einem echten Handicap wurden.

Nach meinem frühen Höhenflug kam die erste große Leere. Ich versuchte, das mit anderen Sportarten wieder wettzumachen, doch es klappte nicht. Nirgends mehr war mir solch ein Ruhm vergönnt wie in meiner Zeit als Kunstturnerin.

In dieser Phase der Leere kam zuerst meine Mutter wieder zum Zuge. Ich war zwar nicht mehr die Klette, die ich als kleines Kind gewesen war, doch sie blieb für mich mehr als eine gute Freundin, und ich hing gefühlsmäßig sehr an ihr. Diese innige Beziehung hielt einige Jahre – bis ich mit meiner Diäterei anfing. Von da an distanzierte ich mich aus mehreren Gründen von ihr. Zum einen tauschte ich ihre Nähe gegen die Kalorientabelle ein, die mich mehr und mehr in eine Scheinwelt hineinzog und mich vollauf zu beschäftigen begann. Die Worte meiner Mutter waren mit einem Mal nichts mehr wert; ich mochte ihr nicht mehr zuhören. Da begann es zwischen uns beiden zu kriseln. Und das wirkte sich auf die ganze Familie aus.

Dazu kam ja unsere stressige Situation auf einer ewigen Baustelle. An allen möglichen Stellen entstanden neue Baugruben, und keine wurde wieder richtig geschlossen! In jedem Zimmer wurde etwas Neues angefangen, aber nichts zu Ende geführt. In allen Ecken gab es Staub, Sand und anderes Zeug, das weggekehrt werden mußte. Paps war noch immer fleißig am Bauen, doch der Rest der Familie wurde langsam mürbe und half immer weniger mit. Und so kam es dazu, daß sich die Familienbande schleichend auflösten. Zunächst fiel es keinem von uns auf, doch jeder entwickelte sich zum Individualisten und vernachlässigte die Beziehung zu den anderen.

Obwohl Mutter stets alles für mich getan hatte und ich sie im Grunde immer noch sehr liebte, fing ich an, sie schlecht zu behandeln. Nicht nur, daß ich meine eigenen Entscheidungen treffen wollte, ich wollte schließlich auch in der Schulklasse mitreden können. Unter uns Jugendlichen gab es mittlerweile das ungeschriebene Gesetz, daß wir unsere Eltern für altertümlich zu halten hatten. Und wir gingen noch weiter; unsere Devise war: Straft sie mit Verachtung. (Daß wir uns damit nur selber straften, merkte ich erst lange danach, als es viel zu spät war!)

Obwohl ich das Geliebtwerden von meinen Eltern und meinem Bruder nach wie vor gebraucht hätte, nahm ich es von ihnen nicht mehr an. Der Grund: Ich machte das Geliebtwerden kalorienabhängig. Ich hatte mir so lange eingeredet, daß ich nur geliebt werden dürfte, wenn ich eine perfekte Figur vorzeigen könnte, daß ich diesen Unsinn auf einmal wirklich glaubte! So bestrafte ich mich selbst, indem ich mich von meiner Familie abwandte – weil ich aus meiner Sicht ja ohne ideales Aussehen nicht vor ihnen erscheinen durfte.

Ich verhielt mich abweisend und erlaubte niemandem mehr, mich so zu lieben, wie ich war. Liebe war für mich «kiloabhängig» geworden. Eine absurde Idee, die zur erlebten Tatsache wurde. Dabei litt ich selbst unter meinem Verhalten. Ich konnte nicht recht mit meinen widersprüchlichen Gefühlen umgehen, und meine gegensätzlichen Bedürfnisse verwirrten mich selbst.

Lehr- und Frustjahre

Erfreulicherweise bestand ich die Schulabschlußprüfung. Nun stand meiner Banklehre nichts mehr im Wege. Der erste Arbeitstag kam. Voller Aufregung fuhr ich am Morgen mit meinem Mofa zur Bank. Zuerst schickte man mich zum Direktor. Als ich sein Büro betrat, kam mir ein kleiner, etwas untersetzter Mann mit einem breiten Lächeln entgegen. Er bot mir einen bequemen Sessel an. Danach fing er an, über die Bank zu philosophieren, und während seines Vortrags schritt er ständig mit erhobenem Kopf durch sein ganzes Büro; hin und her, her und hin ... Seine Hände hielt er hinter dem Rücken fest. Er schien mir noch nervöser zu sein als ich! Als er einmal Luft holte, bot er mir eine Zigarette an. Natürlich wollte ich keine, außerdem war ich Nichtraucherin.

Endlich wurde er in seinen Ausführungen konkreter und informierte mich darüber, daß ich in jedem Semester der Lehre eine andere der sechs Abteilungen der Bank durchlaufen würde. Schnell fragte ich nach, wann ich denn in der Filiale im Nachbardorf arbeiten würde, wie das für die Auszubildenden im ersten Lehrjahr in dieser Bank üblich und auch zwischen dem Direktor und mir so vereinbart worden war.

Das sei nicht mehr so, gab er mir kurz und bündig zu verstehen, er bedaure. Im ersten Semester sollte ich nun vormittags in der Korrespondenzabteilung arbeiten, nachmittags käme ich in die Registratur und Postabteilung. Er wünschte mir noch einen guten Start und erklärte ausdrücklich, daß sein Büro für mich jederzeit geöffnet sei, falls ich irgendein Problem hätte. Etwas verwirrt machte ich mich davon und war enttäuscht, daß die Sache mit der Filiale schon gestrichen war, denn darauf hatte ich mich sehr gefreut.

In der Korrespondenzabteilung hatte ich einen netten Chef, der sich viel Mühe gab, mir einiges beizubringen. Meine Arbeit dagegen war nicht so nett. Ich fand sie langweilig. Auf einem Hackbrett von Schreibmaschine mußte ich Formulare ausfüllen, Zahlen auf einer lauten Rechnungsmaschine zusammenzählen und Berge von Einzahlungsscheinquittungen sortieren und anschließend an die richtige Gutschriftanzeige heften und abzeichnen.

Am Nachmittag ging ich ein Stockwerk höher in die Registratur und Postabteilung, zur Ehefrau des Korrespondenzchefs. Sie war auch eine sehr liebe Frau, und ich verstand mich sofort prächtig mit ihr; nur die Arbeit schien mir nicht sehr kopfintensiv zu sein. Neben Unmengen von Papier, das in den Registraturkästen untergebracht werden wollte, mußte auch noch sämtliche Post frankiert und zugeklebt werden; außerdem packten wir Päckchen und versiegelten Wertsendungen. Und das zu zweit. Ich glaubte, mich nicht in einer Bank, sondern auf der Post zu befinden ...

Nach meinem ersten Arbeitstag fragte mich Paps am Abend spaßeshalber: «Na, gehst du morgen wieder hin?» Völlig enttäuscht über das, was ich an diesem Tag erlebt hatte, sagte ich ihm in vollem Ernst, daß ich nicht wieder in die Bank wolle. Ganz erstaunt über meine Antwort, ermutigte mich Paps, daß es mir sicher mit der Zeit dort schon noch gefallen werde.

Leider sollte er nicht recht behalten, denn auch die nächsten Tage, Wochen und Monate in der Bank machten mir keinen Spaß. Ich lernte auch nicht mehr, als ich in den ersten beiden Wochen gezeigt bekommen hatte. Es gab nämlich einige Umstrukturierungen, was dazu führte, daß ich nach einem halben Jahr nicht die Abteilung wechseln durfte, wie es mir eigentlich zugestanden hätte. Statt dessen mußte ich die Leiterin der Registratur und Postabteilung ersetzen, die die Stelle gewechselt hatte.

Als ich keine Lust mehr hatte, Post- und Kaffeemädchen zu spielen, kam ich auf die Zusage des Direktors zurück, sein Büro sei bei Problemen jederzeit für mich offen. Nun war es soweit, ich wollte endlich mit ihm über die Mißstände reden. Ich mußte allen Mut zusammennehmen, denn ich war ziemlich schüchtern.

Beim ersten Versuch hieß es, er sei nicht im Hause. Am nächsten Tag hatte ich nicht mehr Glück; entweder war er nicht im Büro oder sonst nicht zu sprechen. Das Lämpchen an seiner Tür stellte er immer, wenn ich klingelte, auf Rot. Langsam wurde ich sauer. Von wegen «offene Tür» ... Sah ich ihn zufällig auf dem Gang und sprach ihn an, hatte er jedesmal genau in diesem Moment keine Zeit für mich. Mir verschlug es vor Wut die Sprache.

Mein Mitlehrling Susanne kämpfte mit demselben Problem wie ich. Sie steckte am Bankschalter fest und durfte dort auch nicht fort. Deshalb taten wir uns zusammen und schafften es nach etlichen Wochen doch noch, mit unserem Direktor zu sprechen. Danach durften wir endlich die Abteilung wechseln – nach vielen Wochen Verspätung und einem Riesentheater.

Meine zweite Abteilung war der Schalter. Da hätte es mir eigentlich gefallen, wenn der Chefkassierer nicht so ein ungehobelter, frecher Mensch gewesen wäre. Manchmal wurde er richtig ausfallend und unverschämt. Nicht einmal bei der Kundschaft hielt er sich zurück. Es war bekannt, daß er alle Lehrlinge schikanierte, sie, ohne zu fragen, duzte und von ihnen verlangte, daß sie aus dem zweiten Stock für ihn Kaffee holten. Mich nannte er von Anfang an «Claudi». Ich haßte diesen Namen!

Auch sonst hätte ich ihn manchmal treten können, so wütend war ich auf ihn. Weil ich nicht sehr groß bin, war ich für ihn ewig nur eine halbe Portion. Das bekam ich mehr als einmal zu spüren. Die beiden anderen Mitarbeiter, Laura und René, waren das pure Gegenteil. Sie waren sehr nett zu mir, und nur dadurch verkraftete ich die unverschämte Art des Chefs. Doch selbst die beiden brachten es nicht fertig, ihn davon zu überzeugen, daß es auch für mich von Vorteil gewesen wäre, ab und zu Kunden am Schalter zu bedienen, wie dies Susanne hier und da gedurft hatte. Das käme nicht in Frage, meinte er. Ich sei ja so klein, daß mich die Kunden am Schalter gar nicht sehen würden ...

Leider war der Chefkassierer nicht der einzige Sonderling in diesem Betrieb. Während meiner Zeit in der Kreditabteilung erlebte ich einen weiteren Menschen der besonderen Art. Er war enorm gescheit und kannte sich in sehr vielem aus. Doch wie man mit einem Lehrling umzugehen hat, wußte auch er nicht.

In der Kreditabteilung arbeitete er allein. Frühere Mitarbeiter waren nicht ersetzt worden, so war er nun Chef und Angestellter in einem. Zwei Büros standen für diese Abteilung zur Verfügung. Der Chef beanspruchte das eine für sich. Das andere Büro war durch eine Glaswand vom Chefbüro getrennt. Der Schreibtisch des Chefs stand so, daß er die ganze Zeit durch die Fensterscheibe in das zweite Büro sehen konnte.

Dieses zweite Büro war recht groß und vollgestellt mit kahlen Schreibtischen und einer Wand voll Registerschränken. Ansonsten stand nur eine einzige Kugelkopfschreibmaschine auf einem Tisch mit einem Stuhl davor. Diese Schreibmaschine stand genau so, daß der Chef sie den ganzen Tag anschauen konnte.

Ich hatte das «Vergnügen», den Schreibtisch mit dieser Schreibmaschine von da an für zwei Monate als meinen Arbeitsplatz zu betrachten. Tagein, tagaus saß ich mit dem Rücken zum Chef und wußte nicht, ob er mich gerade beobachtete oder nicht ...

Meine Arbeit wurde mir meist schriftlich mitgeteilt. Das verlief so: Täglich wurden die Hypothekarkarten von der Geschäftsstelle gesandt. Sie waren fertig gedruckt und mußten nur noch in die verschiedenen Registerschränke einsortiert werden. Auf den Hypothekarkarten stand, wie hoch eine Hypothek des jeweiligen Kunden war, wieviel er monatlich bezahlen mußte und so weiter. Der Kreditchef legte mir jedesmal, und das war mindestens einmal pro Tag, ein Zettelchen zu den Hypothekarkarten. Darauf stand entweder: «Fräulein B., bitte einordnen» oder: «Bitte einordnen» und sein Zeichen. Spätestens nach dem zweiten Tag in dieser Abteilung kannte ich meine Arbeit. Doch er schrieb weiterhin seine Zettelchen samt Visum.

Eine andere Arbeit war Schreibmaschineschreiben ab Diktaphon. Das Papier wurde mir mit der besprochenen Diktaphonkassette gleich mitgeliefert. Dort wo der Chef den Textanfang auf dem leeren Blatt Papier haben wollte, hatte er jedesmal mit Bleistift ein Kreuzchen hingesetzt.

Jede Kassette startete mit den gleichen Sätzen: «Zuoberst nehmen Sie das weiße Papier, dann das rote, blaue und gelbe Papier. Vergessen Sie das Durchschlagpapier nicht. Beim Bleistiftkreuz schreiben Sie den Titel ... und unterstreichen ihn und schalten dreimal, dann ...»

Mit der Zeit mußte ich annehmen, daß er uns Lehrlinge für Idioten hielt, denn spätestens nach einer Woche wußte wohl jeder, wie der Kreditchef seine Briefe geschrieben haben wollte.

In diesem Büro fühlte ich mich wie in Einzelhaft. Außer bei den beiden Kaffeepausen morgens und nachmittags sah ich keine Menschenseele. Meine einzige Gesellschaft waren die Registerschränke vor mir und die Augen des Chefs auf meinem Rücken. Ich fühlte mich hilflos den Umständen ausgeliefert. Resignation kam auf, und ich begann wie ein Roboter zu funktionieren, da ich wußte, daß ich keine Chance hatte, an der Situation etwas zu ändern. Die äußeren Gegebenheiten schienen unverrückbar.

So verging in meiner Lehre ein Katastrophentag nach dem andern. Doch ich nahm mich täglich zusammen und versuchte angenehme Momente bewußt zu erleben. Die wenigen Menschen, die ich in dieser Bank mochte, waren dafür enorm wichtig. Nur mit ihrer Hilfe überstand ich all das, was ich in dieser Firma noch erleben mußte. Ich suchte ihren Kontakt, so oft es ging, und in ihrer Gesellschaft konnte ich sogar fröhlich sein.

All die neuen Erfahrungen, mit denen ich seit Beginn meiner Lehre regelrecht überschüttet worden war, machten mir eines klar: Geld verdienen (so wie ich es erlebte) machte keinen Spaß, und Erwachsenwerden brachte nur Verpflichtungen mit sich und keine Freude. Von da an machte sich in mir eine absolute Ernüchterung breit. Meine Illusion vom tollen Erwachsensein war geplatzt und hatte der knallharten Realität weichen müssen. Wie ein Pfeil traf mich diese Erkenntnis in meine sensible Seele. Ein Grauen kam in mir auf.

Meine Gefühle spielten mehr und mehr verrückt. Ursprünglich hatte ich geglaubt, als Erwachsene hätte ich völlige Narrenfreiheit und müßte niemandem mehr gehorchen. Im Alltag erfuhr ich das Gegenteil: Die Verpflichtungen, die ich im Beruf eingehen mußte, engten mich mehr ein als die Obhut meiner Eltern, die mir ja auch eine Menge Probleme abgenommen hatten.

So schwankte meine Stimmung täglich mehrmals. Mal war ich kratzbürstig, mal wortkarg, mal sehr anhänglich.

All das bekam in der Hauptsache meine Mutter ab. Das Gewirr meiner Gedanken, Gefühle und Erlebnisse beeinflußte wiederum mein Verhalten und führte zu neuen Fehlreaktionen. Ich bewegte mich im Kreis. Sehr oft tat ich genau das Gegenteil von dem, was ich eigentlich wollte, und konnte mir das gar nicht erklären.

Zu viele Eindrücke prasselten zur gleichen Zeit auf mich ein, ohne daß ich sie verstehen, geschweige denn bewältigen konnte. So verlor ich langsam die Übersicht und Kontrolle über manche Bereiche meines Lebens.

Scheiden tut weh ...

Meine Lehre brachte mir tatsächlich nichts als Frust. Das hatte leider fatale Auswirkungen auf mein Eßverhalten. Und da ich sowieso der Typ war, der von einem Extrem ins andere schwankte, fing ich jetzt an, mich immer öfter mit Süßigkeiten zu trösten. Der andere Frust, den ich betäubte, hatte damit zu tun, daß meine Diäterei noch immer nicht so fruchtete, wie ich mir das vorgestellt hatte.

Es war nun nicht so, daß ich bei Tisch zuviel aß. Statt dessen plünderte ich regelrecht Kioske und vergriff mich an Schokolade, Eis und Gebäck. Als nach einiger Zeit alle meine Hosen kniffen und ich keinen Reißverschluß mehr zukriegte, ohne die Luft anzuhalten, geriet ich erstmals in Panik.

Was sollte ich bloß tun? Mein Eßproblem hatte jetzt erst richtig begonnen. Nun wollte ich alle Pfunde auf einmal wieder abnehmen. Krampfhaft suchte ich nach einer Lösung, aber mit Konservendiät oder Babybrei war es jetzt nicht mehr getan. Das Problem war, daß ich auf die Süßigkeiten nicht verzichten konnte, denn sie trösteten mich ja über die unglückliche Lehre hinweg. Und die Lehre einfach abbrechen? Das wollte ich auch nicht, denn einen Lehrabschluß wollte ich haben, und da ich die Banklehre schon einmal begonnen hatte, wollte ich sie auch beenden. So blieb mir nichts anderes übrig, als einen Weg zu finden, wie ich meine Seelentröster essen konnte, ohne davon zuzunehmen.

Doch wie sollte so etwas möglich sein? Nur von Süßigkeiten allein konnte ich mich schließlich nicht ernähren. Und dann kam mir auf einmal folgende Idee: Wieso konnte ich die Süßigkeiten nicht einfach wieder erbrechen, nachdem ich sie verspeist hatte? Dann hätte ich den angenehmen Teil des Genießens, müßte aber die vielen Kalorien nicht behalten. Ich fand diesen Gedanken großartig!

Es gab da nur ein Problem: Ich konnte gar nicht einfach so mir nichts, dir nichts erbrechen. So etwas hatte ich noch nie versucht. Kurzum entschloß ich mich, es nun zu üben.

Noch am selben Tag begab ich mich aufs Klo und steckte einfach meinen Zeigefinger in den Mund. Ich kam mir, ehrlich gesagt, ziemlich albern vor. Als mein Finger in die Nähe des Zäpfchens kam, würgte es mich, und mein Magen verkrampfte sich einen Moment. Es gab einen kleinen Rülpser, doch das war schon alles. Komisches Gefühl, meinen Finger an einem Ort zu spüren, wo er nicht hingehörte.

Ich machte noch ein paar Anläufe, doch es klappte nicht. Ich konnte nicht erbrechen. Ich verließ die Toilette erfolglos, war aber entschlossen, von jetzt an meine «Brechübungen» fortzusetzen, bis ich herausgefunden hätte, wie es ging.

Wenige Tage später kam ich, vollgestopft mit Süßigkeiten, nach Hause und übte erneut. Leider kriegte ich die Brecherei noch immer nicht hin. Da mir aber vor lauter Süßigkeiten nicht mehr ganz wohl war, wollte ich meinen

Magen unbedingt geleert haben. Da kam ich auf die Idee, Salzwasser zu trinken. Bei dem ekelhaften Geschmack müßte ich ja wie von selbst erbrechen können.

Sofort ging ich in die Küche, nahm ein Glas Leitungswasser, schüttete eine Handvoll Salz hinein und rührte um. Da niemand außer mir zu Hause war, konnte ich ungestört gleich in der Küche einen großen Schluck nehmen. Kaum hatte ich getrunken, schüttelte es mich am ganzen Körper. Ich verzog mein Gesicht und verwarf den Kopf mehrmals. Das war ja gräßlich! Ich war nicht mehr imstande, das Glas noch einmal an den Mund zu setzen.

Es verging keine Minute, bis es in meinem Magen anfing zu rumoren, zu knurren und zu poltern. Mir wurde speiübel. Ich fühlte mich sterbenselend. Ständig kam dieser Salzgeschmack hoch, und mir wurde nur noch übler, als mir sowieso schon war. So dreckig war es mir in meinem ganzen Leben noch nicht ergangen!

Doch von selbst kam es mir trotzdem nicht hoch; selbst mit Hilfe meines Fingers klappte es nicht. Völlig verzweifelt rannte ich in mein Zimmer und warf mich aufs Bett. Jammernd, gekrümmt und wie ein Häufchen Elend lag ich dort und versuchte einzuschlafen.

Nur Tage später hatte ich endlich das ersehnte Erfolgserlebnis: Ich hatte es zum ersten Mal geschafft, mit Hilfe meines Fingers zu erbrechen. So absurd das klingen mag: Ich war hocherfreut und mächtig stolz auf mich. Ich hatte es geschafft! Nun konnte ich endlich Süßigkeiten in mich hineinstopfen, ohne damit rechnen zu müssen zuzunehmen. Davon war ich jedenfalls überzeugt. Und mit meiner neuen Fertigkeit hatte ich ja jetzt auch die Freiheit, mein Sortiment an Fressalien zu erweitern. Es spielte ja keine Rolle mehr, was ich zu mir nahm.

Schon nach kurzer Zeit war die Brecherei ein Sport für

mich geworden. Sie fing an mir Spaß zu machen, und ich fand sie wirklich praktisch. Ich wurde ständig besser darin und entwickelte richtige Techniken – je nach Bedarf. Es war für mich so etwas Grandioses, daß ich mich nicht mehr mit Diätplänen herumschlagen mußte und mich auch nicht mehr zu zügeln brauchte, denn jedes Eßproblem ließ sich ja nun mit einem Toilettengang vollständig lösen. So einfach war das mit einem Mal!

Ich lernte meinen Körper enorm gut kennen und fand schnell heraus, wie er auf einzelne Lebensmittel reagierte. Einige gab mein Magen sehr gut wieder heraus, andere nicht. Bei einigen Lebensmitteln mußte ich etwas warten, bis die Magensäfte die Speise bereits etwas zerkleinert hatten, damit ich sie besser herausbekam.

Da ich bei sportlichen Leistungen seit eh und je sehr ehrgeizig war, wollte ich mit meinem neuen «Sport» auch Höchstleistungen erreichen; das machte mir Spaß. So legte ich mich ins Zeug und landete Freßattacken in immer kürzeren Abständen. Allmählich lernte ich dabei auch die Nachteile dieses Sports kennen: Ich mußte feststellen, daß es Lebensmittel gab, die die Speiseröhre gar nicht mehr hochkamen, denn sie formten sich zu einem Klumpen zusammen. Dieser war dann zu dick und zu fest, um den Weg durch die dünne Speiseröhre zurückzufinden.

Mit der Zeit fand ich heraus, wie ich meinen Magen austricksen konnte. Ich leerte Unmengen Flüssigkeit wie Milch in mich hinein, um den Klumpen zu verdünnen. Leider klappte das nur manchmal. So hatte ich Erfolge und Mißerfolge. Die Mißerfolge hinderten mich allerdings nicht daran, es weiter zu probieren. Endlich war ich frei, soviel zu essen, wie ich wollte, und das wollte ich nicht mehr missen.

Erst später merkte ich, daß meine neu gefundene «Freiheit» mich gar nicht frei machte, sondern stark gefangennahm. Die Möglichkeit, ständig ohne schlechtes Gewissen essen zu können, faszinierte mich unheimlich, und ich fühlte mich zu meinem neuen Spiel so hingezogen, daß ich kaum noch damit aufhören konnte. Und dann passierten Mißerfolge, über die ich nicht mehr so hinweggehen konnte, da sie einfach schrecklich waren. Daß manche Speisen nicht wieder hervorkamen, wußte ich schon. Aber wenn es sich dabei um x-tausend Kalorien handelte, die ich ungewollt in mir behalten mußte, war die Katastrophe da: Ich nahm zu.

So war es möglich, daß mein Gewicht innerhalb von zwei oder drei Tagen um mehrere Kilos variierte. Eine rapide Gewichtszunahme war durchaus möglich, da ich bis zu 10 000 Kalorien auf einmal verschlingen konnte – und sie, wenn ich Pech hatte, behalten mußte. Das waren entsetzliche Momente, wenn ich erkennen mußte, daß ich wieder auf dem «Zunehm-Trip» war. Mein Bauch blieb zum Platzen voll, und ich hätte vor Ohnmacht und Wut weinen können.

Als dieses Jo-Jo-Spiel mit dem Gewicht begann, spielten meine Gefühle dasselbe Spiel mit. Denn wenn ich es schaffte, die paar Kilos wieder loszuwerden, wurde ich gleich übermütig und aß danach hemmungslos in mich hinein. Hatte ich wieder zugenommen, stieg in mir das Grauen hoch, und aus Verzweiflung versuchte ich dann meinen Magen bis aufs äußerste zu leeren. Der Teufelskreis hatte begonnen. Mein wohltuender, «süßer Sport» zeigte nun seine häßliche Fratze. Doch immer noch fand ich es toll, mich bis an den Rand vollschlemmen und sofort wieder entleeren zu können.

Obwohl meine Mutter all die Jahre meine beste Freundin war, erzählte ich ihr von meiner Brecherei nichts. Leider beendete ich das ehemals sehr enge Verhältnis zu ihr ganz, als ich meinen ersten Freund fand. Von da an verbrachte ich die meiste Zeit mit ihm, und Mutter stand nun vollkommen abseits. Ich hatte dafür keine Augen und bemerkte das in meiner Verliebtheit bedauerlicherweise nicht. Erst als die Freundschaft mit diesem Jungen nach ein paar Monaten zu Ende war, merkte ich etwas. Mutter erzählte mir nämlich nun, wie sie sich in dieser Zeit gefühlt hatte.

Sie hatte sich irgendwie verändert; hatte in den letzten Monaten über ihr Leben nachgedacht. Daß sie in ihrer Ehe nicht glücklich war, war eigentlich nichts Neues. Sie berichtete mir, daß für sie diese Monate ein Vorgeschmack dafür gewesen seien, wie es sein würde, wenn Werner und ich erst mal ganz aus dem Hause geflogen wären. Das, was sie in dieser Zeit erlebt hatte, wollte sie im Alter nicht erleben. Zum ersten Mal wurde mir klar, daß meine Loslösung von meinen Eltern auch Folgen haben könnte. Es könnte sogar alles hinter mir zusammenbrechen, wenn ich ging. Doch ich war egoistisch genug, mich nicht allzu stark mit all dem zu befassen. Deshalb hörte ich auch nur oberflächlich zu, als Mutter mir sagte, sie sei dabei, Pläne zu schmieden. Da ich mich kurz darauf in eine neue Beziehung stürzte, vergaß ich, was Mutter angedeutet hatte.

Eines Tages kamen wir doch wieder darauf zurück, denn sie vertraute mir ihren Plan an: Sie hatte sich entschlossen, sich scheiden zu lassen. Ich war entsetzt. Stundenlang redeten wir miteinander. Sie erklärte mir, wie sie zu diesem Entschluß gekommen war. Das konnte ich zwar nachvollziehen, aber der Schock blieb.

Das Schlimmste an der Sache kam erst noch: Ich mußte schwören, weder Paps noch Werner auch nur ein Sterbenswörtchen zu sagen. Das tat ich auch, kam mir aber furchtbar schlecht dabei vor. Einerseits wollte ich meinen Schwur halten, andererseits hatte ich «meinen Herren» gegenüber ein schlechtes Gewissen. Ich befand mich in einer Zwickmühle. Was sollte ich nur tun? Schließlich tat ich das, was Mutter von mir erwartete: Ich sagte niemandem einen Ton.

Manchmal jedoch überfielen mich Momente der Verzweiflung. Ich wußte weder ein noch aus. Mir war völlig klar, daß Paps einmal darauf kommen würde, daß ich von Mutters Plan gewußt hatte. Spätestens wenn sie es ihm sagen würde, hätte ich ein schweres Zusammenleben mit ihm, stellte ich mir vor. Sein Vertrauen mir gegenüber hätte ich dann verspielt, dachte ich voller Überzeugung. Über meine Gedanken sprach ich absichtlich nicht mit Mutter. Ich glaubte, daß sie ihren Plan wieder verworfen hatte, denn sie erwähnte ihn nicht mehr. Außerdem wollte ich sie nicht noch extra daran erinnern. Trotzdem bereitete mir mein Schwur manche schlaflose Nacht. Doch auch hier entdeckte ich meine Brecherei als sehr geeignete Methode, um mich abzulenken.

Was bei meinen Eltern brodelte, wußte ich nicht genau, und das machte mir angst. Daß sie Probleme in ihrer Ehe hatten, war an sich nichts Neues. Mit dem Hauskauf hatten sie sich nochmal einen Ruck gegeben, und das zunächst auch mit Erfolg. Mit der Zeit aber kamen dieselben Probleme wieder zum Vorschein, wie sie in der alten Wohnung schon bestanden hatten. Werner und ich bekamen oft mit, wie sie sich stritten. Manchmal kam es sogar zu Handgreiflichkeiten, und danach flossen die Tränen. Manchmal ging Werner dazwischen. Dafür fing er sich jeweils eine Ohrfeige ein, doch er konnte zumindest verhindern, daß der Krach im selben Maß weiterging.

Was Paps anging, so mußten wir uns oft hüten, gewisse Dinge vor ihm auszusprechen, weil wir wußten, daß er dann wieder fluchen würde. Fluchen gehörte zu seinem normalen Wortschatz und bedeutete für ihn nichts weiter. Doch der Weg vom Fluchen bis zu einem Wutanfall war nicht sehr weit. Weshalb Paps von Zeit zu Zeit so angespannt und leicht reizbar war, wußte ich nicht, denn in unserer Familie wurde selten bis nie offen geredet. Das hatten meine Eltern selber nie gelernt und konnten es deshalb in ihrer eigenen Familie nicht weitergeben. Ich wußte nur, daß Mutter Paps mit ihrer Drängelei, er solle etwas Bestimmtes so machen, wie sie es für richtig hielt, schon mal zur Weißglut bringen konnte.

Das alleine aber konnte es nicht sein. Grundsätzlich waren meine Eltern sehr friedliebende Menschen und herzensgut. Doch wenn sie lange beieinander waren, gab es immer wieder Auseinandersetzungen. Mir war eben nie bekannt, weshalb genau.

Etwas Entscheidendes wußte ich aber: Weder Paps noch meine Mutter hatten eine einfache Kindheit gehabt, und das nicht nur, weil damals der Zweite Weltkrieg tobte. Paps war in seiner eigenen Familie der Verstoßene und der ewig Zweite in allem. Seine Mutter gab in der ganzen Familie den Ton an und machte meinen Großvater derartig mürbe, daß er nicht mehr leben wollte. Er verstarb an einer Krankheit, die heilbar gewesen wäre. Doch er hatte keinen Lebenswillen mehr.

Bei Mutter war es ähnlich problematisch. Ihr Vater war im Zweiten Weltkrieg Soldat gewesen und blieb in Rußland verschollen. Sie idealisierte ihren Vater sehr, obwohl sie ihn eigentlich gar nicht gekannt hatte. Sie sagte sogar, daß sie als Kind ihren Vater habe heiraten wollen! Dabei hatte sie ihn mit drei Jahren das letzte Mal gesehen.

Als einziges der Kinder hing sie immer schon wie eine Klette an ihrer Mutter. Diese, also meine Großmutter, zog als Trümmerfrau meine Mutter und drei weitere Geschwister alleine groß. Das war keine leichte Aufgabe. Hätten nicht der Metzger und der Bäcker im Dorf Erbarmen gehabt und ihr hie und da etwas gegeben, wären sie alle verhungert.

Dann war da noch Großmutters Bruder, der oft bei ihnen nach dem Rechten schaute. Doch der hatte gewalttätige Methoden, um die Kinder nach seiner Auffassung zu «erziehen» – oder eben zu verprügeln. Ich denke sehr, daß das der Grund dafür war, daß meine Mutter ein gestörtes Verhältnis zu Männern bekam, denn ihr Onkel war praktisch der einzige Mann, den sie näher miterlebte, bis sie erwachsen war. Und er gab ein absolut schlechtes Beispiel der Männerwelt ab.

Von da aus war für meine Mutter der Weg nicht mehr weit zu einer distanzierten Haltung gegenüber Männern. Das war natürlich keine gute Voraussetzung für eine Partnerschaft oder Ehe; Spannungen waren vorprogrammiert. Nach und nach bekam ich mit, daß Mutter eine komische Einstellung zu Männern und den Gefühlen ihnen gegenüber hatte. Dadurch wurde es mir in mancher Hinsicht verständlicher, warum meine Eltern nicht miteinander klarkamen. Je länger ich sie beobachtete, desto mehr sprachen alle Anzeichen dafür, und eines Tages war ich mir sicher, daß ich richtig lag. Meine Entdeckung erschreckte mich, und von jenem Tag an beschloß ich, in dieser Hinsicht nie zu werden wie Mutter. Ich wollte mich in einer Liebesbeziehung voll und ganz hingeben und alles tun, damit mein Partner mit mir «zufrieden» sein konnte.

Schon bald hatte ich eine Möglichkeit, meine Theorie in die Praxis umzusetzen und es auf diesem Gebiet besser zu machen als meine Mutter. Ich war nämlich frisch verliebt! Franco hieß mein neuer Freund, und am Anfang hatte ich natürlich nur noch Augen für ihn.

Wir hatten uns in einem Fitneß-Center kennengelernt. Sehr schnell war ich Feuer und Flamme für ihn. Franco war voll und ganz Italiener. Sein Charme war unschlagbar ... Mit meinen sechzehn Jahren war ich noch immer sehr naiv und verfiel ihm schnell. Er imponierte mir mächtig. Er besaß ein schnelles, sportliches Auto, und mit seinen einundzwanzig Jahren konnte er sich noch zusätzlich einiges leisten, zumal er noch zu Hause wohnte. So konnte er seinen Verdienst voll und ganz für Freizeitvergnügen ausgeben. Er war auch mir gegenüber sehr spendabel und machte mir viele und teure Geschenke, die ich mir mit meinem Taschengeld und Lehrlingslohn nie hätte leisten können.

Zunächst gingen wir viel gemeinsam ins Fitneß-Center und trainierten hart. Nur so nebenbei fiel mir dort auf, daß er nicht nur sehr kontaktfreudig war, sondern auch die Gabe hatte, sich bei allen beliebt zu machen.

Während ich noch auf rosa Wolken schwebte, erzählte Franco mir allmählich von seiner Verflossenen namens Sibylle. Diesen Namen fing ich bald an zu hassen, denn er redete immer öfter von ihr. Mich störte auch, daß er noch die Goldkette mit Herzanhänger anhatte, die ihren Namen trug. Ich bestand darauf, daß er den Anhänger abnahm, doch er wollte davon nichts wissen. Schließlich habe Sibylle die Kette samt Anhänger von ihrem ersten Lehrlingslohn gekauft, sagte er dazu immer wieder und beteuerte gleichzeitig, daß das Schmuckstück ihm nichts bedeute, er trage es nur noch aus Gewohnheit. Völlig verärgert über seine Antwort schmollte ich jeweils, doch er schaffte es jedesmal, mich mit einem anderen Thema abzulenken.

Es bürgerte sich ein, daß er jeden Tag nach der Arbeit sofort zu mir kam, was mir eigentlich gut gefiel. So vernachlässigte ich allerdings meine eigenen Freunde; ich hatte auch gar keine Möglichkeit mehr, mich mit ihnen zu treffen. Ständig war ich mit Franco zusammen, und dabei war ich glücklich. Es ergab sich schnell, daß wir nur noch Kontakte zu seinen Kumpels pflegten, so daß die Verbindung zu meinem Freundeskreis nach und nach abbrach.

So hatte ich bald nur noch ihn, denn seine Freunde wurden nie wirklich zu meinen Freunden. Wenn Franco nicht dabei war, sah ich sie sowieso nie. Schritt für Schritt geriet ich in die Isolation. Und ich mußte zugeben, daß ich sie selbst verschuldet hatte, denn ich hatte nie ernsthaft versucht zu verhindern, daß ich meinen Freundeskreis verlor.

Aber zurück zum Innenleben meiner Freundschaft mit Franco: Am Anfang hatte ich für ihn anscheinend eine sehr starke körperliche Anziehungskraft. Jedenfalls schwärmte er sogar in aller Öffentlichkeit von mir und betonte, wie hübsch und anziehend ich auf ihn und allgemein auf Männer wirke. Ich hätte so eine tolle Figur, und es stimmte einfach alles, sagte er öfters.

Was mich betraf, so war ich seinem Charme auch sehr erlegen. Sehr schnell lernte ich bei ihm ein Liebesleben nach allen Regeln der Kunst; Dinge, die eigentlich in eine Ehe gehören. Für mich war dies alles so neu, erotisch und aufregend, daß er auch mich körperlich wahnsinnig anzog und ich seine Nähe suchte. Franco wußte ganz genau, was ich gerne hörte und was mir körperlich gefiel. Sein Talent, mir immer genau das zu geben, was ich mochte, war unübertrefflich. Er machte immer genau das, was mich schwach werden ließ. Seine Taktik war zielstrebig und erfolgreich. Er war für mich unwiderstehlich und wurde schließlich auch unersetzlich.

Als wir einige Zeit zusammen waren, konnte ich nicht mehr von ihm lassen, denn er hatte mir eine ganz neue Welt eröffnet. Außerdem fuhren wir im Sommer mit seiner ganzen Familie nach Süditalien in die Heimat seiner Eltern. Dieser Urlaub, den wir hauptsächlich am Strand verbrachten, war für mich das Größte. Mit meinen Eltern war ich noch nie am Meer gewesen, und auch sonst hatten wir wenige große Ausflüge unternommen. Franco jedoch zeigte mir die Welt und die vielen Schönheiten, die sie zu bieten hatte.

Auf dem Markt in diesem süditalienischen Dorf durfte ich mir aussuchen, was ich wollte, und er kaufte es mir.

Irgendwie durfte ich Prinzessin spielen, und seine Eltern hatten mich voll und ganz als angehende Schwiegertochter angenommen. Seine Mutter schenkte mir in diesem Urlaub sogar einen wunderschönen goldenen Ring.

Doch mit der Zeit kamen zu meiner Faszination noch andere Gefühle hinzu. Immer wieder kam ich mir vor wie eine Fliege, die einer fleischfressenden Pflanze auf den Leim gegangen war. Zuerst hatte mich diese Pflanze mit einem verlockenden Duft bezirzt. Und als sie mich gefahrlos hatte, schnappte ihre Falle zu. Auf Franco übertragen: Er blieb so lange Kavalier, bis ich ihm gefühlsmäßig ganz gehörte. Ab da zeigte er seinen wahren Charakter schon etwas offener.

Als wir einige Zeit befreundet waren, ließen seine regelmäßigen Besuche bei mir auf einmal nach. Einmal sagte er, er habe noch einen Freund getroffen; ein anderes Mal erklärte er mir, er habe noch im Fitneß-Center trainiert. Ich sah keinen Grund, ihm nicht zu glauben.

Ich ging dafür viel radfahren – alleine, versteht sich. Meist ging meine Route bis zum Hallenbad im Nachbardorf und wieder zurück. Nicht einmal da kam ich auf die Idee, die Verbindung zu meinen alten Freunden wieder zu beleben.

Während einer meiner Radtouren sah ich eines Tages per Zufall Francos Auto vor dem Haus stehen, in dem Sibylle wohnte. Von der Straße aus, die zum Hallenbad führte, konnte man nämlich das Haus sehr gut sehen.

Als er spät am selben Abend noch zu mir nach Hause kam, fragte ich ihn, was er heute so alles getan habe. Er schilderte dies und das, doch daß er bei Sibylle war, erwähnte er mit keiner Silbe. So berichtete ich ihm von meiner Entdeckung auf dem Weg zum Hallenbad. Sofort machte er mir Vorwürfe, ich würde ihm nachspionieren!

Ich war empört und sagte das auch. Ihm nachzuspionieren – ich wäre im Traum nicht auf diese Idee gekommen;

warum sollte ich auch? Schließlich sollte er selbst wissen, was er tat; alt genug war er ja. Aufpasserin wollte ich schon gar nicht spielen. Und daß Sibylle ausgerechnet in einer für mich sichtbaren Straße wohnte, dafür konnte ich doch nichts.

Nachdem ich Franco die Meinung gesagt hatte, ließ ich mich allerdings schnell wieder rumkriegen und versöhnen. Er argumentierte, ich müsse einfach verstehen, daß er sich ab und zu mit ihr treffe; sie sei schließlich eine gute Bekannte von ihm. Mit anderen Verflossenen habe er auch ein gutes Verhältnis. Klar konnte ich das verstehen, daß man ab und zu mit Bekannten Gedanken austauschen möchte. Ich sagte ihm, daß ich das nicht schlimm fände, schließlich kenne man sich ja schon länger. Daß Franco jedoch von etwas ganz anderem sprach, ahnte ich nicht; dazu war ich noch zu wenig durchtrieben.

Meine Antwort nahm er für sich als den endgültigen Freibrief, um mich zu hintergehen. Nachprüfen konnte ich natürlich nicht, wie oft er mich mit einer anderen Frau betrogen hatte. Einige Male kam ich aber darauf zu sprechen, und er gab es sogar zu, bat mich auch, seinen Fehltritt zu entschuldigen, und versprach, es nie mehr wieder zu tun ...

Ich glaubte ihm wieder und wieder und verzieh ihm ständig. Er blieb jedoch auf seinen Abwegen. Deshalb wurde ich mit der Zeit schrecklich eifersüchtig und glaubte ihm kein Wort mehr. Zu allem Übel durfte *ich* mir nie erlauben, mit einem anderen Mann zu sprechen, weder in einer Diskothek noch sonstwo. Selbst mit ehemaligen Schulfreunden konnte ich kein Wort wechseln, ohne daß er mir nachher eine Szene machte. Er behauptete sofort, ich würde jeden anmachen – nur weil ich in den Gesprächen auch fröhlich sein und lachen konnte. Für ihn war es jedoch selbstverständlich, daß er mich sehr oft in der Disko links liegen ließ, um mit anderen Frauen intensiv zu flirten. Dazu durfte ich natürlich nichts sagen! Das war – aus seiner Sicht – nicht dasselbe. Irgendwie hatten wir eine seltsame Beziehung: Körperlich hingen wir sehr stark aneinander, doch seelisch machten wir uns das Leben enorm schwer.

Francos bester Freund sagte mir einmal: «Claudia, Franco hat dich gar nicht verdient.» Zuerst war mir nicht klar, was er damit meinte. Vergessen konnte ich diesen Satz nie – bis ich dann begriff, was er bedeutete.

Plötzlich fand Franco dauernd etwas an mir auszusetzen. Einmal war ich ihm zu dick, dann hatte ich eine blöde Figur oder trug altmodische Kleider und so fort. Interessanterweise schienen seine Bemerkungen mir angebracht, denn ich hatte, seit wir uns kannten, etwas zugenommen. Deshalb versuchte ich verbissen, ihm zu gefallen. Ich ließ meine Haare schneiden, wie er sie wollte, kaufte Kleider, die ihm gefielen, und folterte mich wieder mit Diäten oder mit Brechreizen.

Im Grunde hatte ich mich selbst bereits aufgegeben, denn ich tat nur noch, was er wollte. Um keinen Preis konnte ich von ihm lassen. Irgendwie hatte ich immer den Hang, mich an eine Person zu klammern, die ich dann nicht mehr loslassen konnte.

Mein Verlust an Selbstwert führte dazu, daß Franco erst recht machen konnte, was er wollte; auch mit mir. Immer pflichtete ich ihm bei oder akzeptierte zumindest jedes Verhalten von ihm. Meine Hörigkeit ihm gegenüber war nicht mehr zu übersehen. Da ich keine Freunde mehr hatte, konnte mich niemand mehr korrigieren. Auch zu Hause hatte ich keine Anlaufstelle mehr, denn da war ja auch alles am Zusammenbrechen.

So lehnte ich mich nicht gegen meine Situation auf; ich nahm sie willenlos an. Immerhin war Franco jetzt der einzige, der mir noch nahe war und mich liebte – auch wenn er mich schlecht behandelte. Im nachhinein denke ich, daß er mich nicht ausschließlich wegen meiner Person liebte, sondern weil ich auf andere so attraktiv gewirkt hatte und er «der Glückliche» gewesen war, der mich bekommen hatte. Denn sogar sein bester Freund hatte zur gleichen Zeit wie er ein Auge auf mich geworfen, doch ich verliebte mich in Franco.

Zwischendurch machte ich wieder eine Spezialdiät, diesmal mit Ahornsirup. Da mußte ich nicht viel mehr tun, als mehrmals am Tag einen teuren Ahornsirup mit Zitronensaft zu mischen und zu trinken. Essen war nicht nötig. Zunächst schmeckte mir der Sirup, und ich konnte von der Brecherei absehen. Doch nach einigen Wochen und vielen Unterbrechungen und Neuanfängen konnte ich das Gesöff nicht mehr riechen! Mir wurde beim Gedanken an den Saft schon fast schlecht; deshalb hörte ich mit diesem Experiment auf.

Mehr und mehr konnte ich erkennen, daß mein Leben durcheinandergeraten war. Mein Sorgenberg schien stetig zu wachsen. Da war zuallererst die Sache mit meinen Eltern, dann das unbefriedigende Verhältnis zu Franco, die verhaßte Lehre samt Berufsschule und schließlich die Brecherei, die mir schon außer Kontrolle geraten war. Das Essen und Brechen war mittlerweile zu einem täglichen Ritual geworden, das ich einfach nicht mehr lassen konnte. Ich war darin gefangen.

Um meinen Sorgenberg etwas abzubauen, beschloß ich, Franco von meiner Brecherei zu erzählen. Ich erhoffte mir Verständnis von seiner Seite und dachte, er würde sich in Zukunft mir gegenüber etwas anders verhalten, wenn er sehen würde, was für ein Problem ich mit mir herumtrug. Außerdem wollte ich jemanden, der mich bemitleidete, denn ich tat mir in meiner Situation bereits leid!

Als ob es so sein sollte, wurde nur wenige Tage nach meinem Entschluß im Fernsehen eine Dokumentation über Bulimie gezeigt. Ich bat Franco, diese Sendung anzusehen. Doch er wollte nicht. Er sah zwar gerne fern, doch für Dokumentationen war er nicht zu haben. Nochmals bat ich ihn darum und vertraute ihm an, daß auch ich viel erbrach und seine Hilfe bräuchte.

Franco kümmerte das nicht im geringsten, und die Sendung sah er sich nicht an. Ich war völlig geknickt. Die Botschaft war bei mir angekommen: Er interessierte sich nicht für mich als Mensch. Offenbar war ich für ihn einfach ein willkommenes Sexobjekt, mit dem er nach Lust und Laune ins Bett hüpfen konnte; ich machte ja alles mit. Attraktiv war ich wohl nur so lange, wie meine Figur stimmte. Als ich jedoch wirklich seine Hilfe benötigte, war das nicht sein Problem.

Über die Brecherei verlor ich kein Wort mehr, weder bei Franco noch bei irgend jemand anderem. Kein zweites Mal wollte ich so stehengelassen werden, wenn ich mich endlich mal öffnete. Und wenn sich schon mein Freund, meine Bezugsperson Nummer eins, nicht für mein Problem interessierte, wer sollte es dann tun? Wer sollte Interesse an mir als Mensch haben?

Entsetzt darüber, daß ich Franco nicht mehr wert war, kühlten meine Gefühle für ihn stark ab, und ich distanzierte mich zum ersten Mal innerlich von ihm. Ich gab unserer Beziehung keine große Chance mehr. Zumal er mich nach wie vor betrog. Mich brachte dieses Wissen fast um den Verstand. Mehr als einmal kam er mit verweintem Gesicht zu mir nach Hause. Diese Tränen galten aber nicht mir – sondern Sibylle. Und das gab er auch noch offen zu!

Eines Tages hatte ich endgültig die Nase voll von ihm. Ich war soweit, ihn zum Teufel zu jagen, doch ein schreckliches Erlebnis kam dazwischen:

Es war etwa ein Jahr nachdem mir meine Mutter ihr Geheimnis über ihren Scheidungswunsch anvertraut hatte. Es war Abend, und die ganze Familie saß im Wohnzimmer. Als ich spürte, daß etwas in der Luft lag, fing Mutter bereits an, uns Knall auf Fall mitzuteilen, daß sie sich von Paps scheiden lassen würde, nach Deutschland zurückginge und diese und jene Möbel mitnehmen würde. Ihre Worte fielen so schnell, daß anfangs keiner begriff, wovon sie sprach.

Mutter redete und redete und schüttete ihr Herz aus wie nie zuvor. Niemand kam auf die Idee, sie zu unterbrechen. Sie erzählte Dinge, die ihr wohl jahrelang auf der Seele gelegen hatten. Ich konnte erkennen, wie meine beiden Herren bleich wurden und es ihnen die Sprache verschlagen hatte. Mein Herz pochte wie wild. Jetzt war es doch noch soweit gekommen, wie grauenhaft!

Ich glaubte mich inmitten eines dramatischen Spielfilms. Im Zimmer herrschte eine immense Spannung, und jeden Augenblick erwartete ich einen Knall. Ich hörte mein Herz bereits in meinem Kopf hämmern, so sehr regte mich Mutters Offenbarung auf.

Auf einmal hörte sie auf zu reden und verließ das Zimmer; sie hatte alles gesagt, was zu sagen war. Totenstille erfüllte den Raum. Paps saß nach wie vor am Tisch und sagte kein Wort. Ich konnte gut erkennen, daß in diesem Moment seine Welt zusammengebrochen war. Wie versteinert saß er auf seinem Stuhl und starrte ins Leere. Werner brachte auch keinen Ton heraus. Noch immer war es totenstill im Raum; nur mein Herzschlag donnerte in meinem Hirn; und mir war ganz elend vor Aufregung. Nun war es soweit, nun mußte ich sicher Rede und Antwort stehen!

Mir wurde klar, daß Paps wahrscheinlich nicht die leiseste Ahnung von Mutters Absicht, nach Deutschland zurückzukehren, gehabt hatte. Davon hatte selbst ich nichts gewußt. Doch eigentlich hätten wir alle von selbst darauf kommen können, denn Mutter hatte auch nach dreiundzwanzig Jahren Schweiz noch Heimweh nach ihrer eigenen Mutter. Jedesmal wenn sie mit ihr telefonierte, weinte sie hinterher bittere Tränen. Für den Rest der Familie war das natürlich sehr belastend. Ich hatte mir oft gewünscht, Mutter würde unsere Großmutter nie anrufen, denn ich wußte immer schon, was nachher passierte, und ich wollte sie nicht ständig weinen sehen. Es war für mich oft sehr schwer zu ertragen, daß Mutter eigentlich lieber bei ihrer Mutter in Deutschland sein wollte als bei ihrer eigenen Familie in der Schweiz. Dabei konnte ich ihre Gefühle nicht ganz nachvollziehen; sie war ja schließlich eine erwachsene Frau und kein Kind mehr.

Ich mußte zugeben, daß Mutter sich im vergangenen Jahr auf ihren Auszug sehr gut vorbereitet hatte. So konnte sie uns ganz genau sagen, wie sie sich das Ganze vorgestellt hatte. Selbstverständlich nahm sie an, daß wir «Kinder» mit ihr kommen würden; ich auf alle Fälle. Mit meinen sechzehn Jahren war ich noch etwas zu jung, um mich alleine durchzuschlagen.

Aber ich wollte auf keinen Fall mit ihr gehen, und zwar hauptsächlich deswegen, weil ich nicht nach Deutschland wollte. Was sollte ich dort? Für mich war das ein fremdes Land, das ich nur durch Ferienaufenthalte kannte. Doch das reichte nicht aus, um heimische Gefühle zu entwikkeln. Und so fehlte mir einfach die Motivation, alles Bekannte nun gegen Fremdes einzutauschen. In der Schweiz kannte ich mich aus, hatte einen Bekanntenkreis, eine Arbeitsstelle, einfach alles. Aber Mutter verlieren? Ein schrecklicher Gedanke! Da wurde mir zum ersten Mal wirklich klar, wie schändlich ich sie in den letzten Jahren behandelt hatte, daß ich aber noch immer an ihr hing und sie jetzt nicht verlieren wollte ...

Paps riß mich aus meinen Gedanken, denn auf einmal fragte er Werner völlig entgeistert: «Hast du von Mutters Absichten gewußt?» Werner schaute Paps genauso verstört an wie dieser ihn und schüttelte nur den Kopf. Für einen Moment wurde es wieder ganz still im Raum. Danach fragte Paps auch mich.

Ich überlegte krampfhaft, wie ich mich ausdrücken sollte. Schließlich nickte ich ganz verschämt und begann sofort zu erzählen, daß ich zwar von ihrem Scheidungswunsch erfahren hatte, Mutter aber hatte versprechen müssen, kein Sterbenswörtchen weiterzusagen. Paps schaute mich erschreckt an, sagte aber kein Wort. Seine Blicke durchbohrten mich. Diese Sekunden gehörten für mich zu den schrecklichsten meines bisherigen Lebens.

Ich war sicher, in diesem Moment alle meine Trümpfe bei Paps verspielt zu haben. Noch immer saß ich völlig verstört auf dem Kachelofen, unruhig, zitternd und verängstigt. Nach dieser Szene war jegliches Gespräch für diesen Abend beendet. Paps wirkte plötzlich nervös. Er verließ das Zimmer; auch Werner verzog sich. Danach verschwand auch ich in meinem Zimmer. Ich legte mich aufs Bett und versuchte mich von dem Schock zu erholen.

Der nächste Morgen und jeder weitere Tag waren geradezu unerträglich. Die Atmosphäre in unserem Haus empfand ich als hochexplosiv. Ich traute mich kaum, mit den andern zu reden.

Mit einem Mal überschlugen sich die Ereignisse. Alles ging plötzlich sehr schnell. Nach ein paar Wochen war meine Mutter bereits «ausgewandert»; einige Möbel und Teile vom Geschirr kamen gleich mit. Ich hatte kaum Zeit, ihr Lebewohl zu sagen, geschweige denn mir bewußt zu machen, was da geschah. Ich konnte zu diesem Zeitpunkt nicht erahnen, was es in Wirklichkeit bedeutete, den Menschen zu verlieren, der einem schon immer im Leben am nächsten stand. Und dann ging Mutter noch ins Ausland! Für mich so unerreichbar weit weg! Es hätte nicht schlimmer für mich kommen können.

Und doch wollte ich ihrer Zukunft nicht im Wege stehen; das versuchte ich mir jedenfalls einzureden. Deshalb ließ ich sie gehen, ohne eine Szene zu machen. Schließlich wollte ich, daß sie glücklich sein würde. Doch das Haus schien für mich plötzlich sehr leer – und das nicht nur, weil einige Möbel fehlten ...

Mit dem Wegzug meiner Mutter fiel ich in ein Loch. Nun war der Mensch nicht mehr da, der mir immer noch die Hand gereicht und mich stets Liebe hatte spüren lassen.

Aber auch Paps ging es schlecht. Sah man genau hin, so konnte man erkennen, daß er sogar völlig verzweifelt war. Für ihn hieß es nun, sich von Null auf Hundert in das Thema «Scheidung» einzuarbeiten. Was dies alles für ihn bedeuten und was es kosten würde, das wußte er noch nicht.

Sowieso war nach Mutters Auszug extreme Hektik bei uns ausgebrochen. Wir drehten fast durch. Ich selbst fühlte mich ja schon länger todunglücklich. Werner steckte mitten in einem nebenberuflichen Studium und hatte damit genug eigene Sorgen. Und Paps stand noch zusätzlich unter Druck, weil seine Baubewilligung für unser Häuschen wahrscheinlich nicht ewig gültig sein würde. Doch das Häuschen sollte ja sein Lebenswerk werden. Und so war er wie eh und je wild am Arbeiten und Umbauen.

Ein weiteres Problem tat sich für uns drei auf. Wer sollte von nun an eigentlich den Haushalt führen? Keiner von uns hatte Zeit dazu, geschweige denn Lust. Jeder war voll und ganz mit eigenen Problemen beschäftigt und fühlte sich sowieso schon überfordert.

Die beiden Herren allerdings hatten schon eine Lösung. Es war ja immer noch eine «Frau» im Haus, und sie hielten es erst mal für selbstverständlich, daß *ich* die freie Stelle als Hausfrau besetzen würde. Doch ich konnte und wollte das nicht. Völlig überfordert durch diese neue Situation, stellte ich mich bockig. Von da an war nur noch Stunk im

Haus. Ich wehrte mich mit Händen und Füßen dagegen, Mutters Rolle zu übernehmen. Im Gegenteil: *Ich* war davon überzeugt, die beiden Herren müßten den Hauptteil der Arbeit übernehmen. Doch den beiden gegenüber war ich ziemlich machtlos. Wenn einer von beiden mir befahl sauberzumachen, gab ihm der andere natürlich recht. Fehlte etwas im Kühlschrank, so wurde ich jeweils beschuldigt, alles leergegessen zu haben. Das hatte ich zwar oft auch getan, aber doch nicht jedesmal!

Mit der Zeit kam in mir das Verlangen hoch zu sterben. Im tiefsten befürchtete ich, nie mehr ein vernünftiges Leben führen zu können. Wo ich auch hinsah, überall war Chaos ausgebrochen. Nirgends hatte ich Ruhe. Sogar zu Hause mußte ich kämpfen; meist gegen zwei Männer, und im schlimmsten Fall war es einer mehr.

Denn eines Abends, als Franco und ich nach Hause kamen, stand Werner innerhalb weniger Minuten neben mir, streckte mir den Besen entgegen und pfiff mich an, ich solle den Fußboden kehren. Diese unfreundliche Begrüßung machte mich total fertig, ich fing an zu heulen, wurde hysterisch und schrie: «Ihr meint wohl, daß ich hier alles alleine machen soll! Laßt mich doch endlich in Frieden!»

Mit diesen Worten rannte ich völlig aufgelöst in mein Zimmer, knallte die Tür hinter mir zu, ließ mich auf mein Bett fallen und heulte wie ein Schloßhund. Was ist das für ein Leben?, fragte ich mich voller Selbstmitleid. Womit habe ich das verdient?

Eine Zeitlang schluchzte ich weiter und wunderte mich, daß Franco nicht kam. Er hatte das Ganze ja mit angesehen. Nun brauchte ich etwas Trost von ihm. Zehn Minuten später kam er doch noch zu mir. «Hast du gesehen, wie ich behandelt werde?» wimmerte und jammerte ich. «Wie ein Dienstmädchen, wie der letzte Dreck!»

Dabei glaubte ich natürlich, daß er jetzt zu mir stehen

und mir den Rücken stärken würde. Doch was sagte Franco? «Werner hat ganz recht, du bist wirklich eine faule Schachtel!» Einen Augenblick stockte mir der Atem. Ich glaubte, mich verhört zu haben. Ich konnte nicht fassen, was er soeben gesagt hatte. Läßt Franco mich jetzt einfach in meinem Elend hängen?, fragte ich mich voller Entsetzen.

«Verschwinde! Geh mir aus dem Weg! So einen wie dich kann ich nicht gebrauchen! Hau ab! Hau ab!!!» schrie ich mit letzter Kraft und brach erneut in Tränen aus. Kopfschüttelnd und grinsend ging er aus meinem Zimmer.

Das war einfach zuviel für mich. Ich sah mich bereits im Irrenhaus. Keinen Schritt machte ich mehr aus dem Zimmer. Ich schloß mich ein, drehte laut Musik auf und weinte mir fast die Augen aus. Franco kam nicht mehr zu mir; wahrscheinlich war er wirklich nach Hause gefahren. Ich fühlte mich so allein, obwohl noch Menschen um mich herum lebten. Doch jeder interessierte sich nur noch für seine eigenen Angelegenheiten. Einsamkeit und Verlassenheit machten sich in mir breit.

Magere Aussichten auf Besserung

Jetzt, da ich kein trautes Heim mehr hatte, wäre ich am liebsten abgehauen. Aber wohin? Das wußte ich selbst nicht, doch ich wollte einfach weg, weit weg, egal wohin: Hauptsache weg. Das einzige, was mich noch daran hinderte, war die Lehre. Obwohl ich sie haßte, wollte ich sie beenden, da ich nun mal angefangen hatte. Mir war klar, daß damit weiterhin eine harte Zeit vor mir lag, doch ich war fest entschlossen, auch wenn mich jeder Tag viel Energie kosten würde.

Eines Tages aber stand für mich fest, daß ich mit Sicherheit nach der Lehre abhauen würde. Wohin meine Reise gehen sollte, das war mir vorläufig noch egal – Hauptsache weg. Von allem und allen hatte ich die Schnauze voll! Irgendwie fühlte ich mich wie eine zarte Blume in einem mächtigen Sturm. Massakriert von allen Seiten.

Wer in hohem Maße seinen Teil zu all dem beitrug, war Franco. Deshalb wollte ich ihn eigentlich dringend loswerden. Mehr und mehr erkannte ich, daß er mir eher Schaden zufügte, als daß er mir wohltat. Doch in meiner damaligen Lebenssituation fand ich beim besten Willen keine Kraft, ihn wegzujagen. Er spielte weiterhin mit mir wie mit einer Marionette, und ich ließ alles mit mir geschehen. Verzweifelt suchte ich bei ihm etwas Wärme und einen Ausgleich für meine Misere. Das war für mich alles, was zählte. Aber der Preis, den ich für das bißchen, was ich erhielt, bezahlen mußte, war hoch. Francos Verhalten in dieser Zeit prägte mich tief und war die Ursache für viele meiner späteren Reaktionen. Denn noch Jahre später fühlte ich mich unsicher, hatte Komplexe und zu wenig Selbstvertrauen.

Mutter rief oft an und wollte wissen, ob wir zurechtkämen. Sie machte sich große Sorgen. Noch bevor sie unser Heim verlassen hatte, hatte sie in der ganzen Wohnung viele Zettel ausgelegt. Darauf hatte sie erklärt, wie die Waschmaschine funktionierte, wie gewaschen werden mußte und so weiter. Ihr war offensichtlich nicht egal, was mit uns geschah. Sie war auch sehr traurig, daß alles so hatte ausgehen müssen. Dennoch glaubte auch ich selbst in jener Zeit, daß ihre Entscheidung richtig gewesen war – bei den vielen Auseinandersetzungen zwischen meinen Eltern all die Jahre hindurch. Nur der Zeitpunkt schien mir nicht optimal. Aber gibt es überhaupt einen optimalen Zeitpunkt für so etwas wie eine Trennung von der eigenen Familie?

Auf alle Fälle war ich nicht böse auf Mutter und sagte ihr das auch. Manchmal kam mir das alles vor wie ein böser Traum. Ich stellte mir vor, Mutter wäre auf einer längeren Urlaubsreise, telefonierte mit mir und käme bald wieder zurück.

Die Realität belehrte mich allerdings eines besseren. Daß Mutter keine andere Lösung gefunden hatte, als nach Deutschland zu ziehen, darüber war ich sehr traurig. Daß sie jetzt die Chance hatte, glücklicher zu sein, darüber freute ich mich; denn das wünschte ich ihr von ganzem Herzen!

Aus ihrer Stimme hörte ich beim Telefonieren oft Schuldgefühle heraus. Ich beteuerte dann jeweils, daß sie wirklich keine haben müßte. Daß wir drei uns im Haus kaum vertrugen, damit wollte ich sie nicht belasten. Ich versicherte ihr nur immer wieder, daß wir zurechtkämen. In der Tat: Wir wußten, wie die Waschmaschine funktionierte. Nur bedienen wollte sie keiner ...

In den ersten Ferien nach Mutters Auszug besuchte ich sie. Da gestand sie mir ein, daß sie schon vor Jahren an eine Scheidung gedacht hatte. Doch mir zuliebe hatte sie diesen Gedanken wieder aufgegeben; ich war ja noch so klein, und sie hatte gehofft, daß sich ihre Beziehung zu Paps wieder verbessern würde.

Mutters Offenheit mir gegenüber machte mich stolz. Doch gleichzeitig belastete sie mich, denn irgendwie bekam ich das Gefühl, ihr viele schöne Jahre vorenthalten zu haben. Ich erinnerte mich ja auch an die Spannungen zwischen meinen Eltern während meiner Kindheit, unter denen ich ebenfalls gelitten hatte. Nun empfand ich, daß ein Teil der Schuld wahrscheinlich bei mir lag.

Dieses Gespräch war für mich ein Grund, um noch mehr zu erbrechen. Meine Brecherei hatte sowieso Hochkonjunktur, und ich nutzte jede frustrierende Situation als Vorwand.

Die Zeit verging, und ich erbrach täglich, manchmal mehrere Male, oft ein paarmal hintereinander. Mein durchschnittliches Gewicht hatte sich seit meinem ersten «Brecherfolg» allerdings um ein paar Kilos erhöht; tendenziell stieg es weiter. Doch ich kümmerte mich nicht groß darum. Zu jener Zeit steckte ich in einem solchen psychischen Tief, daß es mir selbst egal war, wenn ich dicker wurde.

Eines Tages entschied ich mich sogar bewußt, dicker zu werden. Ich glaubte, daß ich meine Mitmenschen durch eine sichtbare, körperliche Veränderung auf mich aufmerksam machen könnte. Es mußte ihnen dann doch auffallen, daß ich Hilfe suchte! Sicher würden sie fragen, ob es mir nicht gutging, und dann könnte ich ihnen mein Leid klagen. Doch ich wurde enttäuscht. Logischerweise reagierte niemand so, wie ich es mir vorgestellt hatte.

Das Zunehmen war für mich überhaupt kein Problem. Es ging äußerst schnell, denn allzuoft kam es vor, daß ich übertrieb und so oft mein Essen-und-dann-Erbrechen-Spiel praktizierte, bis mein Magen nichts mehr herausgab und alles Gegessene behielt. So setzten Tausende von Kalorien an, und das sehr rasch. Aber kein Mensch fragte nach meinem Befinden. Ein paar idiotische Sprüche fielen, und Franco regte sich darüber auf, daß ich stetig schwerer wurde. Weshalb das so war, danach fragte er nicht.

Ein Jahr nach Mutters Auszug war die Scheidung gelaufen. Langsam kehrte auch etwas Ruhe ins Haus ein, und die Beziehung zu meinen Herren besserte sich wieder. Paps hatte wieder eine Frau gefunden, die sich um ihn kümmerte. Man merkte das an seinen Hemden, die von ihr gebügelt wurden; wohlgemerkt: seine! Auch den Garten brachte sie wieder auf Vordermann, und so sahen wir uns ab und zu. Was genau zwischen Paps und ihr war, wußte ich nicht. Doch das war mir im Moment auch egal.

Werner hatte trotz aller zusätzlichen Schwierigkeiten sein Studium durchziehen können und mit Bravour bestanden. Jetzt war er frischgebackener Maschineningenieur. Da die Last des Lernenmüssens ihn nicht mehr drückte, war er auf einmal wieder gut gelaunt und für mich wieder der alte. Er schmiedete Pläne und entschloß sich, eine eigene Wohnung zu suchen. Nun wollte er endlich sein eigenes Leben führen können; alt genug war er ja. Doch erst nachdem er eine geeignete Wohnung gefunden hatte, erfuhr ich von seinem geplanten Wegzug. Es lagen zwar noch ein paar Wochen dazwischen, doch ich war trotzdem schockiert. Noch eine Person, die für mein Leben wichtig war, würde mich jetzt verlassen! Doch ich mußte mich an den Gedanken gewöhnen.

Wieder einmal hörte Paps als Letzter von der Sache, und zwar ganz kurz vor Werners Auszug. Zu Recht war er verärgert und wahrscheinlich vor allem enttäuscht, daß immer er, den alles am meisten anging, zuletzt benachrichtigt wurde.

Werner packte seine Sachen zusammen, nahm gleich noch Teile vom gemeinsamen Hab und Gut mit und zog aus. Von da an durfte ich Werners Zimmer auch benutzen und hatte damit zwei Räume für mich alleine. Jetzt lebten nur noch Paps, die Katze und ich im Haus. Es war noch leerer und ruhiger geworden.

Seit ich das zweite Zimmer hatte, schlief ich nur noch dort. Neben dem Bett stellte ich auch den Kleiderschrank und den Bürotisch hinein. Durch die Fenster hatte ich einen Blick auf die Straße. In meinem bisherigen Zimmer blieb die Stereoanlage, und ich hatte dort ausreichend Platz zum Tanzen, was ich sehr gerne tat.

Zuerst fand ich es ganz toll, auf einmal so viel Platz für mich zu haben und dazu die Möglichkeit, mich in mehr als einem Zimmer verkriechen zu können. Doch mit der Zeit fühlte ich mich gespalten, denn ich hatte nun nicht mehr ein echtes Schlupfloch, sondern zwei halbe; ein eigenartiges Gefühl.

Paps gewöhnte sich langsam daran, daß Werner ausgeflogen war. Allmählich wurde das Leben in unserem Haus wieder erträglich. Paps und ich kamen wieder sehr gut miteinander aus. Jeder ließ den anderen sein Leben leben. Er steckte sich neue Lebensziele und verfolgte sie auch konsequent; ich dagegen wurstelte weiter vor mich hin.

Zwischen Paps und Margrit, der Frau, die seine Hemden bügelte, schien es etwas Ernstes geworden zu sein. Das war mir sehr recht, denn so mußte ich mich nicht mehr für Paps verantwortlich fühlen und empfand wieder so etwas wie Freiheit. Es bürgerte sich ein, daß Paps bei Margrit übernachtete.

Margrit wohnte mit ihren fast erwachsenen Kindern in einer kleinen Wohnung in der Stadt. Ab jetzt war Paps nur noch frühmorgens und am frühen Abend in unserem Häuschen. Jeden Abend ging er weg, und ich schlief alleine in unserer Hütte. Oft fühlte ich mich sehr einsam. Aber gleichzeitig konnte ich tun und lassen, was ich wollte! Ungestört konnte ich meiner Brecherei nachgehen.

Spätabends fing ich an zu kochen. Meine Speisekarte war jedoch äußerst eintönig. Meistens gab es eine halbe Tüte Nudeln oder ein ganzes Paket Schokoladenpudding.

Mein Nudelgericht war sehr schnell zubereitet: Ich brachte einen Topf Wasser zum Kochen, dann kamen die Nudeln ins Wasser, zehn Minuten ließ ich sie köcheln; fertig. Nicht einmal Salz benutzte ich. Das lag an der gräßlichen Erfahrung mit dem Salzwasser vor zwei Jahren. Zudem mußte mein Mahl nicht sonderlich schmecken, schließlich war es nur Mittel zum Zweck.

Selbst wenn die Nudeln noch kochend heiß waren,

konnte ich kaum warten, bis sie abgekühlt waren. So bald wie möglich schlang ich sie in mich hinein, trocken und fade, wie sie waren. Weil ich sowieso nie Lust zum Warten hatte, aß ich sogar aus dem Topf; so ging es am schnellsten. Hin und wieder gab ich meinem «Feinschmeckeressen» eine spezielle Note: Damit die Angelegenheit nicht ganz so trocken war, kaufte ich fertige Salatsauce und leerte einfach ein paar hundert Milliliter über die Nudeln. So rutschten sie besser den Hals hinunter. Diese Salatsauce genehmigte ich mir jedoch nur bei besonderen Anlässen, wenn ich zum Beispiel gut gelaunt war. Sonst mußte es ohne Sauce gehen.

An anderen Abenden gab es zur Abwechslung Pudding zum Aufkochen, meist Schokoladenpudding. Einen halben Liter Milch in einem Topf aufkochen, das Pulver dazu, umrühren, fertig. Im Gegensatz zu den Nudeln war der Pudding allerdings zu heiß, als daß ich ihn gleich hätte essen können, und das ärgerte mich sehr. Deshalb stellte ich den kochend heißen Topf direkt ins Kühlfach des Eisschrankes! Ich wußte zwar, daß man so etwas nicht tun sollte, doch das war mir egal. Es mußte einfach schnell gehen, damit ich in möglichst kurzer Zeit meinen Pudding essen konnte.

Manchmal sah ich zu, wie das Eis unter dem Topf dahinschmolz, und fand das lustig. Nach wenigen Minuten konnte ich den Topf endlich aus dem Kühlfach holen. Ich nahm mir einen Löffel, ging ins Wohnzimmer und sah fern, während ich den Pudding aus dem Topf aß.

Schon nach der Hälfte hatte ich eigentlich genug, doch ich löffelte weiter und weiter. Nach wenigen Minuten war der ganze Topf leer. Beim letzten Löffel wurde es mir jedesmal schlecht, nicht nur wegen dem ewig gleichen Geschmack, sondern auch wegen der Riesenmenge Pudding. Mein Bauch schmerzte, denn die Masse hatte kaum Platz darin und drückte. Sehr bald fühlte ich mich hundeelend. Deshalb mußte ich sofort zur Toilette rennen und meinen Ballast so schnell wie möglich wieder loswerden, damit mein Bauch nicht mehr weh tat.

Nach vollbrachtem Erbrechen fühlte ich mich im ersten Moment sehr wohl und erleichtert. Der furchtbare Druck im Bauch war weg, und gleichzeitig freute ich mich, die vielen Puddingkalorien problemlos wieder losgeworden zu sein.

Doch dieses Glücksgefühl hielt nur für einen kurzen Moment an. Spätestens nachdem ich mich im Spiegel gesehen hatte, hätte ich losheulen können. Ich sah grauenvoll aus. Das Drücken und Würgen und das ewige Nach-unten-Halten des Kopfes verliehen meinem Aussehen eine ganz besondere Note: Mein Gesicht war rot und aufgedunsen, die Augenlider geschwollen, die Augen verweint und gerötet.

Der Geruch nach Erbrochenem im Raum tat noch ein übriges. Obwohl ich mir sofort Hände und Gesicht mit Seife wusch, empfand ich an mir zusätzlich noch einen «Duft», den ich nie sofort wieder loswerden konnte. Es war ein Gemisch aus Gestank nach Erbrochenem und penetrantem Rosenaroma der Seife. Grausig! Doch auch dieser Ekel hielt mich nicht davon ab, den ganzen Ablauf später zu wiederholen.

Wenn ich mich wieder frisch gemacht hatte, ging ich zurück ins Wohnzimmer und sah weiter fern. Oft begann ich nach einer Stunde mit dem ganzen Spiel wieder von vorne, und nochmals und nochmals – bis ich genug hatte. Zuerst reichte es mir nach dem ersten Mal, doch dabei blieb es immer seltener. Hie und da steckte ich mir sogar einen Schnuller in den Mund, um mein Kauwerk zu beschäftigen und die Gier nach Eßbarem zu stillen. Diesen Schnuller hatte ich mir allein zu diesem Zweck gekauft, doch er half auch nicht. Ich fand mich damit außerdem ziemlich albern.

Meine Katze lag fast jedesmal zusammengerollt auf dem Sofa und schaute nur auf, wenn ich wieder ins Zimmer kam. Ansonsten kümmerte sie sich herzlich wenig um das, was ich da so anstellte. Sie döste gemütlich vor sich hin.

Mein Drang, mich zu übergeben, hatte mich bereits fest im Griff, und das auf eine zunehmend grausame Weise. Ich fraß wie ein Stier, um erbrechen zu können, denn dieses Gefühl brauchte ich. Da nicht immer alles herauskam, aß ich noch mehr in der Hoffnung, das ganze Zeug nachher besser loswerden zu können. Oft mißglückten meine Versuche, und der Magen behielt praktisch alles. Nach solch einer Niederlage auf dem Klo wurde ich wütend auf mich selbst; nicht nur weil ich wieder übertrieben hatte, sondern auch weil ich wußte, daß ich erneut massiv zunehmen würde.

Diesen Gedanken fand ich so fürchterlich, daß ich jetzt erst recht noch einmal anfing zu essen, wodurch die ganze Sache natürlich schlimmer und schlimmer wurde. Manchmal bekam ich zwar noch ein paar Brocken hoch, wenn ich meinen Magen bis aufs äußerste quälte, doch bei jedem weiteren Brechversuch schwanden die Chancen. Ein Teufelskreis ohne Ende ...

Ab und zu blieb mir sogar ein dicker Klumpen regelrecht im Halse stecken. Ich spürte das, bekam ihn aber nicht vom Fleck. Das war ein sehr unangenehmes Gefühl, und manchmal glaubte ich, ersticken zu müssen. Aber ich konnte nichts ändern, sondern mußte geduldig warten, bis der Klumpen von selbst diese Stelle in der Speiseröhre verließ. Immer dann, wenn ich das Gefühl des Erstickens hatte, hörte ich sofort auf zu brechen und versuchte es an diesem Tag nicht noch einmal. Auch wenn mir mein Rachen enorm weh tat, wenn ich Blut spuckte oder erschöpft war von dem vielen Erbrechen, ließ ich es für den

Rest des Tages. Am nächsten Tag ging es dann aber wie gewohnt weiter.

Eines begriff ich nie so ganz, nämlich weshalb mein Magen beim dritten oder vierten Mal hintereinander wenig bis gar nichts mehr hergeben wollte. Vielleicht war er es einfach müde, dauernd verkehrt herum arbeiten zu müssen, und streikte deshalb. Jedenfalls bestand dadurch tagtäglich die Gefahr, extrem zuzunehmen. Die Gewichtsanzeige auf meiner Waage stieg ständig nach oben, und erst als sie eine alarmierende Höhe erreicht hatte, schaffte ich es, eine Roßkur einzuleiten. Ich aß dann praktisch zwei bis drei Tage gar nichts, um mein Gewissen für kurze Zeit wieder zu beruhigen. So konnte ich ohne Probleme in einem Monat mehrere Kilos zu- oder abnehmen.

Leider nahm ich dauernd eher zu als ab. Dieser Zwang, es entweder mit dem Essen total zu übertreiben oder die Nahrung völlig zu verweigern, war ganz typisch für mich. Einen Mittelweg gab es nicht. Insgesamt aber nahm ich stetig zu, und meine normalen Kleider paßten mir schon lange nicht mehr.

Bei meinen Experimenten entdeckte ich auch, daß manche Lebensmittel beim Erbrechen regelrecht «zum Kotzen» waren. In kurzer Zeit veränderten sie sich geschmacklich derart, daß ich diesen neuen Geschmack beim Erbrechen kaum aushielt. Nahrung dieser Art mied ich dann natürlich.

Ich fand heraus, daß es sogar darauf ankam, nach wieviel Minuten ich ein Produkt wieder erbrach. Bei meiner Beschäftigung mit diesen Themen wurde deshalb meine Uhr mein ständiger Begleiter. Mit der Zeit wußte ich für jedes meiner bewährten «Brechmittel», wie lange ich warten mußte, bis sich seine Konsistenz so verändert hatte, daß ich es problemlos wieder loswerden konnte. Diese Erfahrungen halfen mir, so manche Niederlage in meiner Erbrecherkarriere zu verhindern.

Jeden Abend mußte ich mir im Bett den Ablauf des folgenden Tages zurechtdenken. Ich hielt zunächst fest, was ich den ganzen Tag hindurch alles erbrochen hatte. Dann überlegte ich mir, wann und wo ich alles Hinuntergeschlungene am nächsten Tag wieder einkaufen konnte. Schließlich durfte Paps nicht auffallen, wie sehr ich die Vorratskammer an nur einem Tag geplündert hatte. Zwei- oder dreimal merkte er, daß etwas fehlte, und fragte, wo die ganzen Lebensmittel geblieben seien. In diesen Fällen klammerte ich mich an eine Notlüge und gab an, daß wir im Geschäft ein Fest gehabt hätten und ich dafür einiges hätte mitnehmen müssen, daß ich es jedoch gleich wieder ersetzen würde.

Ob er mir glaubte, kann ich nicht sagen. Auf jeden Fall sagte er nichts dazu, und darüber war ich sehr froh. Im Grunde aber fühlte ich mich schlecht. Mir war elend, daß ich meinen Vater betrügen mußte, nur weil mir die Wahrheit nicht über die Lippen kam. Ich schämte mich wirklich Paps gegenüber, und es tat mir so leid, daß ich nicht ehrlich zu ihm sein konnte. Doch ich brachte es nicht übers Herz. Meine Scham ihm gegenüber war zu groß.

Durch mein Erbrechen machte ich mir aber auch Luft. Es war eine willkommene Abwechslung, um nicht weiter über mein Leben nachdenken zu müssen. Die Brecherei war zu einer Vollzeitbeschäftigung geworden: Essen herbeischaffen, essen, erbrechen, Dreck aufräumen und das Essen wieder neu beschaffen. Das alles brauchte enorm viel Zeit und hielt mich voll auf Trab, zumal niemand etwas von der ganzen Sache merken durfte.

Mit der Brecherei brachte ich aber auch zum Ausdruck, wie ich mein Leben fand: zum Kotzen! Nicht genug damit, daß ich drauflos fraß, regelmäßig erbrach und immer schwerer wurde; zu allem Unglück fand ich mich nun endgültig entsetzlich häßlich und fühlte mich schrecklich. Ich mußte mir eingestehen, daß ich schon seit langem süchtig war und mein Handeln nicht im Griff hatte – doch ändern konnte ich nichts daran.

Ich steckte mitten in einer Katastrophe, deren weiteren Verlauf ich durch meinen Willen nicht mehr beeinflussen konnte. Ein innerer Zwang beherrschte mein Verhalten, und ich konnte mich nicht davon befreien. Dieses in jeder Hinsicht schizophrene Verhalten machte mich fast wahnsinnig. In keinem Bereich meines Lebens fand ich einen Mittelweg, immer lebte ich nur in Extremen.

Und noch etwas brachte mich fast um: Mittlerweile war ich fest davon überzeugt, daß mich niemand mehr liebte. Niemand zeigte mir seine Liebe. Und das stürzte mich in die größte Verzweiflung, da ich mich sowieso haßte, weil ich mich so abstoßend und scheußlich dick fand. So konnte ich mich nicht mehr akzeptieren, geschweige denn mögen.

Manchmal dachte ich auch: Ich könnte tot sein, und niemand würde das auf Anhieb merken, niemandem würde das groß auffallen. Ich glaubte allen Ernstes, daß ich für keinen mehr wichtig war. Denn kein Mensch zeigte mir spürbar das Gegenteil, und deshalb fühlte ich mich so alleine. Wäre trotzdem jemand dagewesen, hätte das wahrscheinlich nicht einmal etwas genützt.

Die Schuld an der ganzen Misere gab ich sowieso nur mir. Mir allein. Ich war der Typ Mensch, der den Fehler immer bei sich selbst sucht und sich selbst dann auch noch malträtiert. Ich tat alles, um mir selbst zu schaden und weh zu tun, aber nie jemand anderem: Ich war ganz klar der Typ des Selbstzerstörers.

«Kreative» Brechmethoden ...

Es hatte sich so eingebürgert, daß Paps am frühen Morgen von Margrit zurückkam. Er machte Feuer im Kachelofen und klopfte mit dem Besenstiel an die Decke in der Küche, um mich zu wecken, denn mein Schlafzimmer befand sich direkt darüber. Da meine Matratze am Boden lag, konnte ich vom Bett aus auf den Schlafzimmerboden zurückklopfen. Das war unsere akustische Zeichensprache. Hörte mich Paps nicht nach ein paar Minuten in meinem Zimmer herumgeistern, dann klopfte er noch einmal, damit ich nicht wieder einschlief. Unsere Morserei gefiel mir sehr. Das war etwas nur zwischen uns beiden. Ich hatte das Gefühl, etwas ganz Besonderes nur mit ihm zusammen machen zu können.

Nachdem Paps mich geweckt hatte, stand ich auf und machte mich fertig für die Arbeit. Gemeinsam verließen er und ich dann das Haus, um Geld zu verdienen.

Jeden Tag hoffte ich, daß er so früh am Morgen nicht merken würde, daß die Küche praktisch leergegessen war. Denn sonst hätte es Krach gegeben, da ich die Wahrheit einfach nicht preisgegeben hätte. Ich konnte ihm die Schande meiner Sucht nicht gestehen.

Die ganze Woche hindurch liefen die Dinge so. Am Wochenende war mein übliches Brechpensum wesentlich schwieriger durchzuexerzieren, weil Paps etwas öfter zu Hause war. Doch meine Phantasie kannte keine Grenzen. Ich fand laufend neue Varianten, um «es» doch zu tun.

An einem Wochenende zum Beispiel mußte das Waschbecken in meinem «Musikzimmer» herhalten. Da Paps die ganze Zeit kam und ging und die Treppen rauf- und wieder runterstiefelte, konnte ich mich nirgendwo anders verkriechen als in einem meiner zwei Zimmer.

Verkriechen ... Mein irrationales Verhalten ließ mich manchmal ernsthaft an meinem Verstand zweifeln. Denn einerseits hatte ich solche Sehnsucht nach Liebe, Nähe und Geborgenheit, andererseits wollte ich für mich sein, mich verkriechen, um ungestört meine Sucht befriedigen zu können. Diese widersprüchlichen Verhaltensweisen waren für mich einfach nicht unter einen Hut zu bringen. Daß sie typische Suchtmerkmale waren, wußte ich nicht. Im Gegenteil, meine konträren Gefühlsstöße ließen mich beinahe durchdrehen.

An jenem Wochenende also plünderte ich zuerst unbemerkt einen Teil der Vorratskammer in der Küche. Dann verzog ich mich in mein Zimmer, schloß ab, ließ laute Musik spielen und fraß alles Eßbare in mich hinein. Danach wartete ich eine Weile, bis das Gegessene etwas verdaut und verdünnt war, damit ich es hinterher durch den Abfluß laufen lassen konnte.

Nach etwa einer halben Stunde versuchte ich es dann. Ich ließ alles in das Waschbecken, doch mit Schrecken mußte ich feststellen, daß es nicht abfloß. Was sollte ich nur tun? Ich beschloß, die Masse irgendwie durch den Gully zu drücken. Aber das ging leider sehr schlecht und ekelte mich auch furchtbar. Ich ließ den Wasserhahn laufen, damit das Zeug etwas zersetzt würde. Das Wasser sickerte ganz langsam ab, aber auch nur, weil ich die Masse im Becken mit meinen Händen ständig rührte. Nach langem Rühren und Drücken verschwand die Sauerei glücklicherweise doch im Abfluß.

Damit kein Geruch mehr in der Luft blieb, versuchte ich, noch etwas mit Wasser nachzuspülen, doch es floß nur noch sehr langsam ab ... Jetzt hatte ich das Abflußrohr verstopft! Ich wurde ziemlich nervös. Wie sollte ich dieses Problem lösen? Mir war klar, daß ich das Rohr nicht selbst auseinanderschrauben konnte. Also, was tun? Ich tat nichts. Ich ließ das Waschbecken in Ruhe und hoffte, daß sich die Verstopfung von selbst lösen würde.

Erst Tage später drehte ich zuversichtlich das Wasser in

meinem Waschbecken auf. Dummerweise floß es immer noch nicht ab! Schließlich ging ich zu Paps und sagte ihm das. Hilfsbereit, wie er war, stand er bereits wenige Minuten später mit einer Schüssel in der Hand in meinem Zimmer und fing an, das Abflußrohr abzumontieren. Ich stand daneben und hoffte, daß nichts kaputt war.

Paps hantierte an dem Rohr herum, und auf einmal sagte er ganz erstaunt, daß da Erbrochenes drinstecke und das bestialisch stinke. So unschuldig ich konnte, sah ich ihn an und meinte nur: «Ah, ja?» Er zeigte mir das Rohr, in dem ich nun die eklige Masse hängen sah. Paps schaute mich nochmals an. Mir mußte sofort etwas Gescheites einfallen, deshalb sagte ich: «Ja, vor ein paar Tagen war mir schlecht, als du nicht da warst, und da habe ich es nur bis zum Waschbecken geschafft. Das hatte ich schon wieder vergessen.»

Etwas ungläubig schaute er mich an, sagte aber nichts weiter. Er nahm das Rohr an sich, grub mit der Hand hinein und warf den Matsch in die Schüssel. Er tat mehr, als ich je geschafft hätte. Mich ekelte nur schon der Anblick, und Paps legte sogar seine bloße Hand in diesen Dreck ... Ich schämte mich zutiefst. Paps dagegen verlor während der ganzen Prozedur kein Wort. Ich kam mir ihm gegenüber völlig schlecht vor, da ich ihm Theater vorspielte. Und doch konnte ich ihm die Wahrheit nicht erzählen; ich wußte ja selbst nicht, wie mir geschah. Die ganze Situation war mir äußerst peinlich.

Als Paps fertig war, schraubte er das Rohr wieder an und sagte nur, falls so etwas wieder vorkäme, sollte ich doch bitte zum Klo rennen oder das Zeug gleich aus dem Waschbecken schöpfen und nicht ablaufen lassen. Ich für mich beschloß in diesem Moment, daß ich mich ganz sicher nicht mehr in dieses Waschbecken hinein übergeben würde ...

Da ich nun mit der Waschbeckenmethode eindeutig gescheitert war, mußte ich mir etwas Neues einfallen lassen. Die Toilette als Brechort war ausgeschlossen, denn Paps hätte mein Würgen sicherlich gehört. Auch eine halbstündige «leise Sitzung» wäre aufgefallen, zumal Paps gerochen hätte, was wirklich auf dem Klo los war. So entschloß ich mich an einem anderen Wochenende zu einer neuen Methode: Plastiktüten. Ich schleppte einfach eine alte Zeitung und ein paar Plastiktüten in mein Zimmer. Die Zeitung breitete ich aus und stellte eine der Plastiktüten ordentlich geformt darauf. Weit geöffnet benutzte ich sie als Brechtüte. Die Zeitung diente mir als Unterlage; ich mußte ja auch den Teppich schützen, für den Fall, daß etwas danebenging.

So erbrach ich an diesem Tag zum ersten Mal alles in die Plastiktüte. Als ich mit meiner Husterei fertig war, machte ich einen Knoten in die Tüte und stellte sie erst mal in den Papierkorb. Dann schlich ich mich aus dem Zimmer, um zu sehen, ob die Luft rein war. Als ich Paps weder sah noch hörte, packte ich die Tüte, rannte die Treppe hinunter, direkt in die Küche, machte den Abfalleimer auf und warf die Tüte hinein. Ich verdeckte sie noch ein wenig mit Abfall. Erleichtert darüber, die Spuren meines Geheimnisses beseitigt zu haben, ging ich in mein Zimmer zurück.

Die Plastiktütenmethode bewährte sich, und ich war entschlossen, sie auch weiterhin anzuwenden. Es gab nur ein Problem: Nicht immer war die Luft rein. Manchmal mußte ich länger warten, bis ich meine Tüte unbemerkt in der Küche entsorgen konnte. Aber das Zeug mußte zwischendurch irgendwie aus dem Zimmer, damit sich der Geruch nicht darin verbreitete. Also öffnete ich das Fenster, legte die Tüte einfach auf den Fenstersims und überließ sie sich selbst.

Ab und zu vergaß ich sie sogar dort, und sie blieb über

Nacht draußen. Morgens schaffte ich es immer, sie noch schnell im Abfalleimer zu deponieren.

Eines Nachts jedoch, ich war schon mit Träumen beschäftigt, hörte ich ein dumpfes Platschen. Daß dieses Geräusch nicht zu meinem Traum gehörte, konnte ich sogar im Schlaf feststellen. Ich wachte auf und wußte interessanterweise sofort, was geschehen war. Ich hoffte zwar noch, daß sich meine Vermutung nicht bestätigen würde, doch beim ersten Blick aus dem Fenster sah ich, besser gesagt, sah ich sie eben nicht mehr, die Tüte! Sie mußte eine Etage tiefer liegen, auf dem Balkon. Und sicherlich war sie geplatzt! Sofort reckte ich meinen Kopf aus dem Fenster. Viel konnte ich zunächst nicht erkennen; es war mitten in der Nacht und recht dunkel. Inständig hoffend, der Schaden möge nicht so groß sein, ging ich ins Wohnzimmer und von dort aus auf den Balkon. Trotz der Dunkelheit konnte ich die ganze Bescherung erkennen. Die Tüte war tatsächlich geplatzt und ...

Ich rannte durchs Wohnzimmer, die Treppe hinunter zur Besenkammer, nahm Eimer, Lappen und Besen, eilte zurück in mein Zimmer, füllte den Eimer, lief zurück durchs Wohnzimmer auf den Balkon und schrubbte nachts um halb drei die ganze Sauerei weg. Erst als ich fertig war, stellte ich fest, daß es draußen kalt war und ich nur im Nachthemd herumhüpfte. Ich war mächtig erleichtert, daß ich es wieder mal geschafft hatte, unentdeckt meine Spuren zu beseitigen. Im Haus war ich im Moment sowieso allein, und daß mir um diese Uhrzeit kein Nachbar zugesehen hatte, nahm ich einfach mal so an.

Ich räumte alle Putzutensilien wieder ordentlich weg, begab mich zurück ins Bett und dachte über den Vorfall nach. Auf einmal fragte ich mich, was ich da eigentlich tat. Ich konnte mir keine vernünftige Antwort geben: Beim Zusammenwischen auf dem Balkon hatte ich mich schrecklich geekelt; nun lag ich frierend im Bett. Was machte das für einen Sinn?

Doch selbst dieses Erlebnis gab mir noch nicht den Rest. Im Gegenteil. Ich hakte die Plastiktütenmethode zwar ein für alle Mal ab, kam dafür aber zu einem anderen «kreativen» Entschluß: Ich wollte von nun an meine «Arbeitsstätte» nach draußen verlegen, denn ich hatte es total satt, dauernd Schreckensszenarien in der Wohnung erleben zu müssen.

Mein Leben war äußerst anstrengend geworden, doch meine schöpferischen Variationen hielten mich auf Trab. Sie hinderten mich daran, über mein Leben nachzudenken. Das kam mir gerade recht, denn im Grunde wußte ich, daß ich ein unheimlich einsamer Mensch geworden war. Ich hatte niemanden mehr, mit dem ich reden konnte oder gar reden wollte. Daher flüchtete ich mich geradezu in meine selbstkonstruierte Betriebsamkeit, um nicht in meinem wahren Elend zu ersticken.

Meine beliebteste Zeit für meine «Tätigkeiten» war der Abend. Dann hatte ich nicht nur am meisten Freßlust, sondern auch am meisten Zeit, um ans Essen zu denken. Gewöhnlich kam meine Lust erst nach Ladenschluß. So war es für mich gar nicht einfach, die entsprechende Menge an Eßbarem aufzutreiben. Immer die Vorratskammer zu Hause zu plündern machte auf die Dauer keinen Spaß mehr.

Doch auch dieses Problem löste ich. Im Nachbardorf gab es nämlich einen Bahnhofskiosk, der bis 21 Uhr offen war. Ich mußte zwar zwanzig Minuten bei Dunkelheit mit dem Fahrrad fahren, aber selbst diese Mühe scheute ich nicht. Das Verlangen nach dem Erbrechen war stärker als jedes andere Gefühl.

Ich erzählte Paps also, daß ich noch etwas rausginge und in etwa einer Stunde wiederkäme. Diese Erklärung mußte er sich sehr oft anhören, denn ich fuhr diese Strecke immer öfter. Mit der Zeit schien er erstaunt, daß ich so häufig abends noch wegwollte, doch er ließ mich gehen.

So radelte ich im Abendverkehr durch dunkle Unterführungen. Dabei kannte ich überhaupt keine Furcht. Fürs Brechen fuhr ich meilenweit und tat überhaupt alles ...

Am Bahnhofskiosk angekommen, kaufte ich mir tütenweise Süßigkeiten und Knabberzeug: Chips, Schokoladentafeln, Karamelbonbons, Waffeln, Kekse und, und, und. Die Leute am Kiosk verdienten nicht schlecht an mir. Danach zog ich mit meinen Tüten von dannen, besser gesagt zur nächsten Parkbank.

Hier fing ich sofort an loszuschlemmen. «Soll ich nun die Waffeln zuerst essen oder die Chips?» fragte ich mich. Doch das war im Grunde völlig egal, dann zu guter Letzt war sowieso alles hinuntergewürgt.

Nach meiner Völlerei war mir natürlich übel. Doch wohin sollte ich das Zeug nun erbrechen? Rund um den Bahnhof war ständig Verkehr, und das war sehr ungünstig. Da blieb mir nur eins: Ich mußte eine öffentliche Toilette suchen und mich mit ihr anfreunden. Schon bald hatte ich einen Stammplatz gefunden. Es war der dreckigste Ort, den ich bisher für meine Sucht aufgesucht hatte. Doch mittlerweile waren mir jeder Ort und jedes Mittel recht, um ungestört erbrechen zu können! Ich war wirklich schon sehr tief gesunken.

Mein neuer Stammplatz bot mir außerdem eine malerische Kulisse: Spinnen und Spinnennetze waren an den Deckenlampen und in den Ecken zu sehen, und um das Licht flatterten abends Falter. Die Wände, deren ursprüngliche Farbe nicht mehr erkennbar war, waren mit irgendwelchen schweinischen Sprüchen bekritzelt. Meist brannten auch nicht alle Lampen. Gingen welche kaputt, wurden sie oft nicht direkt ausgewechselt. So war es zeitweise recht dunkel und irgendwie gruselig.

Dazu war der Ort während meiner monatelangen «Besuchszeit» nie wirklich sauber. Die Gemeinde schien andere Prioriäten gesetzt zu haben, als in dieser Toilette für Ordnung zu sorgen. Trotzdem war sie lange mein «Zuhause»; zumindest für etliche Stunden meines Lebens. Im Sommer fehlte es außerdem nie an Fliegen, und die ganze Idylle wurde durch einen ungemein penetranten Uringeruch bereichert. Der angenehmen Atmosphäre verlieh ich dann noch meine persönliche Duftnote.

Nun stand ich also in meiner Kabine, steckte meinen Kopf halb in die Kloschüssel und fing an, meinen Magen zu quälen. Manchmal gab es noch nicht einmal Toilettenpapier, mit dem ich meinen Mund und meine Hände hätte abwischen können. So mußte ich mich eben mit eisig kaltem Wasser aus dem Hahn begnügen. Der Geruch ging ohne Seife nie ganz weg – doch es gab hier keine. Wenn ich mit dem Fahrrad zu Hause angekommen war, wusch ich mich jeweils noch einmal gründlich.

Zeit hatte ich genug für meine Exzesse, denn die Beziehung mit Franco war ja schon länger nicht mehr in Ordnung. Jeder von uns verfolgte eher eigene Interessen, und so fand ich genug Muße, um alle die neuen Brechorte und -arten ungestört auszuprobieren. Im Laufe der Zeit kannte ich jede öffentliche Toilette im Umkreis von sieben Kilometern.

Zwar fragte ich mich sehr oft, was ich da eigentlich tat, doch ich fand keine vernünftige Antwort. Ich schämte mich unheimlich, weil ich ein solch abnormes Eßverhalten hatte, und ich glaubte, die einzige auf der Welt zu sein, die so etwas praktizierte. Ich dachte sogar, ich sei verrückt, und traute mich deshalb nicht, auch nur ein einziges Wort über meine Erfahrungen zu verlieren. Wenn ich mir vor Augen hielt, was für sinnlose Dinge, was für ekelerregende Aktivitäten ich betrieb, so mußte ich doch verrückt sein. Ich war mir sicher, daß niemand nachvollziehen konnte, was ich tat und warum. Ich konnte es mir ja eigentlich selbst nicht erklären. So ein Irrsinn, dachte ich mir. Andere sind wahrscheinlich wegen weniger schlimmen Dingen in psychiatrischen Anstalten, und ich laufe noch frei herum! Solche und ähnliche Gedanken brachten mich an den Rand der Verzweiflung.

Besonders schrecklich war die Erkenntnis, daß ich mittlerweile nicht mehr wegen des Essens so viel in mich hineinstopfte, sondern daß ich jetzt das Gefühl des Erbrechens brauchte. Tatsächlich war das Erbrechen-Wollen mein eigentlicher Zwang geworden, und das konnte ich nicht verstehen. Zwar fühlte ich mich immer so leicht, fröhlich, glücklich und unbeschwert, wenn ich mich übergeben hatte. Dieser Zustand war leider nur von sehr kurzer Dauer. Dennoch waren es mir die paar Minuten wert, alle Strapazen drumherum in Kauf zu nehmen. Und an Strapazen erlebte ich so einiges ...

An einem Winterabend war ich gerade zu Hause und hatte keine Lust, mich extra anzuziehen, um zu Fuß wegzugehen, geschweige denn mit dem Fahrrad. Die Straßen lagen voll Schnee, und es war gräßlich kalt. Auf einmal spürte ich den starken Drang zu erbrechen. Unglücklicherweise war Paps schon da und bastelte in einem der Zimmer.

Doch selbst das Wissen, daß er im Hause war, hinderte mich nicht daran, meine am Mittag gekaufte Ration ins Visier zu nehmen und mich an den Großpackungen zu vergehen. So riß ich die Tüte mit Popcorn auf und griff zu. Während ich noch daran kaute, öffnete ich in aller Hektik bereits die Familienpackung mit Schokowaffeln, biß genüßlich in die erste, dann in die zweite ... Ich kam fast nicht nach mit Kauen, denn ich fühlte mich gehetzt. So schnell wie möglich wollte ich das Verlangen nach dem Erbrechen stillen.

So stopfte und stopfte ich mich mit dem Zeug voll wie

eine Gans, bis beide Packungen ratzekahl leergegessen waren. Kaum war ich fertig, war mir schon kotzübel – kein Wunder! Natürlich mußte ich nun meine Fressalien so schnell wie möglich wieder loswerden. Da mir so schlecht war, konnte ich nicht weit gehen, Also mußte ich irgendwo im Haus brechen. Doch das ging nicht wegen Paps' Anwesenheit.

Das einzig Sinnvolle schien mir, meine Tätigkeit an irgendeine Stelle rund ums Haus zu verlegen, wo Paps mich mit Sicherheit nicht würde hören können. Krampfhaft überlegte ich, wo wohl ein geeigneter Entsorgungsplatz sein könnte; schließlich wollte ich ja nicht, daß jemand hineintrat ... Es mußte mir ganz schnell eine Lösung einfallen, denn mir war furchtbar übel, und ich war wie auf Nadeln, weil ich die verschlungene Kalorienbombe um keinen Preis behalten wollte.

Nach langem Nachdenken fiel mir ein passender Ort ein: hinter dem Holzhäuschen neben den Sträuchern. Es war in vieler Hinsicht ein geeignetes Plätzchen, vor allem brauchte ich hier auch keine Angst zu haben, zufällig von Nachbarn gesehen zu werden.

So stieg ich in meine Stiefel, zog Mantel und Schal an, nahm eine Rolle Klopapier und ging aus dem Haus. Zum Glück war es bereits ziemlich dunkel, und ich fühlte mich sicher. Wegen der Kälte fror ich mir fast die Finger ab. Doch ich wurde sehr schnell los, was ich loswerden wollte.

Sofort kam das ersehnte Gefühl der Erleichterung: Ich hatte es geschafft, einen idealen Platz zum Erbrechen zu finden, und meine Kalorien war ich rechtzeitig losgeworden. Ich mußte keine Angst haben, daß sie an meinem Körper ansetzen würden. Kaum war ich fertig, machte ich, daß ich wieder ins Haus kam. Nachdem ich mich gewaschen hatte, ging ich in mein Zimmer, während ich Paps immer noch basteln hörte.

An einem Frühlingstag war ich wie so oft mit dem Fahrrad unterwegs. Während ich durch die Gegend fuhr, entdeckte ich an einer Straßenecke eine Bäckerei. Sofort zuckte es in meiner Magengegend, und ich konnte einfach nicht vorbeifahren. So hielt ich an und betrat den Laden. Im selben Moment hatte ich mich schon nicht mehr unter Kontrolle. So konnte ich mir selbst zusehen, wie ich dabei war, für fünf Personen Croissants, Cremeschnitten, Mohrenköpfe und Nußhörnchen zu kaufen. Kaum hatte ich sie bezahlt, eilte ich mit einer Riesentüte voll Backwaren aus dem Laden.

In einem kurzen lichten Moment fragte ich mich, was ich eigentlich mit so viel Zeugs anfangen sollte. Doch wenige Augenblicke später benebelten sich meine Sinne wieder. Kurz danach radelte ich, wie von der Tarantel gestochen, zu meinem Wohnort zurück. Ich fuhr zum Fluß und suchte mir ein gemütliches Plätzchen am Ufer. Dort setzte ich mich ins Gras und fing an, mich an meinen Mitbringseln zu erfreuen. Genüßlich biß ich erst in eine Cremeschnitte, dann in ein Croissant, danach in ein Nußhörnchen und so weiter. Das letzte Nußhörnchen konnte ich kaum noch essen. Ich fühlte mich dem Platzen nahe, doch ich mampfte es mit letzter Kraft in mich hinein.

Mein Bauch tat mir weh, und mir war hundeelend. Mein Magen hatte sich innerhalb weniger Minuten so stark ausweiten müssen, daß ich beim Essen sogar meine Hose aufmachen mußte. Er war regelrecht aufgeblasen – kein Wunder, es lagen immerhin Backwaren für etwa vierzig Franken darin.

Was diese Leerläufe mich an Geld kosteten, war enorm. Leider konnte ich mich nie im richtigen Augenblick bremsen. Und auch dieses Mal auf der Wiese am Flußufer fragte ich mich – sicherlich zum tausendsten Mal –, weshalb ich schon wieder so weit war, daß ich mir den geblähten Bauch vor Schmerzen halten mußte.

Weil ich mich so furchtbar elend fühlte, mußte ich sogar mein Nachdenken unterbrechen und schnellstens ein geeignetes Plätzchen finden, um mich dort zu installieren. So hastete ich den Gehweg am Flußufer entlang und suchte. Einfach war das nicht, denn gewisse Anforderungen mußte so ein Brechplatz erfüllen: Niemand durfte sehen, geschweige denn hören, was ich dort trieb.

Zwischen Sträuchern, Büschen und Bäumen fand ich auch dieses Mal eine passende Stätte, mit direktem Blick auf das Wasser. Nun konnte ich endlich starten – mit phantastischem Erfolg. Dummerweise hatte ich kein Toilettenpapier bei mir, mit dem ich mir nachher die Finger und den Mund hätte abputzen können. So versuchte ich, die Überbleibsel an verschiedenen Blättern und Gräsern abzuwischen. Das ging aber nicht besonders gut. Bis ans Wasser konnte ich mir keinen Weg bahnen, die Sträucher waren zu dicht. So mußte ich eben etwas finden, was besser ging.

Ich tastete meine Hosentaschen ab. Außer einem giftgrünen Stofftaschentuch waren sie leer. So vorsichtig wie möglich zog ich dieses Tuch heraus. Daß es nach Gebrauch verschandelt aussehen würde, wußte ich genau, doch mir blieb keine andere Wahl.

Ich wischte mir die Tränen aus den Augen und reinigte meinen Mund und die Finger, so gut es ging. Das benutzte Tuch konnte ich nicht mehr einstecken; ich ließ es am Ort des Geschehens liegen.

Im Sommer konnte ich meine Mittagspause draußen verbringen. Dann eilte ich zuerst in ein Warenhaus, um mein Mittagessen zu kaufen. Danach begab ich mich zu Fuß auf die Schloßruine unserer Stadt. Auf dem Mauerrand sitzend, sah ich von oben herunter dem Verkehr zu. Ich fand es immer wieder interessant zu beobachten, wie hektisch sich die Menschen auf der Straße von einem Ort zum anderen bewegten. Ihr Treiben erinnerte mich an Ameisen. Während ich so schaute, aß ich zu Mittag.

Eigentlich nahm ich nur *junk food,* also wertlose Nahrungsmittel, zu mir. Das gehörte sich für mich irgendwie so, denn nährwertreiche Kost war mir zu teuer. Außerdem war sie mir zu schade, um sie gleich wieder herauszulassen. Da junk food eben nichts wert war, war meine Hemmschwelle, dieses Zeug wieder loszuwerden, entsprechend gering. Das wiederum deprimierte mich, weil ich mich gleichzeitig selbst wertlos fühlte; ich war es also nicht wert, mit mehr als nur mit junk food gefüttert zu werden. So sank meine Stimmung immer mehr. Ständig drehten sich meine Gedanken in einem Kreis, den ich nicht zu durchbrechen vermochte.

Ich fühlte mich als totaler Versager, weil ich den Bann meiner Brecherei nicht zu durchbrechen vermochte und meine Gedanken tagein, tagaus nur ums Essen kreisten. In einem solchen Moment wollte ich manchmal dem ganzen Theater ein Ende bereiten. Manchmal, während ich auf der hohen Mauer der Ruine saß, dachte ich: Wenn ich nur runterfallen würde, dann hätte ich Ruhe.

Gleichzeitig war ich mir gar nicht sicher, ob die Höhe überhaupt ausreichen würde, daß ich auf der Stelle tot wäre. Deshalb traute ich mich nicht, mich willentlich herunterzustürzen – denn querschnittsgelähmt wollte ich um keinen Preis werden. So schwankte ich zwischen meiner Feigheit und der Hoffnung auf eine bessere Zukunft hin und her.

Also beließ ich es bei meinem Gedankenspiel, schaute weiter dem Verkehr zu und aß in meiner Deprimiertheit erst recht alle meine Waffeln und das Popcorn auf. Denn nach meinen Überlegungen über die Höhe der Ruine fühlte ich mich noch stärker als Versager, ja, als Schwächling, noch nicht einmal fähig, mich umzubringen.

So verging die Mittagspause. Da die Zeit zu knapp war,

um mein tolles Mittagessen auch noch aus mir zu entfernen, stieg ich die Treppen der Schloßruine wieder hinunter, begleitet von meinen wahnsinnigen Gedanken, und ging zurück zur Arbeit in der Bank. Auch dort merkte keiner, wie nahe ich dem Wahnsinn war. So verbrachte ich während meiner Lehre fast jeden Mittag.

Ab und zu hatte ich keine Lust, mich auf die Mauern zu setzen. Dann machte ich es mir mit einem Buch, einer Zeitschrift und den obligatorischen Süßigkeiten auf einer Bank bei der Ruine bequem. Wenn ich eine Zeitschrift las, dann eine mit Liebesromanen. In diesen Romanen sah ich mich natürlich immer als heißbegehrte Geliebte. So träumte ich in der Mittagspause meine wilden Abenteuer, in denen ich mir vorstellte, ich wäre so, wie ich eigentlich sein wollte. Ich wurde eine richtige Tagträumerin, und in meiner Traumwelt konnte ich mich eine Weile aus der Realität ausklinken.

Das waren die schöneren Momente in meinen Mittagspausen. Sie regten mich wieder positiv an und stärkten mich für einige Zeit. Nur konnte ich nach meinen Träumereien die nüchterne Wirklichkeit kaum noch ertragen; jene Minuten, in denen mir bewußt wurde, daß ich zurück zur Arbeit mußte ... Deshalb durfte ich solche Romane nicht jeden Mittag lesen.

Gegen Herbst zog es mich in der Mittagszeit mehr ans Wasser in einem anderen Teil der Stadt. Ein langgezogenes Waldstück den Fluß entlang zeigte sich in den prächtigsten Farben. Mitten in diesem Wäldchen setzte ich mich auf eine Parkbank. Zuerst schloß ich minutenlang die Augen und suchte bewußt die Berührung des Windes, der um mich herumstrich. Gleichzeitig lauschte ich aufmerksam dem Rauschen der Blätter, die ganz oben auf den Bäumen vom Wind erfaßt wurden. In einem solchen Mußezustand löste sich jeglicher Druck von mir. Das wunderbare Gefühl, die Natur zu spüren und mich mittendrin zu befinden, erfüllte mich. In solchen Momenten kam ich mir unsagbar frei vor. Umhüllt vom Rauschen des Windes träumte ich davon, umgeben von vielen Tieren auf einer Insel zu sein.

Nach ein paar Minuten mußte ich meine Augen wieder öffnen; ich wäre sonst eingeschlafen. Doch diese Momente waren unbeschreiblich herrlich. Ich schloß die Augen nicht noch einmal, denn die Wirkung war nicht mehr dieselbe. Statt dessen aß ich mein Schoko-Popcorn. Die Tüte leerte ich sehr schnell. Danach war mir wieder mulmig zumute; mein Hochgefühl war weg. Trotzdem behielt ich die Mahlzeit im Magen und ging wieder mal lustlos und mit schlechtem Gewissen zurück zu meiner Arbeit.

Die Wirklichkeit hatte mich wieder; und das Gegessene lag wie ein Fremdkörper in mir, ein Fremdkörper, den ich nicht loswerden konnte. Ich versuchte, nicht daran zu denken, daß noch etwas in mir war, denn sonst hätte ich mich wieder mit tiefen Schuldgefühlen darüber gequält, daß ich mich nicht vom Essen befreit hatte. Manchmal gelang mir dieser gedankliche Selbstbetrug; manchmal jedoch war ich den Tränen nahe, weil ich einfach nicht so handeln konnte, wie ich wollte. In solchen Momenten wäre ich überallhin gegangen, nur nicht ins Geschäft ...

Manchmal haßte ich die Mittagspausen regelrecht. Immer wieder mußte ich mich mit meinem Mistessen und meinen Gefühlen dazu herumschlagen, und Einsamkeit war mein ständiger Begleiter. Nach Hause gehen brachte mir auch nichts, denn dort war sowieso niemand, und es hätte dort auch nichts Besseres zu essen gegeben. Mit irgendeinem Mitarbeiter zusammen essen gehen war auch nicht möglich: fast alle fuhren heim und aßen im Schoße ihrer Familien; der Rest hatte zu anderen Zeiten Pause. Die Kassierer der Bank mußten schichtweise in die Mittagspause, weil der Schalter durchgehend geöffnet war. So blieb ich zwangsläufig alleine.

Bei schlechtem Wetter traf man mich viel in der Bibliothek an, die sich gegenüber der Bank befand. Essen war in den Räumen zwar verboten, doch das kümmerte mich nicht. Meinen Proviant schmuggelte ich mit hinein und aß ihn heimlich. Zwischen den Büchern fühlte ich mich wohl, und ich las sehr gerne. Nur: Anderthalb Stunden Mittagspause konnten soooo lang sein, und in die Stadt gehen, um zu bummeln, machte auch nur ab und zu Spaß. Ich konnte ja nicht jeden Tag dieselben Läden abklappern und mir dauernd dasselbe anschauen, geschweige denn etwas kaufen.

Eines Mittags, als ich gerade zu meiner Parkbank am Waldstück schlendern wollte, kam mir die Idee, einen anderen Weg dorthin einzuschlagen. Zuerst ging ich gemächlich eine befahrene Straße entlang und hüpfte dann eine Wendeltreppe hinunter, die sich direkt neben der Straße befand. Auf einmal sah ich in der Nähe einen Unterstand. Irgendwie fesselte mich der Anblick, ich ging hin und kroch hinein. Der Unterstand war eigentlich ein Hohlraum; seine Decke war die Straße, und deshalb fuhren jetzt die Autos über meinen Kopf hinweg. Der Straßenlärm über mir, das Rauschen der Bäume neben mir und ich in dieser dunklen Ecke – das alles kam mir mächtig abenteuerlich vor. Dieser Unterschlupf gefiel mir, und ich begann ihn genauer zu inspizieren. Sehr schnell stellte ich fest, daß ich nicht die Erste war, die ihn entdeckt hatte. An den Wandzeichnungen und den Zigarettenstummeln am Boden konnte ich erkennen, daß schon einige Jugendliche Gefallen an diesem Versteck gefunden hatten. Auch verkohltes Holz und Aluminiumpapier konnte ich ausfindig machen. Hier mußten wohl Haschischraucher am Werk gewesen sein.

Einige Zeit saß ich in der Hocke in diesem Versteck und

stellte mir die Jugendlichen vor, wie sie ihr Feuerchen anmachten, ihre Zigaretten drehten und Haschisch rauchten. Noch in meine Vorstellungen vertieft, holte ich mein Mittagessen hervor und aß gedankenverloren eine Schüssel «nackter» Nudeln leer, die ich von zu Hause mitgenommen hatte.

Als ich mein Top-Menü beendet hatte, kam ich wieder zu mir, setzte mich in die hinterste Ecke des Unterstands und ließ alle meine zuvor gegessenen Nudeln wieder heraus. Sie platschten nur so auf den nackten Betonboden.

Kaum war ich fertig, gefiel mir mein Plätzchen plötzlich nicht mehr. Auf einmal fand ich es äußerst ungemütlich. Das war auch kein Wunder bei dem Anblick der Nudeln und dem Gedanken an die Hascher. Ich verließ das Versteck und machte mich auf den Weg Richtung Stadtmitte, um dort noch ein wenig zu flanieren.

Bis zum heutigen Tag habe ich dieses Versteck nicht mehr betreten. Irgendwie hatte ich nie mehr das Bedürfnis, ein zweites Mal dorthin zu gehen. Höchstwahrscheinlich störte mich der Gedanke an die haschischrauchenden Jugendlichen, denn ich wollte mit ihrem «Hobby» nichts zu tun haben oder sonstwie damit in Verbindung gebracht werden. Ich wollte nicht zu «denen da» gehören. Komischer Gedanke . . . Dabei hatte ich sie nie gesehen. Doch ihr Reich sollte nicht meines sein – als ob ich mit meiner Sucht, meiner Brecherei, etwas Vernünftigeres gemacht hätte als sie – von wegen!

Unglaublich, aber wahr: Praktisch jeden Mittag ernährte ich mich nur von Schoko-Waffeln, Schoko-Popcorn oder Nudeln. Meinem Hausarzt wären die Haare zu Berge gestanden, wenn er das mitgekriegt hätte. Es hatte jedoch seinen guten Grund, daß ich nur solchen Kram aß. Damit hatte ich nämlich die Möglichkeit, jederzeit kurz in einer Ecke zu verschwinden und alles wieder loszuwerden, wenn ich gewollt hätte. Das mußte schnell gehen, und dieses leichte Zeug bekam ich ruckzuck wieder aus meinem Magen.

Doch meist hatte ich keine Lust, mich bereits über Mittag zu übergeben. Von Eßlust konnte jedenfalls nicht die Rede sein. Jede Mittagspause war eine Qual, und meine Lehrstelle brachte mich auch fast um den Verstand; so war meine Laune chronisch miserabel. Meine «Leck mich»-Stimmung kannte keine Grenze. Mein Leben empfand ich nur noch als eine einzige Katastrophe.

Wenn ich mich mittags mit Waffeln oder Popcorn gequält hatte, kam der nächste Frust: Ich begab mich wieder zurück zur Arbeit oder in die kaufmännische Schule, wo ich auch alles andere als glücklich war. Zwei Lehrer waren nett, die anderen kaum zu ertragen. Jeder kaufmännische Schüler kämpfte mit demselben Problem: Er versuchte, die Lehre zu überstehen.

Abends fuhr ich mit dem Mofa nach Hause und überlegte mir, was ich wo am besten erbrechen und wie ich mir die Nacht am besten um die Ohren schlagen konnte, nachdem Paps gegangen war. Tagein, tagaus war ich allein, ohne Freunde, ohne einen Menschen, mit dem ich wirklich hätte reden können.

Manchmal tauchte Franco auf. Mit ihm hatte ich mittlerweile noch ein Problem mehr. Das war mein täglich Brot. So kam es, daß ich die Tage zu zählen begann bis zum Tag X: meinem letzten Tag in der Lehre.

In diesen Tag X projizierte ich alles Glück hinein. Ich glaubte fest daran, daß danach alles Negative und alle Traurigkeit vorbei sein würden. Meine ganzen Hoffnungen setzte ich auf diesen Tag, und das half mir, die unzähligen Frustmomente bis dahin aushalten zu können. Ganz ernsthaft hielt ich an der Illusion fest, daß mit diesem Tag auch mein ganzer Schmerz vorbei sein würde. Was für eine idiotische Einstellung! Doch dank dieser Illusion mußte ich mich nicht mit meinem gegenwärtigen Verhalten auseinandersetzen.

Dabei wußte ich verrückterweise selbst nicht so recht, was ich für die Zukunft wollte. Mir war nur klar, was ich *nicht* wollte und was mich unglücklich machte. Irgendwie war ich in jeder Situation unzufrieden und unglücklich, egal auf welchem Wege sie kam.

Zeitweise glaubte ich allerdings, daß ich den Tag X nicht mehr erleben würde. Denn ein einzelner Tag war doch schon so unendlich lang. Alles um mich herum haßte ich. Es gab keinen Ort, an dem ich mich wohlfühlte, wo ich auftanken konnte. Wie sollte ich den Tag X je erreichen? Und dann: Was sollte ich nach dem Tag X überhaupt tun? Daß ich wegwollte, stand schon lange fest. «Sollen doch alle machen, was sie wollen, aber ohne mich. Ich habe die Schnauze voll! Ich kann nicht mehr! Am Tag X werde ich verschwinden, irgendwohin, weit weg!» sagte ich mir immer öfter. Doch noch war es nicht soweit, und die Tage, Wochen und Monate vergingen im Zeitlupentempo.

Auch Franco war mir, wie gesagt, keine Hilfe in meiner Situation. Er wußte vieles über mich und meinen Frust in der Lehre und in der Schule. Wie verlassen es bei mir zu Hause war, wußte er auch, nur von dem Ausmaß meiner Brecherei hatte er keine Ahnung. Er ignorierte jede Andeutung von mir, und das verstand ich einfach nicht.

Innerlich wandte ich mich mehr und mehr von ihm ab, und trotzdem tobte noch ein ständiger Kampf in mir. Einerseits liebte ich ihn abgöttisch, andererseits haßte ich ihn. Wegen seiner Frauengeschichten hatte er unserer Beziehung von Anfang an keine wirkliche Chance gegeben. Nach einigen Jahren mußte ich erkennen, daß er im Grunde immer derselbe geblieben war. Wollte ich wenigstens mein Seelenleben retten, mußte ich mich von ihm trennen.

Noch hing ich an ihm, und auch das war verrückt, aber

gleichzeitig verständlich, denn er war mir immerhin sicher. Im Gegensatz zu mir fühlte er sich in unserer Beziehung wohl, denn er konnte nebenher so viele Frauen haben, wie er wollte; immer verzieh ich es ihm. Paps war ja die ganze Zeit mit Margrit zusammen, und so war Franco der einzige Mensch, der mir noch geblieben war. Und deshalb hielt ich an ihm fest, obwohl ich genau wußte, wie schlecht die Beziehung für mich war. Franco war somit ein Grund mehr dafür, daß ich nach dem Tag X weit weg wollte; ich mußte aus seiner Nähe fliehen, um von ihm loszukommen. Dabei hoffte ich, daß er mir bei genügender Entfernung nicht etwa folgen würde, um mich zurückzuholen.

Typisch für meine Zerrissenheit zwischen Sehnsucht und Resignation war auch, daß ich mir sehr oft ausmalte, daß ich unmittelbar vor der Haustür seiner alten Flamme Sibylle einen Unfall haben würde. Man hätte mich auf dem Fahrrad angefahren; verletzt und blutend läge ich auf der Straße. Dann könnte ich herausfinden, wie er *wirklich* zu mir stand. Natürlich träumte ich davon, zu sehen und zu spüren, wie er mich liebte ... Zum Glück kam so ein Unfall nie zustande.

Dafür passierte mir ein Unfall anderer Art, bei dem ich Franco «testen» konnte. An einem sonnigen Samstag nachmittag radelte ich an irgendwelchen Maisfeldern entlang, selbstverständlich alleine, aber erstaunlich gutgelaunt. Der Tag war himmelblau und angenehm warm.

Während des Fahrens geschah etwas Merkwürdiges. Von einer Sekunde auf die andere fühlte ich mich auf einmal todunglücklich, und mein wackeliges Kartenhaus fiel in sich zusammen. Mein ganzes Leben, all das, worin ich gerade steckte, wurde mir zuviel, und alle noch vorhandene Energie, die mich aufrechtgehalten hatte, verpuffte mit einem Mal. In einem Augenblick schienen mich meine gesammelten Erlebnisse zu erdrücken.

Fast fiel ich vom Fahrrad, so stark überwältigten mich meine Gefühle. Ich hielt an, setzte mich neben dem Maisfeld auf den Boden und fing an zu heulen und schluchzen, was das Zeug hielt. Ich konnte mich einfach nicht mehr beherrschen. Ich fühlte mich seelisch am Ende, innerlich ausgebrannt und leer; ein Wrack!

Längere Zeit saß ich wie ein Häufchen Elend am Boden und weinte. Keine Menschenseele war in der Nähe. Als ich mich endlich etwas beruhigt hatte, überlegte ich, was ich jetzt tun sollte. Ich wußte mir nur einen Rat: Ich wollte Franco anrufen. Womöglich hätte ich mir sonst in diesem Moment etwas angetan.

So wischte ich meine triefende Nase an meinen Ärmeln ab, stieg wieder aufs Fahrrad und fuhr mit verheulten Augen zur nächsten Telefonzelle. Meine innere Not war so groß, daß ich einfach drauflosfuhr, obwohl ich aus meinen verschwollenen Augen kaum sehen konnte und beim Lenken zitterte.

In der Telefonzelle suchte ich verzweifelt Kleingeld in meiner Hosentasche und wählte Francos Nummer, voller Sehnsucht danach, seine Stimme zu hören. Ich hatte Glück. Er ging selbst ans Telefon, und ich schluchzte erneut, diesmal durch die Leitung: «Franco, bitte komm sofort zu mir. Mir ist zwar nichts passiert, doch ich fühle mich gerade so furchtbar. Ich brauche dich jetzt sehr.» Ich beschrieb ihm, wo ich war, und er versprach mir, gleich zu kommen.

Es dauerte wirklich nicht sehr lange, und er fuhr mit seinem Auto vor. Wie ein begossener Pudel saß ich in einer Ecke mit meinem Fahrrad. Mit besorgtem Blick ging Franco auf mich zu und fragte, was denn eigentlich los sei.

Ich erzählte ihm von meinem seelischen Schmerz und wie meine Nerven mit mir durchgegangen waren und daß ich jetzt einfach nur von ihm umarmt werden müßte, danach würde ich mich bestimmt so langsam wieder in den Griff kriegen ...

Als ich zu Ende geredet hatte, bekam er fast einen Anfall. Sofort fuhr er mich an, ob ich mir eigentlich darüber im klaren wäre, daß er wie ein Irrer hierher gerast sei, weil ich am Telefon so geheult hätte. Alles mögliche hätte ihm auf dem Weg passieren können, so wie er gefahren sei. Und das alles wegen nichts!

Das war alles, was er zu meinem Zusammenbruch sagen konnte. Ich hatte versucht, ihm zu erklären, daß ich seelisch völlig aus dem Gleichgewicht geraten war und selbst nicht mehr hatte einschätzen können, was ich als nächstes tun würde. Dieser Versuch war gescheitert. Ich sagte dann noch, daß er einfach etwas Geduld und Verständnis für meine Situation aufbringen müßte. Das alles verginge wieder. Und damit entschuldigte ich mich für mein Verhalten. Ich nahm die Schuld für mein Benehmen auf mich.

Leider konnte Franco mir nicht folgen. Er konnte sich beim besten Willen nicht in meine Situation einfühlen; sie überforderte ihn, und er war einfach nur wütend auf mich. Mein innerer Schmerz wurde noch größer. Die Wärme, die ich mir bei ihm per Telefon bestellt hatte, blieb aus. Statt dessen lud er mein Fahrrad in den Kofferraum seines Wagens. Völlig ausgelaugt stieg ich ein, und er fuhr mich nach Hause.

Dort lud er das Fahrrad und mich aus und fuhr kurze Zeit später wieder ab. Ich fühlte mich noch immer total erschlagen und alleingelassen. Für den Rest des Tages verkroch ich mich in meinem Zimmer und wollte niemanden mehr sehen. Nach diesem Erlebnis war ich mir sicher wie nie zuvor, daß mein ersehnter Tag X auch das Ende meiner Freundschaft mit Franco bedeuten würde.

Der Tag X und große Reisepläne

Immer noch kämpfte ich mich durch jeden neuen Tag und sprach gleichzeitig meinen Tag X heilig. In meine Büroschublade legte ich ein Stück Karton, auf das ich eine Unmenge von Strichen gemalt hatte. Es waren so viele Striche, wie ich bis zum Ende der Lehre noch Arbeitstage vor mir hatte. Nach jedem überstandenen Tag in der Bank strich ich sein Symbol auf dem Kartonstück voller Genuß durch. So hielt ich mich einigermaßen bei der Stange, weil ich bildlich vor mir hatte, wie das Ende meiner Schrekkenszeit Schritt für Schritt näher rückte.

Diese Perspektive ließ mich einerseits aufblühen, andererseits stieg bei dem Gedanken an die Lehrabschlußprüfung Panik in mir auf. Denn es gab ein paar Schulfächer, von denen ich wußte, daß ich darin nicht gut abschneiden konnte. Mein großer Alptraum war Branchenkunde. In diesem Fach konnte ich aus einem einfachen Grund nicht sehr viel wissen: Im Gegensatz zu Lehrlingen anderer Banken wurden wir bankintern nicht ausgebildet.

Daß meine Leidensgenossin Susanne und ich so im Hintertreffen waren, fanden wir erst mit der Zeit heraus; vorher sprachen wir nie mit anderen Auszubildenden über deren interne Ausbildung. Wir wußten ja gar nicht, daß es so etwas gab, und kurz vor der Abschlußprüfung konnten wir Stoff aus zweieinhalb Jahren nicht mehr nachholen. Deshalb hatte ich solche Angst vor der Prüfung und glaubte, sie allein wegen der Branchenkunde nicht zu bestehen.

Das einzige, was Susanne und ich überhaupt erhielten, waren drei Ordner von irgendeiner Firma, die eines Tages auf unseren Büroschreibtischen lagen. Als ich einen Kollegen fragte, was ich damit machen sollte, sagte er, daß wir sie durcharbeiten müßten. Diese Ordner waren voll mit Fragen zum Thema Banken! Der Witz an der Geschichte war nur, daß weder Susanne noch ich jemals die entsprechenden Antwortordner zu Gesicht bekamen, geschweige denn von jemandem aus der Firma unterrichtet wurden.

Die einzige Branchenkunde, die wir je genossen, bestand aus ein paar Stunden in der kaufmännischen Schule kurz vor der Abschlußprüfung. Sie waren allerdings als Repetitionslektionen gedacht ... Jede Woche kam ein anderer Chef von irgendeiner Bank und unterrichtete die Lehrlinge, die vor der Abschlußprüfung standen. Das Schlimmste an diesem Unterricht war, daß von Bankgeschäften die Rede war, von denen Susanne und ich noch nie gehört hatten. Schlimm genug, daß die Direktoren mit Worten um sich warfen, die wir in unserer Bank noch nie gehört hatten. Das Deprimierendste für mich war, daß die anderen Auszubildenden sich ständig meldeten, um Antworten auf Fragen zu geben, von deren Bedeutung wir zwei keinen Schimmer hatten. Mehr als einmal hörten wir von einem der Direktoren: «Ihr wißt ja schon, daß ...», doch wir fühlten uns nicht angesprochen. Einmal kam auch unser Direktor, was wir natürlich nicht so toll fanden.

Trotz Prüfungsstreß mußte ich mir schon jetzt Gedanken darüber machen, was ich nach der Lehre tun wollte. Für mich stand ja schon lange fest, daß ich weit weg wollte. Doch wie sollte das konkret aussehen? Ich fragte meine Klassenkameraden, was sie denn so vorhätten. Und da kam mir auf einmal eine Idee: Ich wollte im Ausland Englisch lernen!

England reizte mich eigentlich nicht. Außerdem fand ich die Distanz England–Schweiz viel zu klein. Ich wollte unerwünschten Besuch vermeiden, abgesehen davon wollte ich sicher sein, daß ich beim ersten seelischen Tief nicht sofort den Nachhauseweg antreten würde. Es mußte weiter weg sein ... genau ... Amerika wäre das Richtige, dachte ich mir. Mein Entschluß war gefaßt!

Obwohl ich sehr große Angst vor der Abschlußprüfung hatte, spürte ich bereits wieder neues Leben in mir. Jetzt hatte ich endlich ein klares Ziel vor Augen, und das stärkte mich ungemein. Zwar wußte außer mir keine Menschenseele davon, doch das war nicht wesentlich. Hauptsache, ich wußte nun, was ich wollte.

Zufällig entdeckte ich ein paar Tage nach meinem Entschluß in unserer Tageszeitung ein Inserat: «Au-pair für Amerika gesucht.» Das kam ja wie gerufen! Ich nahm meinen ganzen Mut zusammen und rief noch am selben Tag dort an. Schon am nächsten Abend konnte ich mich mit einer Frau Müller treffen. Das war mir recht. Ich freute mich darauf.

Kaum hatte ich den Hörer aufgelegt, wurde ich richtig aufgeregt. Am nächsten Abend achtete ich darauf, pünktlich bei Frau Müller zu erscheinen. Niemandem hatte ich von dem Treffen mit ihr erzählt.

Frau Müller begrüßte mich herzlich. Sofort fing sie an, von Amerika, diesem wunderbaren Land, zu schwärmen, wie groß es doch sei und wie beeindruckend. Sie selbst hatte schon einige Staaten kennengelernt, doch Kalifornien sei für sie der schönste Staat von allen. Sie kam gar nicht mehr aus dem Schwärmen heraus. Am liebsten würde sie sofort dorthin fliegen, gestand sie mir. Sie verstand es so gut, mir dieses für mich bisher unbekannte Land attraktiv vor Augen zu stellen, daß ich bald ins Träumen geriet.

Sie zeigte mir ein paar Bilder von der amerikanischen Familie, um die es ging. Diese Familie hieß Johnson, und die ganze Familie Müller hatte die Johnsons schon mehrere Male besucht. Sie erzählte nur Gutes von ihnen. Nur eines sei drollig, meinte Frau Müller. Das Ehepaar Johnson fiele optisch stark auf. Linda sei sehr groß und schlank, und Mike sei etwas kleiner als sie und ziemlich dick.

Die gute Frau erzählte immer mehr von der Familie und

dem Land. Es klang alles so einfach, wunderbar, traumhaft, fast unrealistisch. Doch das reizte mich, und das war ausschlaggebend dafür, daß ich mich bereits am selben Abend entschied, mich in das Abenteuer bei den Johnsons zu stürzen. Ich sagte Frau Müller zu, ein Jahr bei Linda und Mike als Au-pair zu arbeiten.

Natürlich war ich nach meiner Zusage mächtig aufgeregt. Frau Müller und ich besprachen schon die ersten Details, und wir verabredeten uns für ein weiteres Gespräch, um alles klar Schiff zu machen. Ich verließ Frau Müller mit dem Wissen, daß meine Zusage galt! Ich hatte zu einem Jahr Amerika ja gesagt, und dieser Termin stand schon vor der Tür.

Ich spazierte zur Haltestelle, und während ich auf den Bus wartete, ging mir das Gespräch der letzten Stunden noch einmal durch den Kopf. Auf einmal raste ein eigenartiges Gefühl durch meinen ganzen Körper, und dabei war ich mir nicht mehr sicher, ob ich jetzt vor Freude weinen oder vor Angst schreien sollte. Mir war bewußt geworden, daß ich mich auf ein Abenteuer eingelassen hatte, obwohl ich eigentlich recht schüchtern war und Angst vor allem Neuen hatte.

Zum Glück kam gerade der Bus, und ich wurde etwas abgelenkt. Aber schon während der Heimfahrt machte ich mir wieder große Sorgen. Wie sollte ich Paps meine Pläne beibringen? Wie würde er wohl reagieren? Immerhin hatte ich mich bereits verpflichtet, der Schweiz den Rücken zu kehren.

Als ich zu Hause ankam, lag Paps gedankenversunken auf der Couch und rauchte seine Tabakpfeife. Wenn ich ihn so sah, wußte ich gleich aus Erfahrung, daß er entspannt und zufrieden war. Ich spürte förmlich die Gelassenheit im Raum und hatte den Eindruck, daß ich jetzt die Gelegenheit beim Schopf packen müßte. Zwar hatte ich Angst und wußte nicht recht, wie ich anfangen sollte, aber dann nahm ich allen Mut zusammen, ging auf ihn zu, begrüßte ihn und setzte mich neben ihn auf den Sessel. Nun versuchte ich auszukundschaften, ob seine sichtbare Ausgeglichenheit auch auf seine seelische Verfassung zutraf.

Dann begann ich ganz locker von Amerika zu erzählen, daß mich dieses Land interessierte und ich es gerne einmal sehen würde. Weil er noch immer so gelassen an seiner Pfeife zog, entschloß ich mich, aufs Ganze zu gehen. «Du, Paps, würdest du alleine zurechtkommen, wenn ich nach Amerika reisen würde?» fragte ich ihn. Er drehte sich zu mir herüber und meinte, daß das schon gehen würde, wenn das so wäre.

Gleich darauf wollte er allerdings wissen, was diese Frage zu bedeuten hatte. Nun mußte ich wohl Farbe bekennen. So erzählte ich ihm ausführlich die ganze Geschichte: vom Inserat bis zum Treffen mit Frau Müller und der Zusage für die Au-pair-Stelle für ein Jahr. Gleichzeitig war es mir aber wichtig, ihm zu sagen, daß ich nur guten Gewissens gehen könnte, wenn ich sicher wäre, daß er ohne mich mit dem Haushalt und allem anderen zurechtkäme.

Seit der Scheidung hatte sich unsere Beziehung nicht nur wieder normalisiert, sondern wir hatten seit Werners Auszug sogar einen Weg gefunden, sehr friedlich nebeneinander zu leben. Vergessen waren alle Streitigkeiten und die Schmerzen, die wir einander zugefügt hatten. Wir lebten harmonisch in unserem Häuschen und hatten uns seit Jahren nicht mehr so gut verstanden wie jetzt.

Nur sprachen wir seltsamerweise nie über persönliche Dinge, wahrscheinlich, weil wir nicht kaum verheilte Wunden wieder aufreißen wollten. Unsere Gespräche beschränkten sich auf einfache Themen, und wir vermieden automatisch jeden Tiefgang. Irgendwie hatten wir beide Angst vor Konfrontation; wir wollten einander schonen und waren froh, wenn im Haus Frieden herrschte und uns nichts mehr an die schlimme Atmosphäre von früher erinnerte.

Paps' Antwort auf meine Frage erstaunte und berührte mich tief. Sie war wundervoller, als ich sie mir im besten Fall vorgestellt hatte. Seine Worte trafen mein Herz. «Weißt du, Claudia», sagte er, «als ich in deinem Alter war, hatten wir nicht die Möglichkeit, in der Welt herumzureisen. Nach dem Krieg gab es nicht viel; die Wirtschaft war im Aufbau, und die Verkehrswege waren nicht so erschlossen. Das Geld war knapp, und das wenige, das man hatte, gab man nicht für Reisen aus.

Ich an deiner Stelle», fuhr er fort, «hätte genauso entschieden wie du. Wenn ich jünger wäre, würde ich gerne mitkommen. Du mußt das jetzt tun. Du bist neunzehn Jahre alt; nun fängt dein Leben an. Wenn du älter bist, geht das nicht mehr so einfach. Du brauchst dann Geld für eine Wohnung, hast einen Partner oder Familie und so weiter, deshalb rate ich dir dringend: Geh! Geh jetzt und genieße es. Ein solches Abenteuer wirst du womöglich nie wieder erleben. Du kannst dort sicher auch viele Erfahrungen fürs Leben sammeln. Andererseits mußt du dir aber im klaren sein, daß du dort völlig auf dich gestellt sein wirst. Ich kann dir von hier aus nicht helfen, das mußt du wissen. Ich kann auch nicht einfach kommen und dich aus Schwierigkeiten herausholen. Die mußt du alleine meistern. Aber wie ich dich kenne, machst du das alles mit links. Nein, nein; ich komme hier schon zurecht. Mach dir wegen mir keine Sorgen. Ich schaffe das hier schon.»

Während er sprach, spürte ich Wehmut in seiner Stimme. Er wäre wirklich am liebsten mitgekommen. Gleichzeitig fiel mir ein Stein vom Herzen. Ich war unheimlich erleichtert. Ich hatte befürchtet, ich würde ihn furchtbar schockieren. Doch anscheinend überraschten ihn meine Pläne gar nicht mal so sehr, höchstens die

Dauer. Doch die trug er mit Fassung. Nun war schon viel gewonnen.

Gleich am nächsten Morgen begann ich meine Reise vorzubereiten, den «Segen» von Paps hatte ich ja. Übermäßig viel Zeit blieb mir nicht mehr. Ganze drei Monate standen mir noch zur Verfügung. Ich hatte weder einen Reisepaß noch ein Visum, noch sonst eine Ahnung, was ich alles brauchen würde, um heil in die USA zu kommen. Trotz dieser Hektik, die bei mir ausbrach, freute ich mich wie ein kleines Kind riesig auf die Reise ins Ungewisse.

Von einer Klassenkameradin erfuhr ich, daß sie nicht nur zur selben Zeit nach Amerika fliegen wollte, sondern auch nach Kalifornien. Deshalb beschlossen wir, unsere Flüge zusammenzulegen.

Bei all den Vorbereitungen begleitete mich ein geheimer Gedanke: Ich hatte die Hoffnung, ich könnte meine Bulimie, meine Eß-/Brechsucht, in der Schweiz zurücklassen ...

Auch in der Bank gab es wenige Wochen vor meinem letzten Arbeitstag eine erstaunliche Wende, die für meinen Geschmack allerdings schon einige Jahre früher hätte kommen müssen. Eines Morgens kam ich ins Büro und hörte, daß unser Direktor uns verlassen werde, und das schon bald! Kaum war das Gerücht durch die ganze Firma gesickert, da war er auch schon weg und sein Nachfolger im Haus.

Gleich spürte man, daß ein ganz anderer Wind wehte. Dieser neue Direktor brachte einiges in Schwung, und er war mir von Anfang an äußerst sympathisch. Schon wenige Tage nachdem er bei uns angefangen hatte, bedauerte ich sehr, daß ich meine Lehre nicht unter *seiner* Leitung hatte erleben dürfen. Bei ihm wäre mit Bestimmtheit einiges anders gelaufen.

So empfand ich auch meinen so sehr herbeigesehnten

Tag X, meinen letzten Arbeitstag als Lehrling, nicht mehr so erlösend, denn bei dem neuen Direktor wäre ich sogar gerne geblieben!

Trotzdem war für mich das ganze Kapitel Lehre samt Abschlußprüfung auf einmal nicht mehr so wichtig. Ich hatte den Kopf nur noch für Amerika frei und für alles, was dazugehörte.

Zu meiner eigenen Überraschung bestand ich die Prüfung nicht nur, sondern schnitt noch viel besser ab, als ich gedacht hatte. Sogar in der Branchenkunde erhielt ich eine Note, die ich mir in meinen kühnsten Träumen nicht errechnet hatte. Nach diesem Ergebnis hatte ich eine riesige Sorge weniger.

Doch es blieb das Sorgenkind Franco. Drei Wochen lagen nur noch vor meiner Reise, und er hatte bisher keinen blassen Schimmer davon. Obwohl ich jeden Tag nervöser wurde und sicherlich für andere kaum zu ertragen war, wunderte sich Franco nicht darüber. Er dachte wohl, daß ich mich einfach so sehr freute, meine Abschlußprüfung bestanden zu haben. Das stimmte zwar auch, war aber nur einer der Gründe für meine Nervosität: Mein Tag X war nahe, und ich wagte kaum, es zu glauben. Drei lange Jahre hatte ich auf diesen Moment gewartet. Und jetzt war er zum Greifen nahe!

Nun kam ich wirklich nicht mehr darum herum, Franco von meinem Vorhaben zu erzählen. In vierzehn Tagen sollte meine Abenteuerreise über den großen Teich schon losgehen. Ich fürchtete mich davor, Franco einzuweihen, denn ich hatte Panik davor, daß er äußerst heftig reagieren würde. Und diese Szene wollte ich so lange wie möglich hinausschieben. So wartete ich vom ersten Tag meines Entschlusses an ständig auf eine günstige Gelegenheit zum Reden. Doch irgendwie kam sie nie. Und nun mußte ich ihm meine Pläne gestehen: jetzt oder nie.

Es war an einem strahlend blauen Tag. Es war Samstag, und Franco fuhr in seinem Auto mit mir in Richtung seines Elternhauses. Ich gab mir einen Ruck und fing an. Erst redete ich ein wenig um den heißen Brei herum. Indem ich von einer Klassenkameradin erzählte, die für ein Jahr nach Amerika gehen würde und deren Freund das voll befürwortete, wollte ich herausfinden, was er von solch einer Reise hielt.

Wie ich bereits vermutet hatte, fand er die Haltung meiner Klassenkameradin völlig daneben. «Wie kommt die dazu, ihren Freund so im Stich zu lassen? Das sollte die nur mal bei mir versuchen ...», deutete er an. «Hoppla», dachte ich und war etwas erschrocken über seine Ausdrucksweise. Anscheinend sah er seine Freundin als sein persönliches Eigentum an. Diese Einstellung gefiel mir ganz und gar nicht.

Doch dank diesem Einstieg befand ich mich sofort in der richtigen Stimmung. Etwas kühl fragte ich ihn, wie er reagieren würde, wenn ich so etwas täte. Franco grinste mich an und meinte, daß ich das erstens nicht tun und er das zweitens nicht akzeptieren würde. Was für eine Selbstsicherheit, mit der er glaubte, er könne immer alles bestimmen und alles gehe ewig nach seinem Willen! Nein, diese Suppe wollte ich ihm endlich einmal versalzen. Und schon warf ich ihm an den Kopf, daß er sich wohl oder übel an den Gedanken gewöhnen müßte, denn ich ginge auch, und zwar schon bald.

Kaum hatte ich den Satz ausgesprochen, fühlte ich mich schon sehr erleichtert und befreit. Ich muß gestehen, daß ich in diesem Augenblick spürte, daß ich nicht nur Macht über ihn hatte, sondern mich auch an ihm rächen wollte. Eine Heldentat war das natürlich nicht, aber ich machte es trotzdem.

Franco bog gerade in eine Seitenstraße ein, als ihm klar wurde, was er gehört hatte. Mitten auf der Straße fing er an zu bremsen und hielt einfach an. «Was sagst du da?» fragte er völlig entsetzt. «Mir ist es ernst. Ich werde schon bald gehen», sagte ich trocken. Er wurde käsebleich. «Für wie lange denn?» fragte er schockiert. «Ein Jahr», war meine kurze Antwort. «Sag bloß, du hast schon alles geplant und mir keinen Ton gesagt!» klang es sehr erregt aus ihm.

Der arme Kerl wußte nicht recht, ob er wütend schreien oder vor Verzweiflung weinen sollte. Seine Tonlage schlug alle paar Sekunden wieder um. Als ich ihn so dasitzen sah und beobachtete, wie er seiner Verzagtheit Herr werden wollte, tat er mir unheimlich leid.

Ein paar Minuten lang umklammerte er mit seinen Händen das Lenkrad oder schlug mit der Faust darauf, während er immer wieder den Kopf schüttelte und sagte: «Ich glaube das nicht. Ich kann das nicht glauben!» Mir fiel in diesem Moment nichts Gescheiteres ein als zu entgegnen: «So ein Jahr geht doch schnell vorbei!» Seine Reaktion hatte mich echt bestürzt. Auf einmal war ich mir gar nicht mehr so sicher, das Richtige getan zu haben.

Als ich Franco in seinem Schmerz sah, spürte ich seit langem wieder, daß er an mir hing. Durch seine stets lässige Art hatte er seine tiefliegenden Gefühle immer überdeckt. Jetzt, nach meinem Geständnis, lagen auf einmal seine Nerven und seine Empfindungen nackt vor mir, und das ging mir durch Mark und Bein.

«Weißt du eigentlich, wie lang ein Jahr ist?» fragte er mich mit weinerlicher Stimme. «Das halte ich nicht aus!» – «Doch, das wirst du», sagte ich. Auf einmal waren wir beide tieftraurig. Wir hielten uns fest und weinten zusammen, mitten auf der Straße.

Irgendwie hatte ich geahnt, daß ich meinen Entschluß wegen Franco bereuen würde. Und so war es jetzt auch. Hätte ich meine Reise nicht schon lange gebucht und alles vorbereitet, wäre ich in diesem Augenblick zurückgekrebst und bei Franco geblieben.

Völlig verstört und mit verweinten Augen ließ er den Motor wieder an und fuhr weiter. Bei ihm zu Hause machte die Neuigkeit selbstverständlich gleich die Runde. Es entstand ein riesiges Durcheinander, und die Sache wurde aufgeregt diskutiert. Ich fühlte mich schrecklich eingeengt und konnte das alles bald nicht mehr mit anhören. Zum Glück wurde mir dabei aber neu bewußt, daß meine Entscheidung doch die richtige gewesen war.

Irgendwie überstand ich diesen Tag. Die Folge dieses Samstags war, daß Franco von da an jede Minute meine Nähe suchte. Wie ganz am Anfang unserer Freundschaft kam er jeden Tag zu mir, sobald er konnte, und war anhänglich und lieb wie nie zuvor.

Eigentlich genoß ich das alles sehr, denn so hatte ich mir Francos Verhalten immer gewünscht. Schade fand ich nur, daß er erst nach dem Schock, den ich ihm versetzt hatte, begriffen hatte, womit er all die Jahre gespielt hatte: mit dem Aus in unserer Beziehung. Jetzt hatte er das Spiel verloren und versuchte krampfhaft zu kitten, was er jahrelang zerschlagen hatte. Leider kamen sein Sinneswandel und seine Einsicht zu spät, denn ich dachte nur noch an meine Reise «in mein neues Leben». Ich hatte mich entschieden, meine Existenz neu in die Hand zu nehmen und dabei meine Sorgen, jeglichen unnötigen Ballast, aber auch Franco zurückzulassen.

Amerika, ich komme!

Einen Tag vor meiner Abreise bat ich Paps, mich zum Flughafen zu fahren. Ich wollte nicht, daß Franco mich fuhr, denn ich wollte mir und ihm eine tränenüberflutete, herzzerreißende Abschiedsszene in aller Öffentlichkeit ersparen. Deshalb sollte Paps mich begleiten.

Als Franco davon erfuhr, wurde er stinksauer. «Schließlich ist dies das Letzte, was ich für ein ganzes Jahr lang noch von dir habe. Das darfst du mir nicht nehmen!» bestimmte er. Er drängte so lange und bestand darauf, mich fahren zu dürfen, bis ich nachgab. Meinetwegen, dann soll er das eben tun, dachte ich.

Die letzte gemeinsame Nacht war furchtbar. Ich konnte vor Aufregung nicht schlafen, Franco brachte vor Trübsal kein Auge zu. Als es endlich hell wurde, klopfte mein Herz wie wild. Ich wußte, jetzt war es soweit. Innerlich bebte ich, aber nach außen ließ ich mir nichts anmerken. Es war Zeit aufzustehen. Ich ging ins Bad und zog dann die Kleider an, die ich am Abend vorher bereitgelegt hatte. Auch Franco war dabei, sich fertigzumachen, als ich auf einmal sah, daß sein Gesicht kreidebleich war. Ihm sei hundeelend, gestand er.

Kaum hatte er das gesagt, rannte er schon ans Waschbecken in meinem Zimmer und mußte erbrechen. Jetzt legte er sich wieder hin. Danach hatte er Schweißausbrüche und immer wieder neue Brechreize, so daß er zwischen Waschbecken und Bett hin und her pendeln mußte. Besser wurde ihm dabei aber nicht, und ziemlich bald wurde klar, daß er in dem Zustand nicht in der Lage war, Auto zu fahren. Doch die Zeit raste davon, und ich mußte wirklich los; auf keinen Fall durfte ich meinen Flieger verpassen.

Franco war noch nicht einmal fähig, sich anzuziehen. Er meinte zwar immer noch, gleich würde es ihm sicher bessergehen, doch kurz darauf rannte er erneut zum Waschbecken.

Ich hetzte die Treppe hinunter, rief Paps und informierte ihn über die Situation. Aufgeregt fragte ich ihn, ob er mich nicht doch fahren könnte. Paps war natürlich einverstanden. Nun war die Sache klar.

Mit einem Stich im Herzen eilte ich zurück ins Zimmer. Franco stand noch immer am Waschbecken und würgte. «Ich muß jetzt los», sagte ich mit zitternder Stimme. Nach einer Ruheminute hielten wir uns ganz fest, und ich konnte nur schwer meine Tränen zurückhalten. Für mich war klar, daß dieser Abschied das Ende unserer langjährigen Freundschaft bedeutete; Franco ahnte das nicht. Und doch tat mir dieser Schlußstrich weh, denn schließlich liebte ich Franco irgendwie noch immer.

Urplötzlich ließ ich Franco los, drehte mich um und rannte aus dem Zimmer die Treppe hinunter, wo Paps auf mich wartete. Ich hatte noch immer Tränen in den Augen, und mein Herz tat mir sehr weh.

Während der Fahrt sprachen Paps und ich kein Wort. Ich war gleichzeitig mächtig aufgeregt und sehr traurig. Die Abschiedsszene mit Franco stand mir noch vor Augen. Auch Paps mußte mich zum ersten Mal wirklich «weggeben», nicht an einen Mann, sondern an das Land Amerika, und das alles schmerzte ihn sicher auch.

Am Flughafen angekommen, mußte ich mich erst einmal durchfragen, was ich als erstes zu tun hatte. Bisher war ich hier immer nur gewesen, um mit Franco seine Verwandten abzuholen. Es war das erste Mal, daß ich selbst fliegen würde – und dann noch gleich über den großen Teich!

Als alle Formalitäten erledigt und meine Koffer abgegeben waren, standen Paps und ich uns gegenüber. Mir war unbehaglich zumute. Wir schauten uns an und wußten, daß es jetzt soweit war. Irgendwie wußten wir beide aber auch nicht, was wir tun oder sagen sollten. Ein dicker Kloß steckte in meiner Kehle.

Da sagte Paps: «Also, dann bis in einem Jahr. Und viel Spaß!» Er gab mir einen Klaps auf die Schulter. Das gefiel mir, und ich entgegnete: «Na dann, auf bald!» Während er ging, sah ich ihm nach. Er betrat die Rolltreppe, unsere Blicke trafen sich noch einmal, dann war er verschwunden.

Nun stand ich ganz «alleine», inmitten unzähliger Menschen, die hektisch von hier nach da eilten. Es war mein Wunsch gewesen, meine «letzten Minuten» in der Schweiz still für mich verbringen zu können. Jetzt, wo es soweit war, überkam mich ein schauerliches Gefühl. Als Kind hatte ich mich nicht getraut, alleine Bus zu fahren. Ich hatte Angst gehabt, das Telefon abzunehmen, und war zu schüchtern gewesen, die Nachbarn zu grüßen. Meine Menschenscheu hatte ich nie recht verloren. Und in diesem Moment stand ich kurz vor meinem ersten Flug! Und doch: Der Wunsch wegzukommen war stärker als alles; stärker als meine Angst vor all dem Fremden und Neuen.

Genaugenommen würde ich in Kürze sowieso nicht mehr allein sein. Ich hatte mich ja mit meiner Klassenkameradin Jacky verabredet, mit der zusammen ich fliegen würde. Langsam wurde ich etwas ungeduldig, denn sie hätte längst kommen müssen.

Nach einer Weile erschien sie samt ihren Eltern. Ich war enorm erleichtert. Gleich unterhielten wir uns angeregt und versuchten dabei, die Nervosität zu verstecken, die man uns mit Sicherheit aber doch ansah.

Es wurde Zeit, durch den Zoll zu gehen, und wir verabschiedeten uns von Jackys Eltern. Nach den letzten Formalitäten konnten wir dann endlich in unser Flugzeug einsteigen. Als ich mich in der Maschine befand, hatte ich sofort das Gefühl von Freiheit. Auf einen Schlag kam ich mir völlig erwachsen vor. Die vielen neuen Eindrücke, zusammen mit der Freude auf das Unbekannte, halfen mir, mich zu entspannen. Die Angst war verflogen; es gab kein Zurück mehr. Ich hatte nur noch mein Ziel vor Augen: mein Amerika, in das ich so viele Hoffnungen gesetzt hatte, so schnell wie möglich kennenzulernen.

Meinen Sitzplatz, einen Fensterplatz, fand ich schnell. Jacky saß direkt neben mir. Da ich zum ersten Mal flog, inspizierte ich meinen Sitzplatz und alles drumherum sehr genau.

Am unteren Teil der Rückenlehne des Vordermannes war ein Netz befestigt. Darin steckten ein Prospekt über Duty-free-Artikel, Heftchen und die Anweisungen über das Verhalten in Gefahr. Ich las alles sehr aufmerksam durch und fand es auch höchst interessant.

Zwischen den Seiten eines Heftes fand ich noch eine Tüte. Ich nahm sie in die Hand, schaute sie genau an und fragte mich, wofür die wohl sein konnte. Ein Herr in der benachbarten Sitzreihe grinste mich an und sagte: «Glauben Sie, Sie werden diesen Kotzsack brauchen?» Über seine Ausdrucksweise mußte ich grinsen, und locker entgegnete ich: «Ich hoffe nicht, ansonsten würden Sie mir bei dem Anblick sicher auch gleich Gesellschaft leisten.» Über meine Antwort war nun er sehr überrascht und sagte kein Wort mehr dazu. Damit war unsere Konversation auch schon beendet.

Von neuem sah ich aus dem Fenster und ließ meinen Gedanken freien Lauf. Kurze Zeit später fing der Flieger an zu rollen. Noch immer schaute ich über den linken Flügel, über dem ich saß, als mir das Lied von Reinhard Mey einfiel: «Über den Wolken muß die Freiheit wohl grenzenlos sein ...» Nach einem kurzen Halt wurde aus dem feinen Ton der Motoren ein überwältigendes Donnern, und mit der Leichtigkeit reiner Kraft hob die Maschine ab. Es war eine atemberaubende Erfahrung!

Ich saß ganz bequem auf meinem Sitz und sog all die neuen Eindrücke in mich auf. Da kam schon die Stewardeß und fragte, was ich gerne zu trinken hätte. Das fing ja schon sehr gemütlich an. Ich bestellte etwas und begann in einem Buch zu blättern. Als ich aus dem Fenster blickte, sah ich bereits wieder Land, und kurze Zeit später waren wir schon in London. Mein erster Flug war mir sehr kurz vorgekommen. Dennoch kam für Jacky und mich diese Zwischenlandung sehr gelegen, denn so konnten wir uns etwas die Beine vertreten.

Die Zeit verbrachten wir jedoch damit, unser nächstes Flugzeug zu finden. Der Flughafen in London war um einiges größer als der in Zürich, und keiner sprach mehr Deutsch. Ziemlich bald mußten wir erkennen, daß unser Englisch mieser war als erwartet, denn die Leute verstanden uns nicht – und umgekehrt. Das konnte ja noch heiter werden.

Nachdem wir eine gute Strecke zu Fuß zurückgelegt und mit Händen und Füßen herumgefragt hatten, fanden wir unser nächstes Flugzeug zu guter Letzt doch noch.

Interessanterweise hatte ich wieder den Sitzplatz über dem linken Flügel. Die Maschine war diesmal nicht sehr voll, und so beschlossen Jacky und ich, je eine ganze Sitzreihe für uns zu benutzen. Plötzlich fragte ich mich ernsthaft, wie man sich wohl auf so einem langen Flug die Zeit vertreiben könnte. Lesestoff hatte ich zwar dabei, aber man konnte doch nicht stundenlang lesen. Meine Frage wurde jedoch sehr schnell beantwortet.

Kaum waren wir in der Luft, wurden wir Passagiere vom Flugpersonal unterhalten. Als erstes wurden wir gefragt, ob wir gerne etwas trinken würden, und dabei entstand schon die erste komische Situation. Das Personal sprach nämlich nur Englisch.

«Would you like something to drink?» wurde Jacky gefragt. Sie wollte Orangensaft und wählte den deutschschweizerischen Ausdruck «Orangen-Jus» («Schüü»). Die Stewardeß verstand überhaupt nichts, auch nachdem Jacky es noch mehrere Male versucht hatte. Schließlich einigte man sich auf Zeichensprache. Sobald Jacky auf die entsprechende Dose gezeigt hatte, lächelte die Stewardeß erfreut: «Oh, orange juice!» Jacky und ich mußten lachen, denn das englische Wort klang ja gar nicht so anders als unser «Orangen-Jus»! Ich fand, daß die Stewardeß sehr wohl darauf hätte kommen können. Um weitere Schwierigkeiten zu vermeiden, bestellte ich einfach dasselbe ...

Kaum waren die Getränke wieder abgeräumt, rollten schon die Servierwagen mit dem Essen durch die Gänge, und wir wurden verpflegt, besser gesagt, gemästet, denn das Personal schien die ganze Zeit Essen oder Getränke her- und wieder wegzufahren. So war ich stets am Essen. Ein Grund für diese Völlerei war sicherlich, daß man uns Passagieren helfen wollte, die Zeit totzuschlagen. Aber nach und nach ging mir das auf den Geist.

Außerdem bekamen wir Kopfhörer und konnten damit mehrere Musikkanäle durchswitchen. Wir mußten nur den Stecker in eine Buchse stecken, die an unserer linken Sitzlehne befestigt war. Indem man an einem Knopf drehte, konnte man die Kanäle wählen und ganz nach Lust und Laune von Klassik bis Hardrock abrufen.

Später hatte man die Möglichkeit, einen Kinofilm anzusehen, wofür ganz vorne im Flugzeug eine Leinwand heruntergelassen wurde. Der Film war natürlich auf englisch. Leider verstand ich nicht allzuviel, denn man sprach ziemlich schnell und undeutlich. Deshalb beschloß ich, etwas zu schlafen.

Grundsätzlich bin ich ein sehr schlechter Schläfer und wache beim kleinsten Geräusch auf. Nun aber war ich von all dem Erlebten so erschöpft, daß ich sicher war, ich würde sofort einschlafen. Keine Viertelstunde war ich eingenickt, als ich von der Stewardeß geweckt wurde, da sie mir schon wieder etwas zu essen bringen wollte. Ich hätte sie ohrfeigen können, so sehr nervte mich das, denn ich hatte überhaupt keinen Hunger. Sie hatte mir ja erst kurze Zeit vorher etwas serviert!

Von dem Abendessen brachte ich kaum etwas herunter. Mein Bauch fühlte sich an wie ein aufgeblasener Luftballon, zum Platzen gefüllt. Ich vermutete schon, bei dieser Mästerei würde ich sicher mit zwei Kilo Mehrgewicht aus dem Flieger aussteigen.

Später wurden uns Decken für die Nachtruhe ausgeteilt. Nach meiner inneren Uhr war es spät abends, und ich versuchte einzuschlafen. Doch ich fand keinen Schlaf, im Gegensatz zu den meisten anderen Passagieren. Jeder hatte sich in seine Decke eingemummelt, doch ich konnte leicht erkennen, daß es meinen Mitfliegern auf ihren «Bettstätten» nicht sonderlich bequem war. Kein Wunder, daß einige nach einer Weile wieder aufwachten; vermutlich taten ihnen alle Knochen weh. Wer kann schon in fast senkrechter Stellung auf solchen Sitzen einschlafen, geschweige denn durchschlafen ...

Obwohl der Flieger nicht voll war, hatte nicht jeder das Glück, für sich allein eine eigene Sitzreihe zu erhaschen. Ich hatte noch einen zusätzlichen Vorteil: Mit meinen Einmetervierundfünfzig hatte ich genug Platz, um meine Beine nach vorne auszustrecken. Zusätzlich konnte ich mich auf meinem Sitz wie eine Katze zusammenrollen, der Platz reichte. Dann entschied ich mich jedoch, den Luxus auszunutzen und mich quer über die ganze Sitzreihe zu legen.

Nach einer Weile schaffte ich zwar die Einschlafhürde, wurde aber öfters durch herumspazierende Passagiere wieder geweckt. Immer meinte ich, lange geschlafen zu haben, doch meine Uhr belehrte mich eines besseren. Die Zeit schien stillzustehen oder höchstens viertelstundenweise vorwärts zu kriechen.

Ich schlief dann doch noch ein, und als ich erwachte, waren wir schon bald in New York, wo wir unsere nächste Zwischenlandung haben würden. Auch dort kämpften wir uns erfolgreich durch.

Nach insgesamt 24 Stunden kamen wir endlich in Los Angeles an. Dort war Nacht. Unser Flugzeug hatte ziemliche Verspätung, und das Gepäck ließ sehr lange auf sich warten.

Endlich konnten wir in die Ankunftshalle hinaus, und ich hoffte, meine «family» auf Anhieb zu finden! Ich hatte zwar nur eine Beschreibung von den Leuten im Kopf, doch ich war mir sicher, sie sofort zu erkennen. Frau Müller hatte mir ja die auffälligen Merkmale der Johnsons gleich genannt. Weit und breit war allerdings keine Familie zu sehen, die auch nur annähernd zu der Beschreibung gepaßt hätte.

Jacky dagegen sah ihre Familie sofort und war sichtlich erleichtert und glücklich darüber. So hängte ich mich an sie, und wir gingen auf ihre Familie zu und begrüßten uns gegenseitig.

Ihre Familie hieß Merlo, und zu den beiden sehr jungen Eltern gehörten noch drei hübsche Töchter und ein süßer Junge, alle zwischen vier und zehn Jahren.

Wieder merkten Jacky und ich, wie erbärmlich wenig wir Englisch sprechen konnten. Zwar verstanden wir die Merlos, aber zum Sprechen fehlte uns der Wortschatz. So brachten wir außer unseren Vornamen im Moment nicht allzuviel heraus. Nur mit viel Geduld konnten wir uns mit den Merlos verständigen.

Jackys Familie war mir auf Anhieb sehr sympathisch, und ich hoffte inständig, daß auch ich so ein großes Los gezogen hatte und zu einer solch netten Familie kommen würde.

Sehr schnell merkten Kathy und Frank, die Eltern

Merlo, daß ich nachts um 23 Uhr noch ohne Gastfamilie auf dem Flughafen stand. Sicher wäre ich ohne sie und Jacky vor Angst gestorben! Liebenswürdig, wie sie waren, versprachen sie mir, so lange bei mir zu bleiben, bis «meine Johnsons» auftauchen würden. Vor Dankbarkeit wäre ich ihnen beinahe um den Hals gefallen!

Gleichzeitig war ich sehr erstaunt über ihre uneingeschränkte Hilfsbereitschaft. In der Schweiz hätte ich als Ausländerin wohl länger warten müssen, bis mir jemand in dieser Weise beigestanden wäre. Die Merlos waren meine Rettung. Allein wäre ich wahrscheinlich vor lauter Panik ausgerastet: mitten in einem fremden Land, bei fremden Leuten, ohne die Sprache richtig zu sprechen, mitten in der Nacht und auf einem so riesigen Flughafen! Mit meinen neunzehn Jahren stand ich wohl doch noch etwas wackelig auf meinen eigenen Füßen in dieser großen Welt und war noch lange nicht so erhaben über das alles; das mußte ich mir in diesem Moment einfach eingestehen.

Schließlich fragte mich Frank, ob ich nicht eine Telefonnummer von meiner Familie hätte. Glücklicherweise hatte ich einen Zettel dabei. Sofort marschierte er zu einem Telefon und versuchte «meine Johnsons» zu erreichen. Kurz darauf kam Frank zurück und berichtete uns, daß sich niemand gemeldet hatte. Das konnte heißen, daß sie unterwegs waren. So warteten wir zusammen weiter. Nach zehn Minuten waren sie immer noch nicht in Sicht, und Frank versuchte es noch einmal per Telefon. Nichts.

Nun meinte Frank, ich solle doch mit zu ihnen kommen. Dann könnten wir jetzt alle nach Hause, und am nächsten Morgen könnte man die Johnsons anrufen und ihnen sagen, daß ich wohlversorgt bei den Merlos untergebracht war. Diese Idee fanden wir alle super. Schon waren wir auf dem Weg zum Ausgang, als uns eine Familie entgegenkam. Es war schon sehr spät, der Flughafen war ziemlich leer, deshalb hatten wir die Familie gut im

Blick. Schon von weitem konnte man erkennen, daß es die Familie Johnson sein mußte.

Eine große, sehr schlanke dunkelhaarige Frau kam auf uns zu, neben ihr ging ein kleinerer, sehr dicker Mann mit Brille, Glatze und tätowierten Armen. Auch die Kinder waren dabei: ein zwölfjähriges Mädchen und ein zehnjähriger Junge, beide mit asiatischen Augen. Kein Zweifel, sie waren es. Etwas überrascht über ihr Erscheinungsbild, fiel mir aber erst mal ein riesengroßer Stein vom Herzen. Endlich hatte auch ich meine Familie gefunden!

Wir stellten uns gegenseitig vor, und die Johnsons diskutierten noch etwas mit den Merlos. Ich verstand kein Wort. Irgendwie war mir das aber egal; Hauptsache, meine Familie war gekommen. Gleichzeitig fand ich aber auch schade, daß ich nicht zu den Merlos gehen konnte, denn ich mochte sie sehr.

Hier trennte sich Jackys und mein gemeinsamer Reiseweg, und jede von uns begann ein neues Abenteuer.

Bei den Johnsons in Los Angeles

Mike Johnson, der nette Mensch mit dem Seehundschnauzbart, nahm meine Koffer, und wir begaben uns in Richtung Ausgang zu ihrem Auto. Ihr Zuhause war «nur» eine Stunde vom Flughafen entfernt – für amerikanische Verhältnisse übrigens sehr nah!

Kaum saßen wir im Auto, überfielen mich Rose und Steven, die beiden Kinder, mit Fragen. Leider kamen meine Antworten nur sehr spärlich und lahm. Ständig mußte ich im Wörterbuch nachsehen. Nach einer halben Stunde Blättern und wieder Blättern war ich insgeheim entmutigt. Ich kannte ja fast gar keine Wörter! Nach dieser ernüchternden Erkenntnis war ich mir nicht mehr sicher, ob ich es vielleicht schon bereuen müßte, in die USA gekommen zu sein ...

«Zu Hause» angekommen, war ich erstaunt, daß ich sogar ein eigenes Zimmer hatte. Die Familie zeigte es mir voller Stolz. Über dem Bett hing ein großes blaues Plakat mit der Aufschrift: «WELCOME CLAUDIA!!!» Diese Überraschung war ihnen gelungen! Gleich bekam ich wieder etwas mehr Mut, denn die frustrierende Erfahrung mit meinem mageren Schulenglisch hatte mich nicht gerade erbaut, insbesondere nicht nachts um ein Uhr.

Geschafft von der Reise, wollte ich nur noch schlafen. Kurz darauf lag ich in «meinem» Bett, weit weg von der Heimat, all das Unbekannte, Neue vor mir ...

Am nächsten Morgen, als ich meine Augen öffnete, wußte ich gleich, daß all das Erlebte kein Traum gewesen war. Nein, ich war noch immer in Amerika! Trotzdem blieb ich weiterhin im Bett. Ich wollte nicht aufstehen, denn ich hatte Angst. Alles war so fremd, besonders die Sprache. Nur noch die Zimmertür stand jetzt vor meinem großen Schritt in das Neue, Fremde, und deshalb machte ich sie im Moment noch nicht auf.

Statt dessen inspizierte ich erst mal mein neues Zimmer. Auf der Kommode lag Schweizer Schokolade; auch in den Schubladen fand ich lauter kleine Geschenke, die sicherlich die Kinder für mich gekauft und gebastelt hatten. Diese nette Geste ließ mich etwas lockerer werden. Ich spürte, daß die Johnsons versucht hatten, alles zu tun, damit ich mich heimisch fühlen würde.

Noch immer hatte ich meine Zimmertüre nicht berührt. Ich wußte, draußen erwartete mich mein neues Leben, und ich fürchtete mich davor. Nach langem Zögern faßte ich Mut und öffnete die Tür leise. Zuerst lauschte ich, ob ich jemanden hören könnte. Im ersten

Moment war es ruhig. Doch kaum stand ich richtig im Gang, kam Mike vorbei und war sehr erfreut, mich zu sehen. Er führte mich in die Küche, zeigte mir, wo sich die Lebensmittel befanden, und ließ mich in Ruhe frühstükken. Der Bann war gebrochen.

Erst jetzt merkte ich, daß es bereits nach Mittag war. Die Kinder waren schon lange in der Schule und Linda bei der Arbeit. Mike hatte ein eigenes Geschäft und war an diesem Tag extra daheim geblieben, damit ich nicht alleine war. Gegen Nachmittag füllte sich das Haus, und nun konnte ich in aller Ruhe die ganze Familie kennenlernen.

Linda und Mike Johnson waren verheiratet, aber ihre Kinder hießen mit Nachnamen Langford. Rose und Steven waren eigentlich die Nichte und der Neffe von Linda. Weil ihr Bruder vor einiger Zeit untergetaucht war und die Kinder mit ihrer asiatischen Mutter in nicht besonders guten Verhältnissen wohnten, hatten Linda und Mike vor einiger Zeit beschlossen, die beiden Kinder zu sich zu nehmen. Mike besaß ein Baugeschäft, und Linda war Immobilienmaklerin. Nebenbei versuchte sie sich im Singen und Schauspielern, und so konnten sie sich finanziell einiges leisten.

Sehr schnell freundete ich mich mit den Johnsons an. Sie waren alle äußerst liebenswürdig, sehr herzlich und nett, und außerdem sehr spendabel. Es übertraf alles, was ich mir in meinen kühnsten Träumen vorgestellt hatte. Noch keine drei Tage waren vergangen, als ich mit Mike und den Kindern einkaufen ging. Mike kaufte mir mein erstes eigenes Auto! Damit sollte ich die Kinder jeden Morgen zur Schule fahren und mittags wieder abholen. Das war die eine Aufgabe, die andere war das Mithelfen bei der Hausarbeit. Dieser Job erwies sich als ein Klacks, denn die Kinder mußten dabei auch helfen. Rose und Steven waren das gewöhnt, denn vorher war dies ihre Hauptaufgabe gewesen; und auch ihre Wäsche mußten sie selbst waschen. Diese Arbeiten erledigten sie ganz selbständig. Ich war erstaunt, denn die zwei waren ja noch recht jung.

Mit diesen wenigen, sehr angenehmen Aufgaben fing mein gemütliches Leben an: Der Haushalt war schnell gemacht, die Kinder die meiste Zeit in der Schule, und so hatte ich eine Unmenge Zeit, mit meinem ersten Auto die Gegend auszukundschaften. Wenn ich die Kinder von der Schule holte, gingen wir entweder in Läden bummeln oder gleich nach Hause und legten uns neben unseren eigenen Swimming Pool, ließen uns von der Sonne wärmen oder schwammen ein paar Runden.

Rose gab mir, ohne daß es ihr bewußt war, meine nötigen Streicheleinheiten. Da sie mir immer wieder die Haare bürsten wollte und mir neue Frisuren bastelte, wurde ich dauernd am Kopf massiert, und ich hielt voller Genuß still. Durch das Kämmen und Bürsten kribbelte meine Kopfhaut so angenehm, und das mochte ich sehr gerne ...

Nicht nur, daß die Sonne fast täglich schien und mich so richtig verwöhnte, auch rundherum war alles herrlich. Ich mußte mich um nichts kümmern, sondern konnte einfach mein Leben mit den beiden Kindern genießen. In vielerlei Hinsicht konnten wir tun und lassen, was wir wollten. Alles war paradiesisch schön, und vor allen Dingen war ich nicht mehr allein. Ich war von Menschen umgeben, die mich und meine Schweizer Heimat kennenlernen wollten.

Selbst mit der Sprache klappte es schon bald recht gut. Alle zeigten viel Verständnis für mein holpriges Englisch und gaben sich alle Mühe, meinen Wortschatz so schnell wie möglich zu erweitern.

Kalifornien war wirklich das Land der Sonne. Fast täglich strahlender Sonnenschein! Das tat meinem Gemüt gut, und ich blühte so richtig auf, nicht zuletzt, weil ich für die Kinder eine zweite Mutter wurde. Das erfüllte mich mit Stolz. Gleichzeitig wurden Linda und Mike für mich

Elternersatz und Freunde zugleich. Ich fühlte mich bei ihnen zu Hause, ja, ich hatte eigentlich ein neues Heim gefunden. Die Atmosphäre bei ihnen war herzlich und wohltuend, und ich lebte so, als ob es gar nichts anderes mehr für mich gäbe.

Meine Brecherei konnte ich in dieser sorglosen Zeit zumindest ein wenig drosseln. Heimweh hatte ich keines, auch Franco fehlte mir nicht. Er dagegen schrieb laufend Briefe, die ich zwar beantwortete, doch ohne dabei gefühlsmäßig beteiligt zu sein. Ich schrieb eben so, als erzählte ich irgendeinem Bekannten meine ersten Erlebnisse. Daran zerbrach Franco beinahe, jedenfalls klagte er in jedem Brief über meine Lieblosigkeit.

Eines Tages rief er von der Schweiz aus an. Satte zwanzig Minuten sprachen wir am Telefon. Am nächsten Tag rief er wieder an. Sofort bürgerte es sich ein, daß er jeden Tag anrief, und unsere Gespräche dauerten jedesmal mindestens zehn Minuten! Wir fingen an, über unsere Gefühle zu sprechen, was ein sehr heißes Thema war ...

Damit sich seine Telefonrechnung in Grenzen hielt, vereinbarten wir, daß einen Tag er, den anderen Tag ich anrufen sollte. Weil ich seine Stimme wieder jeden Tag hörte und ich in den USA außer meiner Familie noch niemand anderen kannte, vermißte ich Franco auf einmal wieder schrecklich, zumal er am Telefon auch oft anfing zu weinen. In solchen Momenten bereute ich es sogar, hierher gekommen zu sein.

Aus diesen Gefühlsschwankungen heraus und weil Franco sowieso völlig fertig war mit den Nerven, beschlossen wir, daß er mich im September zwei Wochen besuchen sollte. Linda und Mike waren einverstanden, und ich freute mich riesig darauf.

Mike war zwar ein vielbeschäftiger Geschäftsmann, doch er nahm sich so viel Zeit für die Kinder, wie er konnte.

Linda dagegen sah man nur zwischen Tür und Angel. Wenn sie nicht zwischen einer Gesangs- oder Schauspielstunde hin- und herraste, verkroch sie sich in ihr Schlafzimmer und fing an, lauthals zu trällern. Sie trainierte ihre Stimme täglich über eine Stunde. Um die Kinder kümmerte sie sich herzlich wenig.

Nur an ein paar Abenden und an den Wochenenden unternahmen wir etwas zu fünft. Die restliche Zeit waren wir zu viert, oder die Kinder und ich waren alleine. Zu zweit gingen Linda und Mike nie weg.

Manchmal gingen wir zu fünft ins Kino, auswärts essen oder bestaunten Sehenswürdigkeiten. Die Ticketverkäufer nahmen es den Johnsons jeweils ab, wenn sie für zwei Erwachsene und drei Kinder Kinokarten verlangten, obwohl ich neunzehn Jahre und keine zwölf mehr war! Da Rose mit ihren zwölf Jahren bereits gleich groß war wie ich und ich schon immer jünger wirkte, ging das ohne Probleme. Als einzige Maßnahme mußte ich meine Arme vor der Brust gekreuzt halten, damit nicht auffiel, daß ich, im Gegensatz zu Rose, einen gut sichtbaren «Vorbau» hatte.

An einigen Abenden gab ich mich dann wiederum viel älter. Der Eintritt in eine Disco war ab einundzwanzig Jahren erlaubt. Zur Kontrolle verlangten die Türsteher immer den Fahrzeugausweis. Linda, Mike und ich lösten das Problem meiner fehlenden zwei Jahre anders. Linda betrat das Lokal zuerst, dann kamen Mike und ich zu den Wächtern. Ich hatte mich dann jeweils bei Mike eingehängt, und mit meinen hohen Stöckelschuhen stolzierte ich ungehindert an der Kontrolle vorbei, ohne einen Ausweis gezeigt zu haben.

Ein eigenartiges Erlebnis hatte ich eines Tages, als ich gerade die Kinder von der Schule abgeholt hatte. Wie schon oft gingen wir in einen Supermarkt. Während ich

einkaufte, durchstöberten Rose und Steven die Spielzeug-
abteilung. Als ich fertig war, suchte ich die beiden Kinder
in dem riesigen Laden.

Nachdem ich sie irgendwo entdeckt hatte, wollte ich
gerade auf sie zugehen, als von hinten zwei Männer meine
Arme packten. Im selben Moment sah ich weitere Männer, die Rose und Steven festhielten. Wir wurden alle drei
durch den Laden geschleift, und ich wußte gar nicht, wie
mir geschah. Ich hatte keine Ahnung, was die von uns
wollten. Keiner sprach, aber die Männer sahen uns mit
finsteren Blicken an.

Der Weg ging durch eine Hintertür, eine Wendeltreppe
hinauf. Wieder wurde eine Tür geöffnet, dann sah ich
einen Mann an einem Bürotisch sitzen. Vor sich hatte er
einige Fernsehkameras. Unsere «Begleiter» ließen uns los
und verschwanden. Wir wurden aufgefordert, uns zu setzen.

In T-Shirt und kurzen Hosen saß ich auf meinem Stuhl
und wußte noch immer nicht, was hier überhaupt los war.
Der Mann am Bürotisch fing an mit Rose zu sprechen.
Leider konnte ich das Gespräch nicht verfolgen; sie sprachen zu schnell und zu undeutlich. Obwohl der Mann
nicht zimperlich mit Rose umging, ließ sie sich nicht aus
der Ruhe bringen. In meiner Naivität konnte ich mir
immer noch nicht vorstellen, was dieser ungehobelte
Mensch von dem Mädchen wollte.

Dann sollte Rose ihr Handtäschchen aufmachen. Sie
wollte nicht. Darauf nahm der Mann ihr das Täschchen
weg, öffnete es und leerte den Inhalt über den Tisch aus.
Ich erschrak zutiefst. Krimskrams wie Stickers und glit-
zernder Klebstoff kamen zum Vorschein, dazu Lippen-
stifte und Geld.

Nun ging mir ein Licht auf! Man hatte Rose beim Steh-
len erwischt. Als ich das endlich begriffen hatte, verstand
ich automatisch, worüber sie redeten. Der Mann fragte sie

unter anderem, weshalb sie dieses Zeugs nicht einfach gekauft hatte, wenn sie doch so viel Geld bei sich hatte. Doch Rose gab keine Antwort.

Auf einmal kam er auf mich zu und fragte, was ich damit zu tun hätte. In meinem schönsten Englisch versuchte ich ihm zu erklären, daß ich ein Au-pair aus der Schweiz sei und für einige Monate auf die Kinder aufpaßte, aber von Roses Klauerei nicht die leiseste Ahnung gehabt hätte. Rose bestätigte das sofort.

Der Mann glaubte mir kein Wort. Im Gegenteil, er behauptete, ich sei Roses Komplizin und stelle mich nur so unschuldig, das täten sie alle. Er forderte mich auf, ihm jetzt die Wahrheit zu sagen!

Ich war entsetzt über diese Anschuldigungen und wurde unheimlich nervös. Dieser Mensch glaubte allen Ernstes, daß ich etwas mit der Sache zu tun hatte! Verzweifelt versuchte ich mich zu rechtfertigen, doch mit meinem spärlichen Englisch gelang mir das überhaupt nicht. Mir fehlten regelrecht die Worte! Ich kam mir so hilflos vor ohne meine Muttersprache.

Alles, was ich zu erklären versuchte, glaubte er mir nicht. Er blieb steif und fest dabei, daß ich die Komplizin war. Alles mögliche wollte er mir anhängen, nur weil ich die Älteste von allen war! Was würde nun mit uns geschehen, und wie würden wir je wieder da rauskommen?

Nun verlangte der Mann die Telefonnummer meiner Eltern. Noch einmal sagte ich ihm, daß ich aus der Schweiz käme und meine Eltern nicht in Amerika wären. Darauf gab Rose ihm die Geschäftsnummer von Mike. Der mittlerweile unfreundliche Herr rief sofort an. Wie es schien, war Mike zum Glück gleich zu erreichen. Nur sehr kurz sprach der Supermarktmensch am Telefon. Ich verstand, daß Mike sich sofort auf den Weg machen würde.

Dreißig lange Minuten vergingen, dann stand Mike in unserem Raum. Er und der Herr sprachen in einem sehr angenehmen Ton miteinander, nur verstand ich wieder mal nichts. Glücklicherweise durften wir nach dem Gespräch alle gehen. Darüber war ich sehr erleichtert!

Wieder wurden wir von zwei Männern durch den ganzen Supermarkt bis zu den Kassen geleitet. Natürlich starrten uns alle Leute an, als wären wir Schwerverbrecher. Als wir endlich draußen waren, entschuldigte sich Mike für Roses Benehmen. Danach sprach keiner mehr ein Wort, und wir fuhren nach Hause.

Ich erfuhr nie, ob diese Geschichte ein Nachspiel hatte. Aber jedesmal, wenn ich daran zurückdachte, wurden meine Knie weich. Eine Folge hatte der Vorfall: Von da an gingen wir nur noch zu viert einkaufen. Mike wollte ab jetzt immer dabeisein, und mir war das recht.

Es war mitten in der der Nacht, gegen zwei Uhr morgens, als ich durch mein offenes Schlafzimmerfenster von einigen Geräuschen geweckt wurde. Als ich zu mir kam, hörte ich leises Reden, das aus der Nähe unserer Haustür kommen mußte. Auf einmal erkannte ich Lindas Stimme; sie sprach mit einem Mann. Da sie so leise waren, konnte ich zwar nichts verstehen, doch es war zu spüren, daß sie wohl auch niemand verstehen sollte. Ich konnte mir keinen Reim darauf machen, nur eins war klar: Die männliche Stimme gehörte nicht Mike.

Ab und zu verstummten sie, danach redeten die beiden wieder sehr leise. Nach einer Weile hörte das Gespräch ganz auf. Kurz darauf hörte ich die Haustüre aufgehen, und im selben Moment fuhr ein Auto vor dem Hauseingang weg. Linda schloß die Haustüre ab und ging sofort in ihr Schlafzimmer.

Inzwischen lag ich hellwach in meinem Bett und fragte mich ernsthaft, was das alles zu bedeuten hatte. War es möglich, daß Linda einen Liebhaber hatte und Mike betrog? Das konnte ich mir nicht vorstellen, denn die beiden

gingen recht nett miteinander um; es hatte nicht den An-
schein, daß sie unglücklich verheiratet waren.

Doch das Ganze behagte mir nicht. Ein ungutes Gefühl
überkam mich. Wie sollte ich mich am nächsten Tag
verhalten? Linda wollte ich nicht sagen, daß ich ihr nächt-
liches Stelldichein gehört hatte, denn ich hatte ja keine
Ahnung, ob es etwas zu bedeuten hatte. Ich hatte keine
Lust, ins Fettnäpfchen zu treten. Mike wollte ich erst recht
nichts davon erzählen.

Am nächsten Morgen schien alles wie üblich zu verlaufen; es gab kein Anzeichen, daß sich nach der nächtlichen
Szene etwas verändert hatte. Das beruhigte mich wieder
etwas. Ich beschloß, die Sache zu vergessen. Ganz wohl
war mir jedoch immer noch nicht.

Ohne Freund, Familie und Job

Francos und meine monatlichen Telefonrechnungen be-
liefen sich mittlerweile auf mehrere tausend Franken! Ich
hatte das Riesenglück, daß mir die Familie Johnson meine
Rechnungen bezahlte und keinen Cent von mir annehmen
wollte!

Schon stand Francos Besuch vor der Tür. Eines Tages
rief er an, um mir mitzuteilen, daß er seinen Flug gebucht
hätte und nun für vier Wochen zu mir kommen würde.

Ich wurde ziemlich ärgerlich und fragte, weshalb er
gegen unsere Abmachung die Zeit seines Aufenthaltes
einfach verdoppelt hatte. Er wolle länger bei mir sein, war
seine schlichte Antwort. Aber er könne doch nicht einfach, ohne zu fragen, bei meiner Gastfamilie hausen, hielt
ich ihm entgegen. Zwei Wochen seien genug. Die restlichen zwei Wochen müsse er herumreisen.

Das werde er nicht tun, sagte er. Er wolle die ganzen vier Wochen bei mir bleiben. «Das geht doch nicht!» sagte ich ihm, er könne doch nicht einfach über das Haus der Johnsons bestimmen. Er müsse den Flug abändern. «Das geht nicht, der Flug ist fest gebucht!» gab Franco zur Antwort.

Ganze vier Wochen aber wollte und konnte ich ihn nicht bei mir haben. Immerhin war ich hauptsächlich zum Arbeiten hier und nicht, um Urlaub zu machen. «Dann mußt du eben die restlichen beiden Wochen in einem Hotel übernachten», sagte ich. «Das werde ich ganz sicher nicht tun. Ich komme zu dir und bleibe auch dort», gab er zurück.

«Du kannst wirklich nicht immer nur tun, was *du* willst. Du mußt auch mal Rücksicht auf die Wünsche anderer Menschen nehmen», rief ich aufgebracht. «Dich kümmert anscheinend gar nicht, ob vier Wochen Aufenthalt bei mir möglich sind und ob ich das überhaupt möchte. Was die Familie dazu sagt, interessiert dich auch nicht. Das geht einfach nicht!» – «Ich habe aber schon alles gebucht und kann wirklich nichts mehr daran ändern! Ich werde kommen!» antwortete er laut.

Nun wurde ich richtig sauer. Wieder mal wollte er seinen Kopf durchsetzen, aber diesmal wollte ich nicht mehr mitspielen! Es war mir im Verlauf des Gesprächs zum Glück auch gelungen, mir seinen wahren Charakter wieder in Erinnerung zu rufen, und ich nahm die rosa Brille, die ich mir in den letzten Wochen aufgesetzt hatte, endlich ab. Ich wurde mir wieder sicher, daß ich mein Leben nicht mit Franco teilen wollte. Und nun gab ich dem Gespräch eine andere Richtung.

«Wenn du unbedingt die vier Wochen kommen willst, dann komm doch nach Kalifornien. Du kannst gleich noch einen Freund mitnehmen und mit ihm herumreisen. Aber zu mir brauchst du nicht zu kommen! Ich will nicht mehr! Ich muß dir hiermit gestehen, daß ich nicht mehr mit dir zusammensein möchte. Du versuchst ständig, mein Leben zu bestimmen, und jetzt ist endgültig Schluß damit. Ruf mich bitte auch nicht mehr an. Du bist von jetzt an frei und kannst tun und lassen, was du willst. Aber mich laß bitte in Frieden!» Wie ein rauschender Bach sprudelte das alles aus mir heraus. Mir war bewußt, daß ich grausam brutal zu ihm war, doch ich konnte mich nicht mehr beherrschen.

«Das kannst du doch nicht machen!» schrie er total verzweifelt durchs Telefon. «Wir waren uns jetzt wochenlang so nahe, und auf einmal sagst du so etwas! Tu mir das nicht an!» flehte er mich plötzlich an.

«Franco, ich weiß, wie nahe wir uns durch die Telefoniererei wieder gekommen sind. Das tat mir auch sehr gut, doch ich habe mich dadurch nur täuschen lassen. Ich kann nicht mehr mit dir zusammenleben; deine Art zu leben bringt mich um den Verstand und schadet mir nur. Das lasse ich jetzt nicht mehr zu! Bitte akzeptiere meine Entscheidung, und verzeih mir, bitte verzeih mir, daß ich dir das alles hier und jetzt am Telefon sage. Doch bitte, laß mich jetzt gehen!»

Danach wechselte Francos Stimmung abrupt. «Du hast mich jetzt Tausende von Franken gekostet, mit den täglichen Anrufen, mit dem Flugticket – und nun das!» schrie er mich erneut an.

«Franco, für mich war unsere Beziehung schon gestorben, als ich von zu Hause abgereist bin. Nur durch die Telefoniererei sind wir uns, ich gebe das zu, wieder nähergekommen. Doch bitte vergiß mich! Ich werde jetzt aufhängen und bitte dich, nicht mehr anzurufen.»

Franco schrie und schrie, ich solle nicht auflegen. «Ich muß, es kostet dich nur unnötig viel Geld», sagte ich, mittlerweile mit ruhiger Stimme. Auf einmal sagte er: «Tschüß, und vergiß mich nicht. Ich werde auf dich warten.» – «Tu das nicht», bat ich ihn, und endlich beendeten wir das Gespräch.

Als ich aufgelegt hatte, war ich selbst davon überrascht, welche Wendung das Gespräch genommen hatte. Ich war ja nicht am Morgen aufgestanden und hatte mir vorgenommen, Franco zur Schnecke zu machen. Im Gegenteil, ich hatte mich auf seinen Anruf und sein Kommen gefreut. Und nun war alles ganz anders gekommen; ich hatte Franco mit vollem Bewußtsein abgewiesen.

Insgeheim fühlte ich mich aber doch schuldig. Zwar traf es zu, daß ich ihn nicht mehr sehen wollte. Doch die Art und Weise, wie ich ihm das zu verstehen gegeben hatte, war ganz und gar nicht die feine Art gewesen ...

Doch nun war es endgültig: Franco wußte, daß ich nicht mehr mit ihm zusammensein wollte, und auch ich mußte mich an diesen Gedanken gewöhnen.

Allerdings rief er trotzdem laufend wieder an, obwohl ich ihn immer wieder bat, damit aufzuhören. Für mich war die neue Situation nämlich eine große Erleichterung. Ich war richtig froh, ohne festen Freund zu sein, und fühlte mich unheimlich frei.

Nach einer Weile gestand Franco mir, daß er wieder eine Freundin hätte. Doch in Tat und Wahrheit liebe er nur mich und warte auf mich! Er wolle mich und keine andere!

Ich konnte kaum glauben, was ich da hörte. «Franco, ich freue mich wirklich, daß du wieder eine Freundin hast. Bitte paß gut auf sie auf. Eins ist aber nach wie vor klar: Mich bekommst du nicht mehr, und es gibt auch überhaupt keinen Grund mehr dafür, daß du mich noch anrufst!» Das war das einzige, was ich dazu sagen konnte.

Trotz Freundin gab Franco nicht auf. Er rief immer wieder mal an, doch mittlerweile war mir egal, was er zu sagen hatte. Mit der Zeit ging mir seine Anruferei sogar auf den Wecker. Dennoch versuchte ich jedesmal, anständig mit ihm zu sprechen und ihm wieder und wieder klarzumachen, daß ich seine Anrufe nicht mehr wollte.

Eines Nachmittags kam Linda früher nach Hause als sonst. Sie bat mich in mein Zimmer, weil sie mit mir reden müsse. Zunächst legte sie sich bequem auf mein Bett, und ich tat dasselbe. Erst jetzt fiel mir auf, daß sie aufgeregt war und gleichzeitig bedrückt wirkte.

Sie müsse mir etwas gestehen, sagte sie. Es habe aber überhaupt nichts mit mir oder den Kindern zu tun. «Ich habe mich kurzerhand entschlossen, mich von Mike scheiden zu lassen», sagte sie, und schon stiegen ihr Tränen in die Augen.

Mir stockte der Atem. Hätte ich nicht bereits auf dem Bett gelegen, so wäre ich in diesem Moment sicher vor Schreck hingefallen, so überrascht war ich. Im Traum hätte ich nicht daran gedacht, daß sie mir das erzählen würde. Ich sah sie entsetzt an.

«Wenn ich schon vorher gewußt hätte, daß ich mich von Mike scheiden lassen würde, hätte ich dich nicht von der Schweiz hierher holen lassen», fuhr Linda fort. «Ich fühle mich zwar schon sehr lange nicht mehr wohl in dieser Ehe, aber den Entschluß, Mike zu verlassen, habe ich erst jetzt gefällt. Ich werde nach New York gehen und Schauspielerin werden. Die Kinder bleiben bei Mike; er und ich haben bereits darüber gesprochen ... O Claudia, es tut mir so leid. Ich wollte dir das nicht antun!» sagte sie mit zitternder Stimme, kam auf mich zu, umarmte mich und weinte. Ich war völlig überrumpelt und konnte kaum fassen, was sich da abspielte.

Während mich die weinende Linda umklammerte, fühlte ich mich furchtbar hilflos und wußte gar nicht mehr, was ich denken oder tun sollte. Auch mir wurden die Augen feucht.

Nach einer Weile ließ Linda mich los und teilte mir mit,

daß ich nun eine neue Familie suchen müsse. Und nun war ich völlig schockiert! «Warum denn?» rief ich entsetzt. «Die Kinder brauchen mich doch nachher auch noch!»

«Dieses Haus wird verkauft», erklärte Linda, «und Mike wird mit den Kindern nach San Bernardino ziehen, wo er sein Geschäft hat. Da kann er die Betreuung der Kinder und seine Arbeit miteinander verbinden. Er braucht dann niemanden mehr, tut mir leid, Claudia.» Das war alles, was sie dazu zu sagen hatte.

Mir wurde beinahe übel. Nun ließen mich die Johnsons nach drei Monaten einfach fallen! Was sollte ich jetzt bloß tun? «Mike wird dir helfen, eine neue Familie zu finden», meinte Linda zum Schluß, stand auf und ging einfach zur Tür hinaus.

Damit war der ganze Zauber vorbei. Vorbei schien auch Lindas Schmerz, so wie sie auf einmal reagierte: keine Tränen mehr, keine Traurigkeit ... Ihre schauspielerischen Leistungen verdienten glatt einen Oscar!

Als sie gegangen war, lag ich wie versteinert auf meinem Bett. Was nun, fragte ich mich immer wieder, was nun? Mein erster Gedanke war die Toilette. Am liebsten hätte ich mich sofort übergeben, doch ich wußte, daß nichts kommen würde, denn ich hatte vorher nichts gegessen. Deshalb blieb ich in meinem Zimmer und begann zu überlegen, wie ich wohl am schnellsten zu einer neuen Familie kommen könnte.

Was mich an dieser neuen Situation am meisten bedrückte, war nicht, daß Linda und Mike sich scheiden ließen, denn so etwas erlebte ich nicht das erste Mal. Schlimmer für mich war, daß ich nicht mit den Kindern und Mike mitgehen durfte und wie eine heiße Kartoffel einfach fallengelassen wurde.

Bis das Haus verkauft sei, dürfe ich noch wohnen bleiben, wurde mir gesagt, und so lange dürfe ich auch mein Auto behalten. Nachher werde es verkauft. Das war für mich ein weiterer Schlag, denn ohne Auto war ich an diesem Ort verloren. Es gab keine vernünftige Busverbindung oder sonst ein öffentliches Verkehrsmittel, mit dem ich vom Fleck gekommen wäre. Außerdem hatte ich geglaubt, daß sie mir das Auto geschenkt hatten. Doch davon war nun keine Rede mehr. Sie bräuchten das Geld, hieß es.

Drei wundervolle Monate waren vergangen, in denen ich im Schnitt ein- bis zweimal täglich erbrochen hatte, was für meine Verhältnisse sehr wenig war. Das wurde seit dem Gespräch mit Linda völlig anders. Ich verlor erneut meinen Halt. Bald würde ich wieder ganz alleine sein, diesmal sogar in einem fremden Land.

Die Tage verstrichen, und im Haus entstand Hektik. Schon wurden Möbel hinausgetragen, verkauft, verschenkt oder weggeworfen. Erstaunlich, wie schnell sich das Haus leerte. Langsam geriet ich in Panik. Etwa vierzehn Tage hätte ich noch Zeit, sagte mir Mike. Dann zögen die neuen Mieter ein.

Leider mußte ich feststellen, daß es gar nicht so einfach war, eine neue Familie zu finden. Jeden Tag fuhr ich mit meinem Auto in der Gegend umher, kaufte Zeitungen und ging verschiedenen Inseraten nach. Annoncen von Leuten, die Haushaltshilfen suchten, gab es zwar viele, doch kaum eine Stelle war inklusive Unterkunft. Außerdem wollten die meisten Leute Mexikanerinnen; die seien billiger und anspruchsloser, hieß es. Was für eine Ermutigung.

Hie und da konnte ich doch die eine oder andere Familie einmal besuchen und näher anschauen. Doch zum Teil lebten sie in solch chaotischen Umständen, daß ich mich nicht traute, mich zu ihnen zu gesellen ...

Mit jedem Tag wurde ich nervöser, denn ich fand keine neue Familie, und das Haus der Johnsons war praktisch ausgeräumt. Da ich auf jeden Fall ein eigenes Auto brauchte, fragte ich Mike, ob er mir helfen könnte, ein geeignetes zu finden, da ich von Autos nun wirklich nichts verstünde. Sofort war er einverstanden, und schon am nächsten Tag gingen wir mit den Kindern auf Autosuche. «Mein Auto», das nun doch ihres war, konnte ich ihnen nicht abkaufen, es war zu teuer. Mein zweites, aber erstes selbstgekauftes Auto war ein gebrauchter, schwarzer Ford Escort Combi. Mir gefiel er auf Anhieb, und gleichzeitig hatte ich ein Problem weniger. Jetzt fehlte mir nur noch eine neue Familie.

Meinem Vater schrieb ich mit wenigen Zeilen, daß ich eine neue Familie suchen müsse. Er werde jetzt einige Zeit nichts mehr von mir hören, bis ich fündig geworden wäre. Ich würde mich dann wieder bei ihm melden, und er solle sich keine Sorgen machen.

Der Tag der Hausübergabe kam, und ich hatte noch immer keine neue Stelle. So beschloß ich, meine Siebensachen in mein neues Auto zu packen und aufs Geratewohl loszufahren. Um keinen Preis wollte ich zurück in die Schweiz, also hatte ich keine andere Wahl: Ich *mußte* mir einfach eine neue Bleibe suchen. Der Wunsch, unbedingt in Amerika zu bleiben, war stärker als meine Angst vor dem Ungewissen. So versicherte ich den Johnsons, daß ich schon klarkommen würde, stieg in mein Auto und fuhr ab. Meine Familie verließ am selben Tag unser ehemaliges Heim, und so verlor ich sie aus den Augen.

Als erstes fuhr ich nach Santa Monica. Dahin hatten die Johnsons und ich einmal einen Ausflug gemacht, und weil es mir dort so gut gefallen hatte, beschloß ich spontan, mir dort eine neue Familie zu suchen.

In Santa Monica fragte ich zunächst einfach etliche Leute auf der Straße. Doch ich hatte kein Glück. Niemand brauchte jemanden in der Familie oder kannte jemanden, der ein Au-pair hätte beschäftigen können.

Etwa vierzehn Tage lang lebte ich aus dem Auto heraus. Ab und zu lernte ich ein anderes Schweizer Au-pair-Mädchen kennen, das mich für eine Nacht oder länger bei seiner Familie schlafen lassen durfte. Danach zog ich weiter.

Eines Tages stieß ich auf Angela. Sie war auch ein Schweizer Au-pair, und ich hatte die Möglichkeit, bei ihrer Familie zu übernachten. Noch am selben Abend wollte Regina, die Mutter in ihrer Gastfamilie, von mir hören, was eigentlich genau passiert war, bevor ich zu ihnen gekommen war.

Meine Erzählung fand sie aufregend und entsetzlich zugleich. Sie hatte Mitleid mit mir, was ich jedoch gar nicht wollte, denn ich fand meine bisherigen Erlebnisse vorerst noch mächtig spannend und abenteuerlich. Ich fühlte mich wie die Hauptdarstellerin eines Actionfilms, dessen Ende ich selbst noch nicht kannte. Ein Jahr lang hatte ich nun Gelegenheit, in diesem Film weiter mitzuspielen ...

Ein neuer Anlauf bei den Coopers

Am nächsten Morgen bekam Regina Besuch von ihrer Freundin Elizabeth, die ihr Baby Sharon mitgebracht hatte. Nach einer Weile kamen die beiden auf mich zu, und ich erfuhr, daß Regina ihrer Freundin von meiner Situation erzählt hatte. Elizabeth, so sagte sie mir, würde sich sehr freuen, wenn ich bei ihr Au-pair sein wollte, falls ihr Ehemann und ich selbst damit einverstanden wären.

Das spontane Angebot überraschte mich sehr und freute mich auch riesig, denn Elizabeth und ihr Baby waren mir auf Anhieb sympathisch gewesen! Das wäre wirklich toll, stimmte ich sofort zu. Elizabeth wollte das Ganze erst mal mit ihrem Mann besprechen. Wenn er damit einverstanden wäre, so sagte sie, könnte Regina mit mir am nächsten Morgen zu ihnen kommen, um das Haus und die Umgebung zu begutachten.

Noch am selben Abend rief Elizabeth bei Regina an und sagte ihr, daß sie mich gerne nehmen würden. So fuhren wir am nächsten Tag zu Familie Cooper. George, Elizabeths Ehemann, mochte ich ebenfalls auf Anhieb, denn er schien viel Humor zu haben. Auch das Haus und die Umgebung gefielen mir sofort. So kamen wir konkreter ins Gespräch und einigten uns darauf, daß ich die nächste Woche bei ihnen mit der Arbeit anfangen würde. Bis dahin ließ mich Regina freundlicherweise noch in ihrer Familie wohnen.

Auch in diesen aufregenden Tagen verlor sich meine Bulimie nicht. Obwohl so viel passierte, fand ich trotzdem Gelegenheiten, so ab und zu auf dem Klo zu verschwinden, um das Gegessene wieder loszuwerden. Es fiel niemandem auf.

Schon bald hieß es, bei Regina und Angela Abschied zu nehmen. Ich bedankte mich sehr herzlich bei Regina und fuhr zu meiner neuen Familie.

Hier hatte ich kein eigenes Zimmer mehr, sondern wurde bei dem Baby Sharon einquartiert. Dafür stand mir «beinahe» ein eigenes Badezimmer zur Verfügung. Beinahe, weil ich die Dusche mit den beiden Katzen teilen mußte: ihr Katzenklo stand dort drin. Mein Badezimmer lag etwas abseits, direkt neben der Vorratskammer. Diese bestand eigentlich nur aus gefüllten Regalen, die mit einem Vorhang abgedeckt waren.

Die Coopers lebten in der unteren Wohnung eines älteren Zweifamilienhauses, das sie kurz zuvor mit den Nachbarn zusammen selbst renoviert hatten. Dieses Haus war zwar sehr hübsch, doch man konnte keine Türe in der

Wohnung abschließen. Das ganze Haus stand irgendwie etwas schief. Es war natürlich nicht mit der Prunkvilla zu vergleichen, in der Regina wohnte, und doch kam mir mein neues Zuhause gemütlicher vor.

Elizabeth war eine sehr intelligente, verständnisvolle und auch sehr hübsche Frau. Zwei Tage in der Woche arbeitete sie für die Zeitung «Los Angeles Times» als Redakteurin. George empfand ich als liebenswert. Gleichzeitig war er ein richtiger Clown, jederzeit zu Späßchen aufgelegt. Am liebsten alberte er mit seiner Tochter herum. Ansonsten war George ein erfolgreicher selbständiger Fotograf und arbeite öfters für die «Los Angeles Times». Die kleine Sharon war vier Monate alt.

Nun lebte ich also in «West Los Angeles», in einem Stadtteil zwischen Los Angeles, Beverly Hills und West Hollywood. Das klang von Anfang an sehr aufregend, und ich war davon überzeugt, daß ich noch viel Interessantes erleben würde.

Elizabeth und ich stellten für mich einen Arbeitsplan zusammen; danach richtete ich mich im Haus ein. Schon in den ersten Tagen spürte ich, daß ich das große Los gezogen hatte. Mir gefiel es außerordentlich gut bei den Coopers. Ich lernte eine ganz andere Seite der Kalifornier kennen. So war hier zum Beispiel das Familienleben ganz anders gestaltet als bei den Johnsons. Außerdem waren die Coopers weitaus sparsamer. Sie besaßen zwar nicht so viel, wie die Johnsons vor ihrer Scheidung besessen hatten, doch sie lebten mir vor, wie eine glückliche Familie ihr Leben gestalten kann. In Sachen Familienleben wurden sie für mich regelrecht zum Vorbild.

Die Zeit verging wie im Flug, und nach ein oder zwei Wochen hatte ich das Gefühl, schon eine Ewigkeit bei den Coopers zu leben. Meine Aufgaben bestanden darin, Baby Sharon täglich spazierenzuführen und die Wäsche zu waschen. Für den Rest der Hausarbeiten wie Bügeln und

Putzen war ich nicht mehr zuständig, dafür kamen regelmäßig Mexikaner vorbei.

Jetzt war es wieder soweit: Nach dreiwöchiger Unterbrechung konnte mein paradiesisches Leben weitergehen. Außer um Sharon mußte ich mich um fast nichts kümmern. Und dafür bekam ich noch Geld!

Eine weitere Sensation konnte ich verzeichnen: Ich war bereits eine Woche bei den Coopers und hatte noch nicht ein einziges Mal erbrochen. Das war mein Rekord seit Jahren! Nur eine winzige Kleinigkeit war mir trotzdem vom ersten Tag an ein Dorn im Auge: die Vorratskammer. Jedesmal, wenn ich zur Toilette ging, mußte ich daran vorbei.

Da ich wußte, was hinter dem Vorhang stand, reizten mich die gefüllten Regale ungemein. Dauernd mußte ich mich im Geiste mit den dortigen Schlemmereien beschäftigen; jedesmal, wenn ich daran vorbeiging, überkam es mich. Nach einigen Tagen sah ich die Vorräte vor meinem inneren Auge, ohne in ihre Nähe gekommen zu sein. Schon beim bloßen Gedanken überfielen mich die Gelüste!

Zunächst riß ich mich noch zusammen und versuchte, beim Vorübergehen nicht mehr auf den Vorhang zu schauen. Trotzdem wurde mein Bedürfnis, die Regale zu leeren, von Tag zu Tag größer. Der tägliche Kampf hatte begonnen: Ich rang mit mir selbst und einem Vorhang, und bis jetzt war ich noch Sieger.

Eigentlich war es zum Verrücktwerden! Nun hatte ich ein so tolles Zuhause, mein Leben war so einfach – und trotzdem verfolgte mich fast den ganzen Tag nur dieses eine Bild: der Vorhang dieser Vorratskammer. Er ließ mir keine Ruhe mehr.

Mehr und mehr kam zum Ausdruck, daß ich es nicht mehr schaffte, meine Sucht zu beherrschen. Eines Tages war außer dem schlafenden Baby und mir keiner im Haus. Da konnte ich es mir beim besten Willen nicht mehr verkneifen, mich richtiggehend an den Vorhang heranzuschleichen. Ich wußte ganz genau, daß dort mehrere Schachteln Getreideriegel mit Konfitürefüllung lagen, und auf einmal meinte ich fast zu hören, wie sie mir zuriefen: «Komm und iß uns, wir schmecken phantastisch!»

Ich konnte nicht mehr. Diesmal mußte ich wissen, ob sie wirklich schmeckten. So zog ich den Vorhang weg, nahm gleich vier Packungen mit je sechs Riegeln heraus und transportierte sie mit in die Küche. Wie kurz vor dem Verhungern riß ich die Packungen und die Tüten auf, stürzte mich wie ein Geier auf die Riegel und aß alle vierundzwanzig Stück hintereinander auf.

Sie schmeckten wirklich prima! Doch als ich den letzten Bissen nach dem vierundzwanzigsten Riegel hinuntergeschluckt hatte, konnte ich den Geschmack nicht mehr ausstehen. Sofort ging ich freiwillig zur Toilette und ließ alles wieder aus mir heraus.

Kaum war ich fertig mit Erbrechen, fühlte ich mich körperlich sehr erleichtert. Doch im selben Moment meldete sich mein schlechtes Gewissen. Was sollte ich den Coopers erzählen, wenn sie herausbekämen, daß alle Riegel weg waren? Ich würde erst nach dem Mittagsspaziergang mit Sharon wieder die Möglichkeit haben, den Vorrat neu einzukaufen und danach aufzufüllen. Außerdem: Wo konnte ich unauffällig die Schachteln samt den vierundzwanzig leeren Hüllen entsorgen?

Nach kurzem Überlegen beschloß ich, meinen Abfall im Spiegelwandschrank in meinem Bad zu verstecken und ihn beim Spaziergang mit Sharon in irgendeinen Abfalleimer zu werfen. Gekonnt stapelte ich die Verpackungen aufeinander und stopfte sie mit der einen Hand in den Schrank, während ich mit der anderen die Spiegeltür ziemlich heftig zuknallte. Das war fürs erste geschafft. Die Spiegeltür blieb sogar zu. Nun hatte mich mein sogenanntes Hobby wieder eingeholt!

Ab sofort wußte ich in meinem Innersten, daß mit diesem Zwischenfall der Bann gebrochen war und ich meiner Sucht wieder freien Lauf lassen würde.

In der Folge ging es mir im Hause Cooper wie bei Paps. George Cooper kaufte ein, stapelte die Einkäufe in der Vorratskammer, und ich leerte sie bei jeder Gelegenheit, die sich mir bot. Danach kam alles darauf an, das Gefressene so schnell wie möglich und natürlich unbemerkt wieder einzukaufen und hinter dem berüchtigten Vorhang zu deponieren.

Somit hatte ich ab jetzt tagtäglich äußersten Streß zu bewältigen, denn meine selbstauferlegte Arbeit war nicht einfach. In der Schweiz hatte ich mein Handeln nur vor einer Person, nämlich Paps, vertuschen müssen. Hier waren es zwei!

Obwohl ich nicht so einsam war wie in der Schweiz, konnte ich mich einfach nicht beherrschen. Mein Kopf steuerte meinen Körper wider Willen zur Vorratskammer, immer wieder. Ich konnte nichts dagegen tun. Ich war machtlos mir selbst gegenüber.

Nach einigen Monaten nahm ich mir vor, mutig zu sein und Elizabeth von meiner Sucht zu berichten. Der Punkt war erreicht: Endlich wollte ich mich jemandem offenbaren, dem ich vertraute und der mir doch nicht zu nahe stand. Elizabeth und ich verstanden uns super. In ihr sah ich die Vertrauensperson, bei der mein Geheimnis sicher sehr gut aufgehoben sein würde.

Eines Morgens glaubte ich, den richtigen Zeitpunkt für meine Beichte gefunden zu haben. Elizabeth war alleine in ihrem Schlafzimmer. Ich fragte sie, ob ich mit ihr reden könnte; ich hätte etwas auf dem Herzen, das ich gerne loswerden würde. «Natürlich kannst du mit mir reden, keine Frage», sagte Elizabeth gleich. Ich setzte mich auf ihr Bett, während sie sich schminkte.

Sofort fing ich an zu reden wie ein Wasserfall; jetzt

wollte ich endlich den ganzen angestauten Frust über mein Leiden einmal loswerden. Ich redete mir vieles von der Seele, und das tat so gut.

Als ich ausgeplappert hatte, erwartete ich, daß sie mich erstaunt ansehen und völlig entsetzt ihr Schminkzeug beiseite legen würde – oder so ähnlich. Doch was tat sie? Sie schminkte sich seelenruhig weiter und verzog keine Miene. Sie schien nicht entsetzt zu sein über meine Beichte; nein, sie wirkte überhaupt nicht schockiert. Sie reagierte nicht auf mein Geständnis! Ich war sprachlos. So etwas konnte einen doch nicht einfach kaltlassen! Zumindest ein Aufhorchen hätte ich erwartet, doch weit gefehlt.

Nach einer langen Schweigeminute begann sie endlich zu sprechen, und da begriff ich ihre Gleichgültigkeit. «Claudia, das ist sicherlich schlimm für dich», meinte sie in ruhigem Ton, «aber hier in Amerika tun das sehr, sehr viele; das ist hier nichts Besonderes.» Sie schminkte sich weiter.

Trotzdem war ich über ihren Kommentar geschockt. Mit so einer Antwort hatte ich im Leben nicht gerechnet. Ich hatte mit etwas Mitgefühl gerechnet, doch da schien ich bei ihr an der falschen Adresse gelandet zu sein. Wieder mal fand ich keine Schulter, an der ich mich ausweinen konnte. Im Gegenteil, Elizabeth vermittelte mir eher, daß ich mich mit meiner Sucht nicht so wichtig nehmen sollte, schließlich war ich in ihren Augen nur eine von vielen.

Das hatte gesessen. Ich war immer noch sprachlos und fühlte mich wie ein begossener Pudel. Mir fehlten die Worte. Nun sprach Elizabeth wieder. Sie bat mich, mit dem Erbrechen aufzuhören. Ich würde sonst nämlich meine Zähne verlieren.

Im ersten Moment glaubte ich mich verhört zu haben. «Man verliert die Zähne dabei?» fragte ich völlig erschrocken und doch ungläubig. Sicher hatte ich sie falsch verstanden. Doch sie wiederholte ihre Bemerkung.

Noch immer konnte ich nicht recht glauben, was sie gesagt hatte. Bestimmt handelte es sich um einen Übersetzungsfehler meinerseits; wahrscheinlich bedeuteten die Worte im Englischen etwas anderes, als ich im Moment verstand. Deshalb brachte mich die Sache mit den Zähnen zunächst nicht allzusehr aus der Fassung. Irgendwie konnte ich mir nicht vorstellen, daß mir einfach die Zähne aus dem Mund fallen konnten, nur weil ich erbrach. Da sah ich keinen Zusammenhang.

Da weder Elizabeth noch ich im Moment zu diesem Thema noch etwas sagen konnten, verschwand ich aus dem Schlafzimmer und ging in mein Bad.

Dort geriet ich ins Grübeln. Was hatte Elizabeth wohl wirklich gemeint? Von Minute zu Minute beschäftigten mich ihre Worte mehr. Ganz verunsichert faßte ich mir ständig an meine Zähne und zog und wackelte daran. Ich wollte sicher sein, daß wirklich keiner locker war. Und je mehr ich an meinen Zähnen wackelte und dabei über Elizabeths Satz grübelte, desto mehr geriet ich innerlich in Panik. Auf einmal war ich davon überzeugt, daß sich meine Zähne jeden Moment lockern könnten und daß einer nach dem andern ausfallen würde ...

Plötzlich schrie die kleine Sharon, und das riß mich aus meinen chaotischen Gedanken heraus. Sofort eilte ich zu ihr und hatte wie immer riesige Freude an ihr. Nur zu gern verdrängte ich alles, was ich gerade erlebt und gehört hatte, und mit nie gekannter Begeisterung wechselte ich Sharons Windeln!

Gleich danach packte ich alles Nötige zusammen und ging mit ihr bei strahlendem Sonnenschein spazieren. An nichts anderes wollte ich mehr denken als nur an unseren Spaziergang zu zweit. Elizabeth war noch in ihrem Zimmer, als wir das Haus verließen.

Jeden Nachmittag fuhr ich Sharon in ihrem Buggy spazieren. Auch heute kundschaftete ich wieder die Nachbarschaft aus. Beim Spazierengehen fühlte ich mich sehr wohl, und ich genoß die Zweisamkeit mit Sharon. Ich liebte dieses kleine Mädchen, als wäre es meine eigene Tochter.

Mit Sharon konnte ich stundenlange Spaziergänge machen, und dabei blühte ich richtig auf. Ich sah die vielen hübschen Häuser mit dem vielen Grün rundherum, ich spürte, wie die Sonnenstrahlen meine Haut wärmten, ich sah in den blauen Himmel – und ich fühlte mich wie im Paradies! Unwirklich; wie im Märchen! Nur würde das Märchen mit meinem Rückflug in die Schweiz wahrscheinlich zu Ende sein; das bedrückte mich hin und wieder kurz.

Doch wenn Sharon mich anlächelte, dann fühlte ich mich geborgen. Ihr gab ich soviel Liebe, wie ich sie nur einem Menschen schenken konnte. Mit ihr zusammen war ich glücklich. Auch sie gab mir sehr viel. Sicherlich überschüttete ich sie regelrecht mit meiner Liebe, doch das schien ihr zu gefallen. Sie strahlte mich ständig an und klammerte sich an mich, so wie sie das für ihr Alter konnte. Wir hatten eine richtige Mutter-Kind-Beziehung. Der einzige Nachteil: Ich hatte wieder keinen Gesprächspartner. Sharon war noch zu klein, und ihre Eltern waren beruflich zu stark eingespannt.

Völlig in Gedanken versunken, schlenderte ich alle möglichen Straßen entlang, bis mir auf einmal auffiel, daß wir in einer Gegend gelandet waren, die mir noch unbekannt war. Trotzdem schob ich Sharons Wägelchen weiter die Straße entlang. Plötzlich hörte die Straße auf, und ich stand direkt vor einem ganz neuen, mehrstöckigen Gebäudekomplex. Er war wohl erst vor kurzem fertiggestellt worden, denn überall lag noch Bauschutt herum. Neugierig ging ich auf das Gebäude zu und sah im Erdgeschoß einige kleinere Räume, die wohl Einkaufsläden werden sollten.

Einer dieser Läden war eingerichtet und sogar geöffnet. Es war ein «Frozen Joghurt»-Laden. Dort konnte man, wie bei einer Eisdiele, selbst Eis herauslassen. Nur bestand diese Sorte nicht aus Sahne, sondern aus Joghurt.

Neugierig wie immer betrat ich den Laden und kaufte mir eine Portion zum Testen. «Mhmm, dieses Frozen Joghurt schmeckt ja prima», mußte ich der Verkäuferin gestehen. «Ja, das finde ich auch, und dazu hat es noch um einiges weniger Kalorien als Sahneeis», gab mir die Frau an der Theke zur Antwort. Mir schmeckte es sogar noch besser als Sahneeis! Erstens lag es nicht so schwer im Magen, und zweitens war es weniger nahrhaft, und das kam mir natürlich besonders gelegen.

Das Argument mit den Kalorien nahm mir dann jegliche Bedenken, mir gleich noch eine weitere Portion zu kaufen. Diesmal entschied ich mich für den größten Eisbecher. Ich fuhr Sharon in ihrem Wagen zur nächsten Straßenecke und setzte mich auf einen Randstein. Wie ein Mähdrescher fraß ich mich durch den Haufen Frozen Joghurt, während Sharon mich mit großen Augen ansah. Natürlich gab ich ihr zwischendurch auch ein wenig ab. Im Vergleich zu meiner Portion war Sharons Anteil allerdings schlichtweg lächerlich ...

Als ich meine Riesenportion verspeist hatte, machte ich mich mit Sharon auf den Heimweg. Es war bereits kurz vor sieben, und George war gerade am «Kochen». Wie immer machte er seine Leibspeise: Baked Potatoes (Backofenkartoffeln) mit Quark; dazu gab es Salat. Sein Lieblingsessen präsentierte uns George mindestens zweimal pro Woche, egal ob Elizabeth und ich es wollten oder nicht.

Als ich ins Eßzimmer kam, sah ich, daß auch für mich ein Gedeck aufgelegt war. Deshalb setzte ich mich mit an den Tisch und aß zu Abend, obwohl ich überhaupt keinen

Hunger mehr hatte. Bis oben hin vollgestopft mit Frozen Joghurt, saß ich am Tisch und würgte mein Essen hinunter. Danach war mir schlecht. Glücklicherweise hatte ich um sieben Uhr Feierabend. So konnte ich nun machen, was ich wollte. Schnell ging ich ins Freie, selbstverständlich alleine.

Draußen wurde es langsam dunkel. Ich schlenderte die Straße entlang und suchte ein Plätzchen, wo ich meine Kartoffeln und den noch nicht verdauten Anteil Frozen Joghurt wieder hinlegen konnte. Kaum war ich das Zeugs los, fühlte ich mich erlöst. Mein Magen hatte richtig geschmerzt; er war mal wieder zum Platzen voll gewesen. Nun aber konnte ich ganz befreit mein Abendprogramm wählen.

Nur ein paar Straßen weiter befand sich das «Beverly Center», ein großes Einkaufszentrum. Dort gab es im obersten Stockwerk ein großes Kino. In vierundzwanzig Kinosälen wurden vierundzwanzig verschiedene Filme gespielt, und das mehrmals am Tag. Somit hatte ich keine Schwierigkeiten, mich unterhalten zu lassen, obwohl ich immer alleine unterwegs war. Außer den Coopers kannte ich ja praktisch niemanden, denn es war enorm schwer, neue Leute kennenzulernen.

Zuerst setzte ich mich in einen Actionfilm, und als der zu Ende war, kaufte ich eine weitere Eintrittskarte, betrat einen anderen Kinosaal und sah mir einen Liebesfilm an. Dazu aß ich genüßlich Popcorn mit Butter aus einem großen Pappkarton und trank Coca-Cola dazu. Als ich endlich müde war, raffte ich mich auf und machte mich auf den Nachhauseweg.

In dieser Nacht verfolgte mich ein schrecklicher Alptraum: Während des Sprechens fiel mir ein Zahn nach dem andern aus. Obwohl ich mit beiden Händen verzweifelt versuchte, meine Zähne festzuhalten, rutschten sie mir einfach durch die Finger auf den Boden. Grauenvoll!

Schweißgebadet wachte ich auf und saß kerzengerade im Bett. Da ich alles so klar vor mir sah, war ich mir zuerst nicht sicher, ob ich das Ganze nur geträumt hatte oder ob es nicht doch Wirklichkeit war. Schnell faßte ich mir in den Mund. Ein gewaltiger Stein fiel mir von meinem Herzen, als ich fühlte, daß alle Zähne noch an Ort und Stelle waren!

Dennoch war ich innerlich sehr aufgewühlt und konnte lange nicht wieder einschlafen. Am nächsten Morgen war ich wie gerädert; der Alptraum hatte mich wohl auch in der zweiten Schlafphase drangsaliert. So gut es ging, wollte ich das Ganze aber jetzt vergessen. Ich sputete mich, damit ich mit meiner Arbeit beginnen konnte.

Zuerst ging ich ins Bad, stellte das Radio an, betrachtete mich im Spiegel und wusch mich. Danach warf ich mich in meinen Trainingsanzug und war arbeitsbereit.

Als nächstes übergab mir Elizabeth die frisch gebadete Sharon. Im Gegensatz zu mir badete Elizabeth unseren kleinen Wirbelwind sehr gerne. Dabei war es gar nicht so einfach, das Baby aufrecht im Wasser zu halten, außerdem wurde alles um sie herum naß, alle Kleider und jedes Gesicht im Badezimmer. Nein, diese Arbeit überließ ich Elizabeth nur zu gerne.

Elizabeth fuhr zur Arbeit, und ich machte mich ans Frühstücken. Während ich Brot, ein Messer und die Marmelade aus dem Schrank heraussuchte, krabbelte Klein-Sharon in allen Zimmern umher, von einer Ecke zur anderen, querfeldein und querfeldaus ... Sie konnte erstaunlich schnell krabbeln, und während ich mein Frühstücksbrot in der Hand hielt, rannte ich ihr ständig hinterher. Doch Sharon fiel es nicht im Traum ein, mir ein wenig Ruhe zu gönnen. Nirgendwo blieb sie länger als zehn Sekunden!

Irgendwie schaffte ich es doch, mein Brot zu essen, und danach spielten wir alles mögliche, was uns gerade so einfiel. Meistens saßen wir auf dem Küchenboden, denn dort hatten wir am meisten Platz, und Sharon konnte dort am wenigsten anrichten. Für mich war die Küche allerdings eher ungeeignet, denn hier wurde ich zu ständigem Essen verleitet. Dauernd wanderte meine Hand in den Kühlschrank, dann wieder in die Vorratskammer. So dehnte sich mein Frühstück immer mehr aus und ging oft gleich ins Mittagessen über.

War für Sharon Essenszeit angesagt, so wurde daraus schnell ein Desaster. Denn dieses kleine Monster liebte es, sein Essen entweder auszuspucken, herumzuschleudern oder sich selbst damit zu beschmieren! Da half kein Auf-die-Finger-Hauen, Anschreien oder Ähnliches; Sharon lachte nur vergnügt.

Vielleicht führte sie sich so auf, weil sie das Essen nicht mochte. Immer bekam sie Babynahrung aus einem Gläschen. Einmal war der Brei gelb, dann orange, hie und da auch grün bis hin zu einer echten Kackfarbe. Je nach Glasinhalt sahen Sharon und Teile der Küche katastrophal aus; frisch verkleckert, und das jedesmal in einer anderen modischen Farbe! Dann säuberte ich ihr Gesicht mit einem nassen Waschlappen, worauf sie bald wieder zu erkennen war.

Natürlich sahen ihre Händchen nicht besser aus; sie paßten aber auch so wunderbar in ihren Mund, ganz besonders, wenn er noch voll Brei war ... Ja, dieses kleine Mädchen sorgte dafür, daß mir nie langweilig wurde!

Anschließend wechselte ich Sharons Windeln, meist gleich noch all ihre Kleider dazu, weil sie über und über mit Brei verschmiert waren. Danach legte ich sie schlafen, besser gesagt, ich versuchte es, denn auch dies war eine Prozedur, die sehr viel Geduld erforderte. Nach viel Herumturnerei und Geschrei fand Sharon ihren wohlverdienten Schlaf aber doch noch.

Dann hatte ich endlich Zeit, den Haushalt zu machen, und konnte nur hoffen, daß ich fertig werden würde, bevor Sharon wieder aufwachte. Doch da sie normalerweise einen gesunden Schlaf hatte, klappte mein Timing meist hervorragend.

Danach waren wir beide wieder füreinander bereit und konnten ausgehen. Wenn ich nicht gerade auf Frozen Joghurt Lust hatte, fuhr ich Sharon ins Beverly Center, um mir etwas Eßbares kaufen zu können. Dort gab es sehr viele Läden nahe beieinander. Das fand ich sehr praktisch, und deshalb waren Sharon und ich am häufigsten in diesem Einkaufszentrum anzutreffen.

Im Laufe der Zeit kämmten wir jeden Laden durch. Während ich die Unmengen ausgestellter Produkte ausführlich musterte, saß Sharon geduldig in ihrem Wägelchen, grapschte dabei aber nach allem, was sich nahe genug an ihr vorbeibewegte. Hätte ich sie nicht immer festgeschnallt, wäre sie etliche Male aus dem Wagen gefallen, weil sie sich zu weit hinauslehnte. Bei diesem aufgeweckten Mädchen mußte ich ständig auf der Hut sein!

Unsere größte gemeinsame Freude auf unseren Ausflügen war jedoch der Genuß von Süßigkeiten. Manchmal kaufte ich einen extragroßen Schokoriegel, dann eine Familienpackung «M&M's» oder eine große Portion Schokoladeneis. Obwohl Sharon ja erst zwei Zähne hatte, lutschte sie gerne an kleinen Brocken herum oder krümelte genüßlich vor sich hin.

Beim gemeinsamen Eisessen hielt ich ihr einen kleinen Löffel entgegen, und sie jauchzte danach vor Freude. Hatte Sharon ihre kleine Löffelportion verschlungen, bekam ich drei gehäufte Löffel; und ehe wir's uns versahen, war schon alles ratzeputz aufgegessen. Selbstverständlich bekam ich bei dieser Übung jeweils den Löwenanteil, doch Sharon schien mit ihrer Ration auch sehr zufrieden. Sie grinste mich ständig an, und ich lächelte zurück: Wir waren ein echtes «dream team».

Eins war klar: Ich war Schokolade – in jeder Form –

völlig verfallen. Deshalb kaufte ich mir fast nur Süßigkeiten, die irgendwie nach Schokolade schmeckten oder einen Schokoladenüberzug hatten.

So wundervoll ich die Zeit mit Sharon empfand, so sehr war mir auch bewußt, wie einsam ich ohne sie war. War sie nicht bei mir, dann hatte ich praktisch niemanden in diesem wunderschönen, aber fremden Land. Zwar war ich mittlerweile sehr angetan von der Sprache, doch es war eben immer noch eine Fremdsprache, die mir noch zusätzlich den Kontakt zu anderen Menschen erschwerte.

George und Elizabeth unternahmen nicht halb so viel, wie das Mike und Linda getan hatten. Am liebsten blieben sie zu Hause, und dann waren sie mit allem möglichen beschäftigt. Für Gespräche waren sie nicht sehr oft zu haben, und sobald der Fernseher lief, war jegliche Kommunikation beendet. Wenn ich etwas unternehmen wollte, mußte ich das alleine tun.

Von Ladenplünderungen und Knochengestellen

Meine nächtlichen Streifzüge beschränkten sich nicht nur auf Kinobesuche. Eine weitere Spezialität von mir war das «Heimsuchen» von Supermärkten. Da es eine ganze Menge Läden gab, die vierundzwanzig Stunden geöffnet waren, hinderte mich nichts daran, mitten in der Nacht an irgendwelche Lebensmittel zu gelangen.

Meist traf ich zu den unmöglichsten Zeiten in einem solchen Supermarkt ein. Je später in der Nacht, desto besser, denn in diesen Stunden waren am wenigsten Leute da, und ich konnte ungestört den ganzen Laden genauestens begutachten und von Regal zu Regal, von Produkt zu Produkt durchstöbern.

Auf einen Backfisch wie mich machte so ein riesiger Laden natürlich mächtig Eindruck. Man hätte sich glatt darin verlaufen können. Trotzdem gefiel mir die Atmosphäre in den fast leeren Läden mit den ellenlangen Gestellen und den Abertausenden von Produkten.

Für mich war der Besuch in einem Supermarkt ein kleines Abenteuer, und ich spazierte richtiggehend darin herum. Ich legte dieses und jenes in den Wagen, und wenn ich es nicht mehr aushalten konnte vor Freßeifer, begab ich mich zur Kasse, bezahlte und eilte zu meinem Wagen. Dort verschlang ich, so schnell es ging, meine Beute. Wie eine Irre stopfte ich mich voll und konnte meine Einkaufstüte nicht schnell genug leergefuttert sehen.

Kaum hatte ich meine Freßattacke beendet, fuhr ich mit dem Auto in eine ruhige und dunkle Straße, hielt an und setzte mich auf den Rücksitz. Dann nahm ich die nun leere Einkaufstüte, öffnete sie behutsam, steckte meine Finger in den Hals und erbrach das vorher Verschlungene.

Wäre in diesem Moment jemand an meinem Auto vorbeigegangen, hätte er ganz deutlich mein Würgen, Röcheln und Husten hören können. Deshalb war ein abgelegener Platz wesentlich. Dabei hätten nicht nur meine Geräusche jeden abgeschreckt, auch mein Aussehen hätte für Aufregung gesorgt. Mit meinen tränenüberlaufenen Augen, dem hochroten Kopf, schleimig-feuchten Händen, dem wunden Hals und dem trockenen Mund hätte ich nun wirklich niemandem begegnen wollen.

Meine Papiertüte enthielt nun wieder denselben Inhalt wie kurz vorher, nur in veränderter Form. Nun mußte ich mich allerdings wieder ordentlich beeilen, einen öffentlichen Abfalleimer zu finden, denn die körperwarme Masse weichte die Papiertüte ziemlich schnell auf.

Mehr und mehr erwies sich, daß für mich die Möglichkeit, nachts ungestört einkaufen zu können, eine hinterhältige Falle war. Oft nahm ich mir vor, nur ein wenig durch den Laden zu schlendern und vielleicht ein Heft zu kaufen. Doch kaum kam ich an irgendwelchen Schokokeksen vorbei, war mein gutgemeinter Vorsatz vergessen. Sofort kam der Trieb draufloszukaufen in mir hoch und malträtierte mich, bis ich wieder mal eine vollgefüllte Papiertüte aus dem Laden trug.

Schon bald spielte es keine Rolle mehr, ob Tag oder Nacht war, immer fand man mich in irgendeinem Lebensmittelgeschäft. Was sollte ich auch sonst die ganze Zeit tun? Die häufige Langeweile und das viele Alleinsein trieben mich jetzt erst recht wieder dazu, mich mit dem Essen zu beschäftigen, selbst dann, wenn ich keinerlei Hunger oder Appetit verspürte.

Immer noch kannte ich niemanden außer den Coopers und konnte daher auch mit niemandem richtig reden. So ging ich immer dahin, wo am meisten los war: in die Einkaufsläden.

Das Verfluchte war nur, daß fast an jeder Straßenecke ein solcher Laden zu finden war und ich an keinem vorübergehen konnte, ohne ihn von innen gesehen zu haben. Natürlich ging ich nie mit leeren Händen wieder hinaus. Vielfach kaufte ich neben den großen Mengen noch kleine Rationen so nebenher. Diese erbrach ich nie; ich war es einfach müde, wegen dieser Kleinigkeiten schon wieder ans Übergeben denken zu müssen, und so behielt ich diese «Miniportionen» in mir.

Das hatte zur Folge, daß ich extrem schnell dicker wurde. Morgens konnte ich in meinem Badezimmerspiegel gut erkennen, wie sich mein Gesicht rundete und immer mehr rundete. Und das, obwohl ich am Tag zuvor mehrmals erbrochen hatte! Ich stopfte eben im Endeffekt mehr Kalorien in mich hinein, als ich durchs Erbrechen wieder hinausbekam.

Glücklicherweise konnte ich bisher nur erahnen, wie mein Körper insgesamt von vorn aussehen mußte, denn in der Wohnung gab es keinen Spiegel, der dafür groß genug gewesen wäre. So konnte ich mich nur einigermaßen von oben herunter betrachten. Doch diese Sicht reichte mir vollkommen. Ich empfand mich als fett.

Um diesem Fett zu Leibe zu rücken, mußte ich mir etwas einfallen lassen. Schon kurz darauf kam mir die Idee, es mit Bodybuilding zu versuchen. Noch am selben Tag erzählte ich Elizabeth von meinem Vorhaben und bat sie, mir bei der Suche nach einem Fitneß-Center zu helfen. Gleich fing sie an zu telefonieren, um das nächstgelegene Center ausfindig zu machen.

Es stellte sich heraus, daß es ganz in der Nähe eines gab; ich konnte es sogar zu Fuß erreichen. Ich hoffte, dort nicht nur meine Pfunde loszuwerden, sondern auch Freunde zu finden, die meine Einsamkeit durchbrechen würden.

Schon am nächsten Tag bot Elizabeth mir an, mit mir zu diesem «Gym» (wie es in Amerika genannt wird) zu gehen. Wir zogen Sharon an und spazierten Richtung Norden zu unserem Ziel.

Im ersten Augenblick schon empfand ich die Atmosphäre dort als angenehm. Die Leute gingen sehr freundlich miteinander um, und das war ein Grund mehr für mich, mich sofort als Mitglied anzumelden.

Noch am selben Abend zog es mich in meinen neuen Club. Ich entdeckte gleich, daß hauptsächlich junge Leute ihre Energie an den Geräten loswerden wollten. Außerdem bekam ich mit, daß sich gerade eine neue Aerobic-Gruppe für Fortgeschrittene sammelte. Da ich selbst ja jahrelang intensiv Sport betrieben hatte, hielt ich meinen Körper für noch durchtrainiert genug, um in diesen Fortgeschrittenen-Kurs einsteigen zu können. Und wirklich, zu meiner Freude konnte ich sehr gut mithalten!

Diese Freude wurde jedoch stark gedämpft, denn wir trainierten vor einem wandbreiten Spiegel. In der Folge mußte ich die ganze Zeit mit ansehen, wie ich da rumhopste! Nicht nur, daß meine Haare ständig rauf- und runterflogen und das ulkig aussah, mein Gesicht wurde immer röter, und meine Wangen hopsten bei jeder Bewegung mit. Das Allerschrecklichste jedoch war, daß alle meine Körperteile wie irre rauf- und runterwippten. Ich hatte das Gefühl, daß ich im Spiegel vor mir einen einzigen Fettkloß rumwabbeln sah. Wie überglücklich mußten die anderen sein, daß sie nicht so aussahen wie ich! Ich ekelte mich vor mir selbst, weil ich so aussah und so rumlaufen mußte. Ich hielt meinen Anblick im Spiegel kaum aus und versuchte bewußt, nicht mehr hinzusehen.

Objektiv gesehen, hatte ich in der Tat ein paar Kilos zuviel an meinem Körper, aber trotzdem war er immer noch stark durchtrainiert. Da aber die anderen Frauen um mich herum gertenschlank und sowieso um einiges größer waren als ich, fiel ich mit meinen Einsvierundfünfzig, meinem muskulösen Körperbau und dem Übergewicht sehr auf. Dabei wollte ich einfach nicht wahrhaben, daß ich mit meinem robusten Körperbau niemals so graziös würde aussehen können, wie ich es mir für meine Wunschfigur vorstellte, die ich seit Jahren in meinem Gehirn mit mir herumtrug ...

Eins war klar: So wie ich war und mich sah, mochte ich mich nicht! Mein Häßlichkeitswahn ging sogar so weit, daß ich meinen Körper richtiggehend abstoßend fand. An den Schenkeln, am Hintern, im Gesicht – einfach überall konnte ich mich kneifen und meinen Speck in der Hand halten. Wieso konnte ich ihn nicht einfach abschneiden? Ich haßte alle meine weichen Stellen. Jedesmal, wenn ich über mich nachdachte, war mir zum Heulen zumute.

Sah ich meine Vorbilder, die Knochengestelle, neben mir herumhüpfen, spornte mich das zu Höchstleistungen an. Bei den Übungen machte ich das Maximum, und in der gleichen Zeit hüpfte ich einige Male mehr als die anderen, damit ich um so mehr Kalorien verbrennen könnte. So produzierte ich etliche Schweißperlen, machte tapfer jede Übung mit und kämpfte wie eine Irre, um meine überflüssigen Pfunde loszuwerden.

Nach der Aerobic-Stunde rann mir der Schweiß nur so runter, und ich war zum Umfallen erschöpft. Das hielt mich aber nicht davon ab, nach wenigen Erholungsminuten in den Kraftraum zu gehen und mich an den dortigen Trainingsgeräten zu quälen, indem ich Gewichte stemmte.

Doch mit der Zeit trieb mich die Wahnvorstellung vom Abnehmen und Kalorienverbrennen so weit, daß das Trainieren zu einer Zusatzsucht neben meiner Bulimie wurde, denn auch in diesem Bereich fiel ich wieder mal völlig ins Extrem.

Während des Krafttrainings sah ich mein ungeliebtes Spiegelbild vor mir, und das gab mir immense Kraft. Es trieb mich dazu, an einem Abend so viele Kalorien verbrennen zu wollen, daß ich am nächsten Tag schlank sein würde. Wenn ich mich im Spiegel sah, erreichte mein Haß gegen meinen Körper seinen Höhepunkt. Zusätzlich verinnerlichte ich dieses Bild und stellte es mir während des Trainings immer wieder vor.

Als ich dann schließlich das Fitneß-Center verließ, trieb mich meine krampfhafte Gier zu trainieren zusätzlich dazu, nach dem langen Training noch bis nach Hause zu rennen, um weiter sportlich tätig zu sein.

Als ich zu Hause ankam, waren Elizabeth und George bereits im Bett. Nachdem ich meinen Trainingsanzug ausgezogen hatte, ging ich ins Wohnzimmer, ließ mich total erschöpft aufs Sofa fallen und sah fern. Da über sechzig Fernsehkanäle rund um die Uhr Sendungen ausstrahlten, hatte ich nie Mühe, einen interessanten Film zu finden, der mich am Zubettgehen hinderte.

So machte ich es mir sehr bequem auf dem Sofa; ich

legte mich hin und stierte in die Glotze. Da ich im Gym wie wahnsinnig an mir gearbeitet hatte, gönnte ich mir jetzt diese Ruhepause. Und an diesem Punkt begann das Zusammenspiel zwischen meiner Trainingssucht und der Bulimie.

Nach einer Weile nämlich wurde es mir langweilig dabei, «nur» herumzuliegen und auf den Bildschirm zu starren. Ich brauchte eine Beschäftigung. Nach kurzem Überlegen entschied ich mich, in die Küche zu gehen und im Kühlschrank nach «netter Gesellschaft» zu suchen. Natürlich fand ich leckere Unterhaltung, denn George füllte den Kühlschrank samt Eisfach üblicherweise randvoll. Im Eisfach war fast immer sein Lieblingseis zu finden, dem ich selbstverständlich nicht widerstehen konnte ...

Den Schock, den ich im Gym beim Anblick meines Spiegelbildes erlitten hatte, verdrängte ich während der Kühlschrankinspektion meisterhaft. Jetzt wollte ich nur noch an das leckere Eis denken. Um die Kühlschranktüre nicht zu lange offen zu lassen, beschloß ich, gleich den ganzen Eiskübel aus dem Gefrierfach zu nehmen. Um nichts von meinem Film zu verpassen, eilte ich mit meiner Beute ins Wohnzimmer zurück.

Während ich genießerisch das Eis löffelte, meldete sich ein paarmal mein Gewissen und projizierte mir mein Spiegelbild vom Gym vor Augen. Doch in dem Moment war mir die Freude am Essen wichtiger als die Sorge, wie ich aussah.

Unglaublich, aber wahr: In kurzer Zeit hatte ich den ganzen Eiskübel leergefuttert. Aber meine Freßlust war noch immer nicht gestillt. Deshalb rannte ich erneut auf leisen Sohlen zum Kühlschrank und suchte mir noch etwas Feines aus. Die Wahl fiel auf ein Heidelbeerjoghurt.

Natürlich bekam ich von dem, was sich auf dem Bildschirm abspielte, nicht mehr viel mit. Doch das war jetzt nicht mehr so wichtig. Ich mußte jetzt einfach noch diesen

Becher Joghurt essen und löffelte ihn sogar in der Küche aus, damit ich schneller zu meinem Genuß kam. Danach stürmte ich die Vorratskammer und fraß, was mein Gaumen für genießbar hielt.

Nun war mir schlecht. Mein nächster Gang war deshalb mein Badezimmer. Dort pflegte ich zu tun, was ich in einem solchen Fall immer tat: Ich wurde alles Gegessene wieder los.

Kaum war ich fertig, fühlte ich mich wieder wohler, aber auch unheimlich leer. Und das nicht wegen meines geleerten Magens: Ich fühlte mich seelisch völlig ausgebrannt.

Erneut sah ich mein Spiegelbild vor mir, das mich beinahe wahnsinnig werden ließ; gleichzeitig mußte ich mir überlegen, was ich in meinem Freßwahn alles verschlungen hatte, damit ich am nächsten Tag alles Nötige wieder einkaufen konnte. Schließlich wollte ich dem Ehepaar Cooper nicht zumuten, daß es mein teures Hobby finanzierte.

Außerdem wollte ich nicht, daß George und Elizabeth erfuhren, wie extrem ich meiner Sucht verfallen war und um was für Unmengen an Eßwaren es bei meiner Brecherei ging. Daß sich der Inhalt des Kühlschranks ordentlich reduziert hatte, war noch halbwegs akzeptabel, aber daß dazu noch die Vorratskammer geplündert worden war, konnte ich den Coopers nicht offenbaren. Die vielen leeren Packungen, Becher und Schachteln versteckte ich unter meinem Bett, damit ich sie am nächsten Morgen ungesehen außer Haus entsorgen konnte.

Am Tag darauf bemerkten glücklicherweise weder Elizabeth noch George meine nächtliche Hamsterei. Bei meinem täglichen Spaziergang mit Sharon kaufte ich alles wieder ein, was ich am Abend vorher verzehrt hatte, und schleppte die Waren regelrecht nach Hause. In dieser Situation war es von Vorteil, daß Sharon mit ihren paar

Monaten nicht reden konnte. So bestand für mich nie die Gefahr, daß sie bei ihren Eltern etwas ausplaudern würde. Sie war die einzige regelmäßige Zeugin meines Treibens, aber eine stumme Zeugin.

Am selben Abend begab ich mich erneut ins Fitneß-Center. Von da an war ich praktisch jeden Abend dort. Im Anschluß an das Training geriet ich zu Hause sehr oft in das Fahrwasser Ausruhen-Essen-Erbrechen-Einkaufen, doch mit der Zeit wurde mir die Schlepperei am folgenden Tag doch zu mühselig. Vor allem mochte ich einfach nicht daran erinnert werden, was ich am vergangenen Tag alles (v)erbrochen hatte. So beschloß ich, mir meinen eigenen Vorrat anzulegen, den ich nach Belieben plündern konnte. Den Tag durch kaufte ich also ein, legte alles unter mein Bett, so daß niemand meine Fressalien sehen konnte, und stürzte mich nach meinem Training wie eine Verrückte darauf.

Mehrere Wochen besuchte ich bereits mein Gym und kämpfte tapfer im Workout (einer Art Konditionstraining) mit. Punkt 19 Uhr eilte ich nach getaner Babysitterarbeit in mein Zimmer, zog Trainingsanzug und Turnschuhe an und joggte Richtung Gym. Während um das Haus der Coopers herum angenehme Ruhe herrschte, wurde der Straßenlärm immer lauter, je näher ich dem Gym kam, denn es befand sich an einer stark befahrenen Straße. Bis ich ankam, war ich dann bereits warmgelaufen und bereit für mein Workout.

Obwohl dieses Gym das einzige in der näheren Umgebung war, kamen nur wenig neue Leute. Meist trainierte ich mit denselben fitneßwütigen Leuten zusammen. Langsam kam ich mit dem einen oder anderen ins Gespräch. Interessanterweise konnte ich nie richtig mit einer der Frauen reden. Zunächst irritierte mich das, und ich fragte mich oft nach dem Grund. Schließlich kam ich darauf, daß um Hollywood herum jede Frau Model oder

Schauspielerin werden wollte. Damit war natürlich jedes andere weibliche Wesen eine potentielle Konkurrentin, zu der man jeglichen Kontakt mied. So viele eingebildete Damen hatte ich noch nie an einem Fleck gesehen wie in dieser Stadt.

So blieb es dabei, daß ich nur mit Männern ins Gespräch kam, und nach wenigen Tagen nannten sie mich bereits «friend». Was ich jeweils die «typisch amerikanische Art der Oberflächlichkeit» nannte. Leider fruchtete meine Hoffnung nicht, zumindest *einen* echten Freund zu finden, mit dem ich meine Freizeit hätte verbringen können. So blieb ich, außer im Gym, weiterhin ohne größere Kontakte.

Trotz wochenlangem, sehr intensivem Training mußte ich eines Tages im Spiegel erkennen, daß ich optisch keinen Erfolg verzeichnen konnte. Im Gegenteil, es kam mir eher so vor, daß ich nun noch dicker war als zu Beginn meines Trainings! Verzweifelt überlegte ich, woher das nur kommen mochte, denn seit Wochen erbrach ich so ziemlich alles, was ich in den Mund steckte.

Da ich mir dieses Phänomen einfach nicht erklären konnte, ging ich zunächst noch vor wie geplant: Ich ging weiter in den Geräteraum und stemmte Gewichte. Dabei fand nicht nur ich es erstaunlich, wie viele Kilos ich heben konnte; auch meine «Freunde» fanden das eine echte Leistung.

Ich hatte Freude daran, meine Muskeln zu spüren. Irgendwie bekam ich in diesen Räumen eine enorme Kraft und ermüdete kaum. Fanatisch, wie ich war, stemmte ich noch mehr Gewichte, machte noch ein paar Übungen mehr und fand bald kein Ende mehr.

Dabei konnte ich mir unheimlich gut vorstellen, wie beliebt und begehrenswert ich sein würde, sobald ich mein erwünschtes Gewicht erreicht hätte. Alle würden mich bewundern, alle meine Probleme wären verschwunden, alle meine Minderwertigkeitsgefühle würde ich begraben können, und ich würde keinen Grund mehr haben, mich selbst zu hassen.

Ach, wie wäre das schön, wenn ich heute schon so wäre, dachte ich: perfekt. Allen Ernstes glaubte ich damals daran, dieses Wahnsinnsziel erreichen zu können, und ich tat alles, um ihm näher zu kommen. Doch dabei entfernte ich mich mehr und mehr von meinem Ziel. Das war die Realität! Aber die wollte ich noch nicht wahrhaben.

Eines Tages ging mir dann doch ein Licht auf. Plötzlich wußte ich, weshalb ich in meinem Turnzeug nicht schlanker wurde, sondern nur noch dicker und schwerer. Durch das Trainieren war ich noch viel muskulöser geworden, als ich zu Beginn schon war, und komischerweise lagen meine Fettpolster jetzt obenauf! Keineswegs sah ich jetzt wie eine hübsche, durchtrainierte Frau aus, sondern mit meinen ausgeprägten, stämmigen Muskeln wirkte ich eher wie ein Mann – oder gar wie ein Boxerhund!

Ich war unheimlich deprimiert darüber, nun ein Muskelpaket zu sein, und mußte mir eingestehen, daß bis jetzt jeder Schuß in Richtung meines Traumziels nach hinten losgegangen war. Wie oft hatte ich mir in meiner Phantasie vorgestellt, wie begehrenswert ich auf die Männerwelt wirken würde, sobald ich nur dünner wäre. Alles würde mir zufliegen ...

Sah ich mich jedoch im Spiegel, so überrollte mich die Realität. Ich fand mich dick und häßlich, und im Glauben daran hatte ich unbewußt alles getan, um auch wirklich so zu werden. Immer tiefer versank ich im Selbstmitleid und stopfte mich aus Frust weiter voll. Ich hatte keine Ahnung, wie ich aus dieser endlosen Spirale entfliehen konnte, und wußte mir keinen Rat.

Ausnahmsweise war ich am Abend des 30. September zu Hause und saß mit Elizabeth und George gemütlich vor dem Fernseher, als es auf einmal im Eßzimmer mächtig krachte und schepperte. Vor Schreck blieb uns dreien fast das Herz stehen. «Was war das? Einbrecher?!» fragten wir uns gegenseitig. George eilte ins Eßzimmer und rief uns zu: «Das Regal vom Glasschrank ist auf die teuren Gläser gefallen!» «O nein!» schrie Elizabeth entsetzt, sprang aus ihrem Sessel auf und raste zu George, und auch ich rannte hinterher, um die Bescherung anzusehen.

Wir konnten kaum glauben, was wir da sahen. Das Glasregal war wie von Geisterhand herabgefallen. Niemand hatte etwas daran gemacht. Elizabeth war außer sich. Ihre teuren Gläser waren hin, und keiner von uns konnte sich erklären, weshalb das Regal zusammengefallen war; es hatte doch bis jetzt gut gehalten. An Materialschwäche konnte es auch nicht liegen, denn dafür war der Glasschrank doch noch zu neu.

Elizabeth war den Tränen nahe. Einerseits trauerte sie um die schönen Gläser, andererseits ärgerte sie sich, weil es keinen erkennbaren Grund für die Abertausende von Scherben gab, die vor ihr am Boden verstreut lagen.

George war auch etwas durcheinander, sagte aber nicht viel, sondern fing an, den Scherbenhaufen wegzuräumen, und meinte dabei, daß man sowieso nichts mehr an der Situation ändern könne. Elizabeth und ich setzten uns wieder ins Wohnzimmer und spekulierten weiter über diese komische Sache, kamen aber auf keine Lösung. Allmählich wurde mir richtig unheimlich zumute.

Als George die Scherben weggeräumt hatte, kam er wieder ins Wohnzimmer und fing an, Schauermärchen zu erzählen: Vielleicht wolle ihn ja seine selige Großmutter erschrecken, weil er sie als Kind so geärgert hatte. Danach behauptete er, daß es Geister gewesen sein müßten, die uns vertreiben wollten. Elizabeth schüttelte nur den Kopf, sah ihren Mann an und meinte lakonisch: «Das ist typisch George!»

Nach Georges Sprüchen waren wir doch alle etwas gelöster. Wir sprachen nicht mehr über den Vorfall, sondern sahen weiter fern. Dennoch waren meine Gedanken immer noch bei den Glasscherben, und ich hatte ein komisches Gefühl.

Nach einer Weile zog ich es sogar vor, schlafen zu gehen, was so früh am Abend selten genug vorkam. Während ich mich ins Bett verkroch, erinnerte ich mich eher unbewußt, daß ich den ganzen Abend über die beiden Hauskatzen nirgends gesehen hatte. Ich dachte mir aber nichts weiter dabei und schlief bald ein.

Urplötzlich wurde ich aus dem Schlaf gerüttelt und wie wild hin- und hergeschaukelt. Als ich langsam zu mir kam, meinte ich, noch nicht sehr lange geschlafen zu haben. Gleichzeitig fand ich, daß Elizabeth mich ruhig auch etwas sanfter hätte wecken können als durch dieses starke Rütteln. Als ich endlich meine Augen öffnete, merkte ich nicht nur, daß es noch sehr früh morgens sein mußte, sondern auch, daß neben meinem Bett niemand stand. Das hieß, daß mich niemand wachgerüttelt hatte!

Ich wußte gar nicht, wie mir geschah, als alles erneut so stark zu schwanken begann, daß ich glaubte, völlig betrunken zu sein. Kurze Zeit später stand Elizabeth im Nachthemd mit verzweifeltem Gesichtsausdruck neben meinem Bett und redete hektisch auf mich ein: «Claudia, get up! An earthquake!»

Verwirrt starrte ich sie an und war die verschlafene Ruhe selbst. Schon rannte sie aus dem Zimmer und rief erneut, daß ich aufstehen sollte; weshalb, verstand ich auch diesmal nicht. Die Vokabel «earthquake» war bei mir noch nicht gespeichert. Doch da sie weiter verzweifelt nach mir rief, stand ich auf. Ich brauchte noch ein paar Sekunden, bis ich endlich begriff, daß ich mich inmitten eines starken Erdbebens befand!

«Mann, ist das aufregend!» sagte ich zu mir selbst. Das

Schaukeln fand ich super, denn so etwas hatte ich noch nie erlebt. Ein so starkes Beben hatte es, seit ich auf der Welt war, in der Schweiz nie gegeben.

Durch das gewaltige Schwanken konnte ich nicht geradeaus gehen. Wie in einem Schiff auf stürmischer See wurde ich hin- und hergeschaukelt, bis ich es doch noch bis zu meiner Zimmertür schaffte. Von dort aus sah ich Elizabeth mit Sharon im Arm im Türrahmen des Wohnzimmers stehen. Ich versuchte, auf sie zuzutorkeln, als sie wieder anfing, mir etwas Unverständliches zuzurufen. Mit entsetzten Blicken schaute sie mir zu, wie ich mühsam versuchte, zu ihr zu gelangen. Als ich nach einigen Schlenkern doch noch den Weg zu ihr fand, wurde sie etwas ruhiger.

Plötzlich fiel mir auf, daß George nirgendwo zu sehen war. Elizabeth berichtete mir aufgeregt, er sei schon am frühen Morgen mit seinem Nachbarn fliegen gegangen, um Fotos zu schießen.

Kaum hatte Elizabeth zu Ende gesprochen, als es auf einmal ganz still wurde. Das Schütteln hatte aufgehört. Noch immer stand ich im Schlafanzug neben Elizabeth und Sharon und grinste die beiden an. Mir hatte das alles richtig gefallen und Spaß gemacht.

Gerade als ich fragen wollte, ob ich vom Türrahmen wegdürfte, schwankte der Boden erneut, nur nicht mehr ganz so heftig. Dann warteten wir einen Moment, und Elizabeth meinte, nun sei das Beben wahrscheinlich vorüber.

Sofort eilte sie zum Fernseher. Ich wunderte mich darüber, daß sie ausgerechnet jetzt Lust hatte fernzusehen! Doch Elizabeth wollte sich in den Nachrichten informieren, ob mit weiteren Nachbeben zu rechnen sei.

Schon bald wurde über das Erdbeben berichtet, und wir erfuhren, daß wir soeben ein Beben der Stärke 6,1 auf der Richterskala erlebt hatten. Reichlich unbedarft erzählte ich

Elizabeth, wie aufregend ich dieses Erlebnis gefunden hatte und daß ich keinen Moment irgendwelche Angst verspürt hatte.

Elizabeth informierte mich dann über die Hintergründe.

Das Beben war daher gekommen, daß die gefürchtete Sankt-Andreas-Spalte, die durch den ganzen kalifornischen Bundesstaat verläuft und die Menschen immer wieder in Angst und Schrecken versetzt, sich wieder gerührt hatte. Dieses Beben war alles andere als harmlos gewesen und hatte unter Umständen Tote gefordert.

Als ich mir das genauer überlegte, wurde mir ganz anders. Nicht eine Sekunde lang hatte ich daran gedacht, daß das Beben für mich oder für jemand anders hätte gefährlich sein können. Im nachhinein war ich sogar froh, daß ich das alles vorher nicht gewußt hatte, sonst hätte ich vermutlich nicht so gelassen reagiert ...

Die verschiedensten Nachrichtensender berichteten nun über unser Erdbeben. Nach einiger Zeit zeigte man die ersten Bilder und konnte abschätzen, wie viele Tote es gegeben und welche Schäden das Beben angerichtet hatte.

Als sich Elizabeth etwas von dem Schreck erholt hatte, legte sie Sharon wieder schlafen und ging im Haus umher, um zu sehen, ob es Schäden gab. Schnell stellte sie fest, daß die große, massive Haustür aus Holz einen gewaltigen Riß hatte, obwohl sie mehr als zehn Zentimeter dick war! Ich staunte. Außerdem war in unserem Wohnzimmer ein Fensterglas gesprungen.

Als ich aus diesem Fenster schaute, sah ich, daß ein Baum quer über die Straße gestürzt war und direkt auf einem geparkten Auto lag! Dieses Auto war jetzt nur noch halb so hoch wie vorher! Bei diesem Anblick wurde mir bewußt, daß wir mit zwei Sprüngen in Tür und Fenster sehr glimpflich davongekommen waren.

Ans Schlafen war nicht mehr zu denken, deshalb zogen

wir uns an. Auf einmal tauchten auch unsere beiden Hauskatzen wieder auf. Offensichtlich hatten sie schon einen Tag vorher gespürt, daß sich ein Erdbeben anbahnte, und sich irgendwo im Haus versteckt. Nun mußte das Beben wohl vorerst vorbei sein, denn sonst wären die beiden Miezen sicher nicht aus ihren Verstecken gekrochen.

Wenige Stunden später kam George nach Hause und war sehr erleichtert, daß uns nichts geschehen war. Er hatte das Erdbeben von einer Cessna aus fotografiert. Zuerst hatte er allerdings auch keine Ahnung gehabt, was los war, als er sah, wie über eine lange Strecke hinweg eine riesige Staubwolke aufwärts stob. Als er später auf die Autobahn sehen konnte und dort während der morgendlichen Hauptverkehrszeit nicht einen einzigen Wagen erblickte, wußte er, daß etwas passiert war. Kaum waren er und sein Nachbar gelandet, klärte man sie über den Verlauf der Dinge auf, und sie beeilten sich, zu ihren Familien zu kommen.

Nach den vielen Berichten und Informationen wollte ich nun selbst auskundschaften, was in unserer näheren Umgebung alles geschehen war. Zunächst schaute ich mir den umgestürzten Baum und das zerquetschte Auto näher an. Auch sonst sah alles recht verwüstet aus. Unmengen von Blättern, Sträuchern und Ästen lagen überall in der Gegend herum.

Wasser überschwemmte die Straßen; vermutlich waren Leitungen gebrochen. Eigentlich gab es für abfließendes Wasser genug Schächte. Aber da die Leute diese Schächte immer als Abfalleimer benutzten, waren sie nun völlig verstopft. Da immer mehr Wasser auf den Straßen floß, brach ich meinen Entdeckungsgang erst einmal ab und ging nach Hause.

Gedanklich ließ mich das Erdbeben nicht los. Irgendwie fand ich es verrückterweise toll, daß ich ausgerechnet zu der Zeit in Los Angeles lebte, als so ein großes Erdbeben die Stadt erschütterte. Noch mehrere Tage lang waren die Zeitungen und Zeitschriften voll von Berichten über die Todesopfer und die eingestürzten Häuser rund um das Epizentrum. Im «Life Magazine» erschien auf einer Doppelseite auch Georges Flugzeugaufnahme vom Beben, worauf er sehr stolz war.

Ein weiteres Bild vom Erdbeben erhielt ich vierzehn Tage später von Werner. Er hatte es aus einer Schweizer Tageszeitung ausgeschnitten.

Ein paar Tage danach bekam ich auch Post von Paps. Diesmal kam ein großer, schwerer Briefumschlag. Ich war sehr neugierig, was wohl darin sein würde. Sofort öffnete ich den Umschlag, und es kamen einige Bilder zum Vorschein: Hochzeitsbilder von Paps und Margrit. Aha, dachte ich, nun haben sie geheiratet. Einerseits freute ich mich über die prima Bilder. Andererseits wurde ich etwas traurig, denn Paps hatte kurz vor meiner Abreise angedeutet, daß die beiden wahrscheinlich im Dezember heiraten würden. Ich hatte ihn gebeten, doch zu warten, bis ich wieder zurück sei, aber er hatte darauf nur ein «Mal sehen» erwidert.

Je länger ich die sehr gelungenen Bilder ansah, desto weniger verstand ich, weshalb Paps und Margrit nicht bis zu meiner Rückkehr gewartet hatten. Sie hatten ihren Termin sogar in den Oktober vorverlegt. Ich konnte mir keine vernünftige Antwort darauf geben, weshalb sie mit dem Heiraten so eilig gehabt hatten. Sie hätten wirklich auf mich warten können, anstatt mich vor vollendete Tatsachen zu stellen!

«Schließlich ist es *ihr* Leben, und sie können machen, was sie wollen», versuchte ich mich zu trösten. Ich bemühte mich, mich nicht aus der Familie ausgeschlossen zu fühlen. Ich konnte ja sowieso nichts mehr ändern und mußte mir gleichzeitig eigentlich eingestehen, daß Paps auch schon etliche Male von seiner Familie vor vollendete Tatsachen gestellt worden war.

Trotz all der aufregenden Ereignisse blieben meine Süchte und mein ganzes seelisches Durcheinander unverändert. Auf der Suche nach Trost und Hilfe entdeckte ich die Musik. Zu Hause hörte ich viel Radio, und durch den Sender «New Wave» hatte ich die New-Age-Musik entdeckt, die dort tagein, tagaus gespielt wurde. Diese melodiösen Klänge mit ihrem Hauch von Space und Außerirdischem brachten mich schnell zum Träumen. Außerdem konnte man mit diesen beruhigenden Tönen sehr gut in sich gehen und meditieren; das Gute in sich suchen, wie es immer hieß.

An Samstagen durchstöberte ich häufig alle möglichen Musikläden. Weil mich die New-Age-Musik so erbaute, kaufte ich mir etliche CDs dieser Stilrichtung. Dazu hatte ich mir einen tragbaren CD-Player zugelegt und konnte so meine Lieblingsmusik ständig mit mir herumtragen. Das genoß ich sehr.

Weil ich nach Orientierung und Halt suchte, fand ich das «In-mich-Einkehren» höchst interessant. Ich erhoffte mir eine Antwort auf die Fragen, weshalb ich überhaupt da war, wieso ich bis jetzt so erbarmungswürdig gelebt hatte und weshalb es mir einfach nicht gelang, mich unter Kontrolle zu bringen. Ich wünschte mir, mich selbst lieben und akzeptieren zu lernen, wie ich war. Doch das geschah keineswegs.

Je tiefer ich «in mich» ging, mich mit New Age befaßte, meditierte und beruhigende Klänge über mich rieseln ließ, desto schwärzer wurde es in mir und desto erbärmlicher kam ich mir vor. Nicht nur, daß die ganze Sache nichts brachte; das Zeugs belastete mich im Grunde mehr, als es mir half. Und meine Sucht ging damit schon gar nicht weg.

Fressen und Erbrechen, sogar auf Hawaii

Der Winter zog ins Land. Mir schien die Zeit immer schneller dahinzurasen. Ich mußte mir jetzt bewußtmachen, daß ich nur noch drei Monate in Amerika bleiben durfte und danach in die Schweiz zurück mußte. Wenn ich nur schon an die Rückreise dachte, wurde mir elend. Ich bekam regelrecht Angst. Die Schweiz war mir nach neun Monaten fremd geworden. Ich war davon überzeugt, daß sich dort einiges verändert hatte.

Außerdem glaubte ich zu wissen, daß mich niemand wirklich erwartete; nahe Freunde hatte ich schon länger nicht mehr. Mir war auch nicht klar, wie sich die Familiensituation bei Paps entwickelt hatte. Er schrieb mir zwar, wie er und «seine neue Familie» ihr gemeinsames Leben gestalteten, doch ich konnte meinen Platz in dieser Gemeinschaft nicht sehen. Ich konnte mir einfach nicht vorstellen, da hineinzupassen.

Am liebsten wäre ich in «meinem Amerika» geblieben, wo es mir so gut gefiel. Leider stand mein Rückflugtag fest, denn mein Ticket war genau ein Jahr gültig, keinen Tag länger. Abgesehen davon, daß meine Aufenthaltsbewilligung ablief, konnte ich es mir nicht leisten, das Ticket einfach verfallen zu lassen und später ein neues zu kaufen.

Eine Möglichkeit, im Land zu bleiben, gab es, wie mir von verschiedenen Seiten gesagt wurde: Ich müßte nur einen Amerikaner heiraten! Das täten viele, und dann könnte ich hierbleiben. Diesen Ausweg ließ ich von vornherein außer acht, denn ich wollte mich auf keinen Fall irgend jemandem vor die Füße werfen, um geheiratet zu werden – nur um in Amerika bleiben zu können. Dazu war ich mir zu schade! Entweder ich würde aus Liebe heiraten oder dann darauf verzichten. Das waren meine Grundsätze, und an die wollte ich mich halten.

Da mir in den letzten Monaten sowieso nicht viele Menschen über den Weg gelaufen waren – und schon gar nicht mein Traummann –, sprachen alle Anzeichen dafür, daß mein Rückflug unausweichlich näher rückte. Diese Aussicht, verbunden mit meiner gräßlichen Angst, von niemandem in der Schweiz erwartet zu werden, brachte mich dazu, noch mehr als bisher wie ein Idiot zu fressen.

Ich sah nur einen Weg, um mir Luft zu verschaffen: Was ich irgend in mich hineinstopfen konnte, fraß ich in mich hinein; ich erbrach und fraß, fraß und erbrach. Es war unbeschreiblich katastrophal! Mittlerweile mußte ich mein Leben so beschreiben: Neben meiner fast pausenlosen Fresserei und Brecherei arbeitete ich so nebenher als Au-pair!

Eine «Henkersmahlzeit» wollte ich mir vor meiner unausweichlichen Rückkehr in die Schweiz noch gönnen: Die letzten vier Wochen wollte ich herumreisen und so «mein Amerika» noch einmal in vollen Zügen genießen. Auf jeden Fall wollte ich mindestens eine der Hawaii-Inseln kennenlernen; den Rest der Zeit wollte ich der Goldküste entlang durch ganz Kalifornien reisen. Damit ich nicht alleine unterwegs sein mußte, schrieb ich ein paar entfernte Freundinnen in der Schweiz an, ob sie nicht mitkommen wollten.

Glücklicherweise fanden sich wirklich zwei, und alles ließ sich perfekt arrangieren. Fränzi, meine ehemalige Schulbanknachbarin aus der Berufsschule, wollte drei Wochen mit mir durch Kalifornien reisen, und Gaby, Praktikantin und Leidensgenossin aus der Bank, war begeistert von meinem Vorschlag, gemeinsam nach Hawaii zu fliegen. Ich freute mich unheimlich auf die Abenteuerreise; andererseits mochte ich nicht an den Tag danach denken, an dem ich wirklich im Flugzeug Richtung Schweiz sitzen würde.

Meine Tagesabläufe waren im großen und ganzen unverändert, nur daß zu meiner Brecherei jetzt auch noch eine richtige Freßsucht gekommen war. Das hieß, das ich nur noch erbrach, wenn mein Magen wirklich zum Platzen voll war, und nicht, um auf jeden Fall möglichst schnell alle Kalorien wieder loszuwerden. So stopfte ich mich immer öfter bis zu einem gewissen Grad voll, ohne mich um die Folgen zu kümmern. Dadurch nahm ich natürlich extrem schnell und auffallend viel zu; mehr und immer mehr ... Von dem Moment an, als mir klar war, wie nahe der Rückreisetermin schon war, fraß ich mich fast zugrunde.

Obwohl ich noch immer praktisch jeden Abend ins Gym ging und mich jedesmal im Spiegel ansehen mußte, warf mich das nicht mehr vom Hocker; ich hatte mich an mein Ebenbild gewöhnt. Nur daß meine Kleider mir nicht mehr paßten, ärgerte mich, denn ich mußte mir eine neue Garderobe zulegen.

Im nächsten Laden kaufte ich mir Pluderhosen und weite Röcke mit Gummizug, damit ich genügend Spielraum hatte und länger in diese Kleider hineinpassen würde. So konnte ich zwar nicht mehr richtig feststellen, wieviel ich zunahm, doch das störte mich nicht wirklich. Ich fraß meine Angst und meinen Frust in mich hinein, weil ich um keinen Preis zurück wollte. Doch die Zeit sprach gegen mich.

Elizabeth und George stellten sehr schnell fest, daß ich tatsächlich in kurzer Zeit einiges zugenommen hatte. Sie versuchten mich zu trösten, indem sie sagten, daß alle Aupair-Mädchen in Amerika wegen der veränderten Ernährungsweise zunähmen. Sie waren davon überzeugt, daß ich zu Hause sehr schnell meine Kilos wieder loswerden würde.

Ihre Anteilnahme rührte mich, doch ich wußte, daß die Sache in meinem Fall nicht so einfach war wie bei den meisten anderen. Ich hatte keine guten Chancen fürs Abnehmen, da ich stark eß- und brechsüchtig war und außerdem Angst hatte, bald wieder alleine auf der Welt zu sein, ohne einen Menschen, der mich liebte und mich wirklich brauchte.

Noch konnte ich für Sharon dasein, aber in wenigen Wochen schon würde ich sie nicht mehr haben und liebkosen können. Es ist doch alles ein Riesenmist, sagte ich oft zu mir selbst, hörte im Bett mit Kopfhörern meine New-Age-Musik und weinte mich in den Schlaf.

Stundenlang zog ich die Sphärenklänge in mich hinein und versuchte positive Gedanken in mich hineinzuprojizieren. Trotzdem änderte sich meine Laune nicht; meine Leckmich-Stimmung war auch durch diese Musik nicht zu vertreiben.

In meinem Frust war ich bereits soweit, daß ich mich jeden Abend von Kopf bis Fuß eincremte. Ich kaufte eine Familienpackung Körpercreme und stellte sie neben mein Bett. Bevor ich mich schlafen legte, fing ich an, mein Gesicht sorgsam einzubalsamieren, dann den Hals und den Rest des Körpers bis hin zu den Füßen. Damit verpaßte ich mir selbst die Streicheleinheiten, die ich so dringend nötig hatte. Meine seelische Verlassenheit ging dabei zwar nicht weg, doch die Massage mit der Creme linderte zumindest für kurze Zeit den unsagbaren Schmerz ein wenig.

Schon war der Tag da, an dem George und ich meine Freundin Gaby vom Flughafen abholten. Gaby und ich strahlten uns an, denn wir freuten uns auf unseren Hawaii-Flug. Bereits am nächsten Morgen startete unser Flieger. Unser erstes Ziel war die Insel Maui.

Als wir aus dem Flugzeug stiegen, schlug uns derartig warme Luft entgegen, daß mir kurz der Atem stockte. Die Sonne schien uns ins Gesicht. Hawaii-Mädchen kamen uns entgegen und legten jedem Passagier einen Blumenkranz um den Hals.

Einen Moment blieb ich mitten auf dem Weg stehen und schaute mich um. Die Landschaft, die ich sah, entsprach meiner Vorstellung von einem Paradies! Die Freiheit, die ich in der Luft zu «riechen» glaubte, brachte mich einen Augenblick lang zum Träumen. So etwas Harmonisches hatte ich noch nie erlebt.

Doch jetzt galt es, die Servicestelle zu finden, wo wir unser Mietauto entgegennehmen konnten. Schon von weitem sah man eine lange Menschenschlange, und unsere Befürchtung, daß ausgerechnet dies unsere Stelle war, bestätigte sich. So stellten wir uns erst mal hinten an und warteten geduldig.

Hier wurde uns bald klar, daß die ganze Insel vom Tourismusgeschäft lebte, und der Anblick der Schlange verdarb mir den wundervollen Eindruck von vorher schon etwas. Ich nutzte die Wartezeit, um die Leute um mich herum zu beobachten. Es fiel mir auf, daß den Touristen förmlich das Geld aus der Tasche gezogen wurde. Für jede Kleinigkeit mußte bezahlt werden.

Endlich hatten wir alle Formalitäten erledigt und unser Auto erhalten. Nun konnte unsere Reise losgehen! Als nächstes suchten wir unser Hotel, das wir erst nach langem Herumfahren und -fragen fanden.

In unserem Zimmer ließen wir uns auf die Betten fallen und erholten uns erst mal von all dem Streß. Über den Betten hing ein Ventilator, der sich drehte und uns in angenehmer Geschwindigkeit den Kopf kühlte. In dieser bequemen Position berieten wir die Reisepläne für die nächsten paar Tage. Sobald wir uns einig waren, standen wir wieder auf, stiegen in unser Auto, fuhren drauflos und ließen uns nieder, wo es uns gerade gefiel.

Morgens starteten wir jeweils sehr früh. Wir suchten das Abenteuer und meldeten uns überall an, wo wir glaubten, es zu finden; auf das Geld achteten wir nicht. Wir gaben es mit vollen Händen aus, und das war auch nicht schwer, denn jeder Handstreich kostete etwas. So schrieben wir uns ein, um im Meer schnorcheln zu können; betrieben «Skydiving», mieteten Wassermotorräder und kauften Gold- und Perlenschmuck.

Am Abend ließen wir uns müde in die Betten fallen, um für den nächsten Tag gewappnet zu sein. Meist stand ich noch einmal auf, um auf der Toilette meine gewohnten Brechübungen zu machen, während Gaby bereits schlief.

In vier Tagen versuchten wir, soviel wie möglich zu erleben. Diese Tage waren herrlich und die Menschen um uns herum alle so gut gelaunt. Noch nie hatte ich bei so vielen Menschen eine so dauerhafte Freudenstimmung verspürt wie in Maui.

Auch das «Postkartenwetter» erfreute mein Herz. Nicht nur der Himmel strahlte in kitschigem Blau, auch das Meer zeigte sich in diesem Farbton. Die Landschaft prahlte in saftigem Grün, und überall blühten Blumen.

Leider vergingen die paar Tage viel zu schnell, und schon saßen wir wieder im Flieger, um auf die größte Insel zu fliegen: nach Hawaii. Die Landschaft dort bot ein völlig anderes Bild. Nichts mehr von saftigem Grün und Blumen. Die ganze Landschaft war hügelig und Ton in Ton grau, fast schwarz. Man konnte gut sehen, daß die Insel durch Lavagestein entstanden und geformt worden war. Sie glich einer schlecht geteerten Fläche. Zwar fehlte hier die paradiesische Atmosphäre von Maui, aber auch das Gesamtbild von Hawaii fand ich sehr beeindruckend.

Unsere Abenteuerlust war ungebrochen. Ein Ortskundiger führte uns mit einer Reisegruppe in die Nähe eines Vulkans, der noch brodelte und ständig seine glühende Lavamasse ins Meer fließen ließ. Leider sah man nur den enormen Dampf, der aus dem Meer stieg, doch es war faszinierend. Ich konnte kaum glauben, wie heiß die Luft war, die uns da entgegenkam, obwohl wir ein ganzes

Stück vom eigentlichen Geschehen entfernt waren! Das ganze Gebiet um den Vulkan war weit abgesperrt, doch wir hätten ja schon allein wegen der Hitze nicht näher herangekonnt.

Noch am selben Tag besuchten wir abends ein Fest, das für die Touristen veranstaltet wurde. Natürlich kostete auch das viel Geld: Einheimische tanzten in ihren Hula-Hoop-Röcken, und die Kochmannschaft servierte uns im Laufe des Abends typisch hawaiische Gerichte. Die ganze Menschenmenge war gut gelaunt und die Stimmung herrlich!

Auch der letzte Tag verflog mit entsetzlichem Tempo. Gaby flog nach San Diego zu ihrer Tante, und ich mußte die Rückreise nach Los Angeles antreten.

Nun hatte ich nur noch eine Galgenfrist von drei Wochen bis zu meiner Rückreise in die Schweiz. Diese wenigen Wochen wollte ich mit Fränzi zusammen quer durch Kalifornien reisen.

Die Wiedersehensfreude war riesig. Kaum hatte Fränzi Luft geholt, als ich sie schon fragte, was es an Neuigkeiten aus der Schweiz zu berichten gab. Mächtig aufgeregt erzählte sie mir erst mal, wie ihr Flug verlaufen war; auch für sie war es der erste Flug gewesen, und sie war sehr gespannt, wie das «große Amerika» in Wirklichkeit war. Plappernd und kichernd gingen wir auf George zu, und ich machte die beiden miteinander bekannt.

Zu Hause bei den Coopers zeigte ich Fränzi die geplante Route. Sofort waren wir uns einig. Schon am nächsten Tag wollten wir gleich dem Meer entlang Richtung San Francisco losfahren.

Früh am anderen Morgen verabschiedeten wir uns von der Familie Cooper und fuhren einfach drauflos. Wir hatten beschlossen, jeden Tag so weit zu fahren, wie wir Lust hatten, und dort anzuhalten, wo es uns gerade gefiel.

Schon am ersten Tag lachte uns die Sonne entgegen und wärmte uns. Was für ein Urlaubsbeginn!

Es stellte sich heraus, daß Fränzi und ich prächtig miteinander auskamen. Den ganzen Tag durch machten wir hier eine kleine Pause und da wieder einen kleinen Halt, betrachteten diese und jene Sehenswürdigkeit und fuhren danach weiter. Gegen Abend suchten wir uns ein billiges Motel.

Die folgenden Tage verliefen ganz ähnlich – bis wir in der Zeitung ein Inserat über Fallschirmspringen entdeckten. Wir sahen uns an und wußten: Das müssen wir einfach auch mal erleben! Schon am nächsten Tag suchten wir den Weg zu dem Flugplatz, der in der Anzeige angegeben worden war, und fanden uns in wüstenähnlichem Gebiet wieder. Der Flugplatz, der übrigens winzig war, lag weit abseits von bewohntem Gebiet. Er schien etwas verlottert und verlassen, und erst nach längerem Suchen entdeckten wir jemanden, der uns sagen konnte, wo wir uns für das Fallschirmspringen anmelden konnten. Schließlich fanden wir auch die richtige Anlaufstelle und ließen uns für den kommenden Tag registrieren.

Nun mußten wir noch ein Nachtlager suchen. Das war gar nicht so einfach, denn außer viel Staub und trockener Luft gab es hier nicht sehr viel. So fuhren wir etliche Kilometer zurück, stiegen im nächstbesten Motel ab und kundschafteten noch ein wenig die Gegend aus, bis wir am Abend etwas aufgeregt unsere Betten aufsuchten und einschliefen.

Wie abgemacht erschienen wir früh am nächsten Morgen auf dem Flugplatz. Henry, ein erfahrener Fallschirmspringer, gab uns und ein paar anderen Interessenten den ganzen Morgen Theorieunterricht. Im Anschluß daran mußten wir auf einer Trainingsstrecke einige praktische Übungen absolvieren.

Mit der Zeit gaben allerdings unsere Mitstreiter allesamt auf, so daß am Schluß Fränzi und ich die einzigen waren, die wirklich springen wollten. Doch das kümmerte uns wenig. Voller Freude erfuhren wir, daß wir alle Tests bestanden hatten und nun fliegen durften!

Als nächstes wurden wir mit Fallschirm, Helm, Funkgerät und allem anderen Notwendigen ausgestattet, besser gesagt, behängt. Vollbepackt und schwer beladen, wackelten wir in Reih und Glied «den Profis» hinterher, direkt in ein kleines Flugzeug hinein, das mir sehr, sehr alt erschien.

Unsere Reißleinen wurden am Flugzeug befestigt, dann startete der Motor, und ein unheimlich lautes Dröhnen durchdrang mein Ohr. Als ich auf meinem Sitz neben den Profis saß und Fränzi neben mir sah, pochte mein Herz auf einmal wie wild. Aufgeregt dachte ich darüber nach, was jetzt alles mit mir geschehen konnte! Ich freute mich ja riesig auf meinen Fallschirmflug – aber andererseits hatte ich einen Riesenbammel!

Schneller, als mir lieb war, erreichte das Flugzeug die richtige Höhe. Ehrlich gesagt hätte ich jetzt am liebsten gekniffen und wäre bis zur sicheren Landung in der Maschine sitzengeblieben. Das sagte ich den anderen auch, doch die grinsten mich nur an und meinten, daß ihnen dieser Vorschlag schon von manch anderem gemacht worden sei. Doch das ließen sie nicht gelten!

Die Seitentür des Flugzeugs wurde geöffnet, und die Profis sprangen, einer nach dem andern, hinunter in die Tiefe. Nur Henry, Fränzi und ich blieben übrig.

Nun war Fränzi dran. Henry erklärte uns noch einmal kurz, worauf wir achten sollten. Danach ging Fränzi in Richtung Tür, und unser Lehrer gab ihr einen leichten Schubs. Ich schaute ihr nach und sah, daß sie wie ein Pfeil in die Tiefe schoß.

Nach kurzer Zeit konnte ich erkennen, daß ihr Fallschirm sich öffnete. Da fühlte ich mich gleich wesentlich wohler – bis Henry sagte, daß ich nun dran sei! Zum Glück hatte ich nicht mal mehr Zeit, nervös zu werden. Schon stand ich an der Türe, wurde auch geschubst, machte die einstudierten Körperbewegungen und wußte danach nicht, wie mir geschah, bis ich den ersehnten Ruck am Rücken verspürte und der Fallschirm sich zu öffnen begann.

Für Bruchteile von Sekunden mußte wohl mein Gedächtnis ausgefallen sein, denn ich konnte mich beim besten Willen nicht erinnern, was ich in den Momenten zwischen dem Sprung aus dem Flieger und dem Ruck am Rücken erlebt hatte.

Jetzt war ich aber erst mal überglücklich, weil sich mein Fallschirm geöffnet hatte. Ich schaute in die Höhe, um zu sehen, ob sich das Fallschirmtuch richtig enfaltete. Da merkte ich, daß sich die Schnüre etwas verheddert hatten, doch nach ein paar bangen Augenblicken löste sich das Durcheinander, Gott sei Dank, von selbst.

Kaum daß der Fallschirm ganz geöffnet war, riß es mich mit einem kräftigen Ruck etliche Meter nach oben, bis ich auf einmal wie eine Feder in der Luft anfing zu gleiten. Mein freier Fall war gestoppt und der Spuk vorbei.

Die ruhige, gemütliche Phase hatte begonnen. Jetzt konnte ich seelenruhig aus der Vogelperspektive die Landschaft über Kilometer hinweg betrachten. Das war wahrlich das Tollste, was ich je in meinem Leben erfahren hatte. Ich fühlte mich frei wie ein Vogel!

Als ich so in den Seilen baumelte und den Anblick der Landschaft in mich einsog, versuchte ich erneut, mir in Erinnerung zu rufen, was ich nach meinem Sprung aus dem Flugzeug gesehen hatte. So sehr ich mich anstrengte, in meinem Gedächtnis fand ich keine Bilder; sie schienen wie ausradiert. Es erschreckte mich, daß ich mich in jenem Augenblick offenbar nicht unter Kontrolle gehabt hatte. Aber das hielt mich nicht davon ab, jetzt die Landschaft weiter zu genießen.

Seit ein paar Minuten flog ich bereits in der Luft. Bald traute ich mich, ein wenig an den Seilen zu ziehen und sie wieder loszulassen, um den Fallschirm zu steuern. Nachdem ich eine Weile gespielt hatte, fiel mir auf, daß Fränzi nirgends mehr zu sehen war; weder in der Luft noch am Landepunkt.

An meinen «Hosenträgern» war ein Funkgerät befestigt, durch das ich ständig mit meinem Helfer am Boden, der mich notfalls instruieren sollte, in Kontakt stand. Erfreulicherweise war er mit dem, was ich bisher in der Luft fabriziert hatte, zufrieden.

Viel zu bald kam ich dem Boden näher. Ich suchte den Landepunkt, mußte aber feststellen, daß mich der Wind abgetrieben hatte. Jetzt mußte ich, wie wir es in der Theorie besprochen hatten, meinen Fallschirm erst wieder in die richtige Richtung lenken, damit ich überhaupt am Ziel ankommen konnte. Irgendwie schaffte ich es zu meinem Erstaunen sogar, den richtigen Kurs wiederzugewinnen.

Nun waren es nur noch wenige Sekunden bis zum Aufprall. Die Erde kam immer näher, und schon landete ich mit beiden Füßen auf dem Boden. Doch ehe sich das Fallschirmtuch dort ausbreiten konnte, wurde es von einem Windstoß erfaßt, füllte sich erneut mit Luft und zog mich mit einem gewaltigen Ruck nach hinten, so daß ich doch noch recht unsanft auf meiner Sitzfläche landete.

«Geschafft!» rief ich erfreut, während der Bodenleiter und die «altbekannten» Profis zu mir eilten und mir zu meiner Landung gratulierten.

Kaum hatten sie mir beim Aufstehen geholfen, wollte ich wissen, wo Fränzi war. Sie grinsten und meinten, daß die anderen bereits mit dem Jeep unterwegs seien, um sie zu holen. Sie sei weit abgetrieben worden.

Nach wenigen Minuten kam der Jeep zurück. Wir wurden aufgeladen und zum Flughafen gefahren. Als ich Fränzi wiedersah, erzählte sie mir gleich mit verschmitztem Lächeln: «Wir sind hier zwar in einer Art Wüstengebiet, aber ich habe es doch tatsächlich geschafft, auf dem einzigen vorhandenen stacheligen Strauch zu landen, den es gab! Und jetzt tut mir der Hintern weh!» Worauf wir beide uns wie kleine Kinder fast kaputtlachten.

Am Flughafen wurden wir scherzhaft gefragt, ob wir noch einmal fliegen wollten. Alles war erstaunt, als wir einstimmig ja sagten! Und wir durften sogar noch einmal mit, da gerade noch eine Gruppe starten wollte.

Diesmal nahm ich mir vor, mich besonders auf den Augenblick nach dem Fall aus dem Flugzeug zu konzentrieren, um zu wissen, was ich da erlebte. Es gelang mir wieder nicht! Kaum ruckte es an meinem Rücken, mußte ich mir eingestehen, daß ich schon wieder keine Ahnung hatte, was ich kurz zuvor erlebt hatte.

Der Fall, das Spielen mit der Lenkung und die Landung klappten recht gut, und ich fühlte mich bereits etwas erfahren. Eins war jedenfalls klar: Beim Wort «Fallschirmspringen» würden Fränzi und ich ab jetzt immer begeistert sein!

Wir fuhren zum Flughafen zurück, erschöpft, aber überglücklich. Nachdem wir uns eine Weile im Flugzeugareal ausgeruht hatten, kehrten wir mit unserem Auto in unser Motel zurück und plauderten den ganzen Abend über diesen «beflügelten» Tag in der Luft.

Fränzi und ich verbrachten eine wundervolle Zeit miteinander. Interessanterweise hatte ich überhaupt keine Scheu davor, ihr von meiner Brecherei zu erzählen. Das hatte einen riesigen Vorteil: Ich mußte mich vor ihr nicht verstecken. Wahrscheinlich wäre es auch gar nicht anders gegangen, da wir so viele Tage auf engem Raum miteinander lebten.

Leider konnte ich mich keinen Tag beherrschen. Dauernd mußte ich ein Örtchen für mein Bedürfnis finden. In der Zwischenzeit ging Fränzi entweder ein wenig spazieren oder sie wartete geduldig auf mich, bis ich auf irgendeiner Toilette erbrochen hatte und wieder angelaufen kam. Es kam auch vor, daß ich im Klo in einem unserer Motelzimmer erbrach, während Fränzi auf dem Bett lag und in einem Buch las. Sie hatte wegen meiner Brecherei keine Probleme; sie war nur froh, daß sie diese Sucht nicht hatte.

Selbstverständlich hatte auch Fränzi gemerkt, daß ich in Amerika massiv zugenommen hatte, doch sie verhielt sich toll. Sie nahm mich in allem, wie ich war, samt meinen Problemen, Ängsten und meiner Sucht. Nicht zuletzt wegen ihrer Natürlichkeit verbrachten wir durchweg eine unvergeßliche Zeit miteinander.

Die Tage und Wochen rasten irrsinnig schnell vorbei, und am Schluß mußten wir uns sogar beeilen, am richtigen Tag wieder bei den Coopers anzukommen, denn unser Flieger zurück in die Schweiz hätte nicht auf uns gewartet.

Und schon hieß es Abschied nehmen: von Amerika, von Elizabeth und George Cooper und von «meiner» Sharon. Mir drehte sich beinahe der Magen um. Mittlerweile wußte es jeder um mich herum: Ich wollte nicht von Amerika weg, schon gar nicht zurück in die Schweiz. Zwar kämpfte ich darum, dieser Aussicht doch noch etwas Positives abzugewinnen, doch es gelang mir nicht. Immer wieder überkam mich panische Angst bei dem Gedanken an die totale Einsamkeit in der Schweiz. Sharon, die mich hier halbwegs bei der Stange hielt, würde dann auch nicht mehr bei mir sein ...

Die ganze Familie Cooper begleitete Fränzi und mich zum Flughafen. Als es hieß, Abschied zu nehmen, liefen mir die Tränen nur so runter. Ich schämte mich deswegen nicht. Weinend umklammerte ich Elizabeth und konnte sie kaum loslassen; auch George drückte ich fest an mich und bedankte mich sehr für die schöne Zeit. Mein einziger Gedanke war, daß ich jetzt alles Liebgewonnene verlassen mußte.

Danach nahm ich Sharon in den Arm, und das schmerzte mein Herz am meisten! Sie liebte ich wie eine eigene Tochter, und jetzt mußte ich sie loslassen und würde sie eventuell nie wiedersehen! Ich bat Elizabeth und George, mich bald in der Schweiz zu besuchen, und gab ihnen Sharon zurück.

Schon war es soweit, daß wir ins Flugzeug einsteigen konnten. Fränzi marschierte los, ich wackelte hinterher, sah mich nochmals nach den Coopers um und verschwand hinter den Türen unseres Gates.

«Aus der Traum vom süßen Leben in Amerika», sagte ich zu mir selbst. Wie ein Schwerverbrecher in seine Zelle ging ich den Flugzeuggang entlang bis zu meinem Sitzplatz und ließ mich dort wie ein Holzklotz fallen.

Für Fränzi war ich an diesem Tag keine gute Gesellschaft, traurig, wie ich war. Das sagte ich ihr auch, doch sie verstand das und nahm es nicht persönlich.

Innerlich sträubte ich mich gegen alles, was mich meiner «Heimat» näher brachte. Deshalb sprach ich auch nur Englisch, wenn ich überhaupt etwas sagte. Ab und zu blätterte ich in einer amerikanischen Zeitschrift.

Doch so sehr ich mich auch sträubte – die Zeit raste, und es war nicht zu verhindern, daß wir schließlich auf dem Flughafen Kloten bei Zürich landeten.

Nachdem wir unser Gepäck abgeholt und die Zollkontrolle passiert hatten, eilten wir zum Ausgang. Von weitem schon sah ich Paps und Margrit. Wir steuerten auf sie zu. Sehr schnell trafen sich unsere Blicke – doch die beiden suchten weiter nach mir! Ich mußte feststellen, daß sie mich nicht erkannt hatten. Erst als ich mich mit einem «Hallo!» bemerkbar machte, wußten sie, wer ihnen da entgegenkam.

In diesem Moment wurden ihre Augen riesengroß. Mir wurde sofort klar, wie sehr sie über mein Aussehen erschraken. Ich hatte sie zwar brieflich vorgewarnt, daß ich dick geworden sei. Trotzdem schauten sie mich für ein paar Augenblicke zutiefst bestürzt an, ließen sich aber kurz darauf nichts mehr anmerken. Ich erschrak über diese Szene. Sie war Beweis genug dafür, daß ich für andere noch schlimmer wirkte, als ich befürchtet hatte!

Doch nach diesem Szenario kamen Paps und Margrit freudestrahlend auf mich zu, und auch ich freute mich wirklich, sie nach so langer Zeit wiederzusehen. Wir umarmten uns, während Fränzi etwas verlassen neben mir stand.

Erst nach unserer herzlichen Begrüßung fiel mir auf, daß niemand Fränzi erwartete. Von Paps erfuhr ich dann, daß unser Flieger mehrere Stunden Verspätung hatte und Fränzis Eltern deswegen erst mal nach Hause gefahren waren. So beschlossen wir, als erstes Fränzi zu ihrer Familie zu bringen.

Mit all unseren Koffern trotteten wir dem Ausgang entgegen. Kaum hatten wir das Flughafengebäude verlassen, schien mir bereits alles sehr fremd. Irgendwie empfand ich alles als so viel kleiner und vor allem enger im Vergleich zu Amerika. Die Straßen waren einspurig, die Autobahnen zwei- oder höchstens dreispurig, und zu allem Übel regnete es auch noch.

Während der Autofahrt begann ich, von meinen Erlebnissen zu berichten. Ich redete wie ein Wasserfall und merkte kaum, daß wir schon in Fränzis Dorf angekommen waren. Auch auf der weiteren Strecke quasselte ich Paps und Margrit die Ohren voll, denn es gab ja so viel zu erzählen! Gedanklich fühlte ich mich noch so stark in Amerika, daß ich kaum wahrnahm, wo ich mich befand.

Auf einmal waren wir zu meinem Erstaunen zu Hause. Wir schleppten mein vieles Gepäck ins Haus. Dann erzählte ich noch mehr Geschichten über «mein Amerika», bis meinen beiden Zuhörern fast die Ohren abfielen.

Als ich endlich etwas zur Ruhe kam, durften Margrit und Paps auch ein wenig von sich berichten und davon, was sich im vergangenen Jahr in der Schweiz so alles abgespielt hatte. Zum Glück stand das Wochenende vor der Tür, so hatten wir etwas Zeit, um uns aneinander zu «gewöhnen». Entgegen meinen Befürchtungen war die Ankunft jedoch sehr harmonisch verlaufen. Ich hatte mich sehr über diese herzliche Begrüßung gefreut.

Als halbe Amerikanerin zurück in der Schweiz

Nach und nach versuchte ich mich in meiner alten Heimat wieder zurechtzufinden. Ohne daß ich mich groß darum bemühen mußte, kam ich ziemlich bald als kaufmännische Angestellte im Büro eines Industriebetriebs unter und war mit dieser Stelle vorerst auch recht zufrieden.

In anderer Hinsicht fiel mir der Einstieg jedoch sehr schwer, denn ich hatte stark den Stil der Amerikaner angenommen. So fing ich zum Beispiel unterwegs im Bus, in der Bahn oder einfach auf der Straße an, mit fremden Menschen zu sprechen.

Mein spontanes Zugehen auf Unbekannte bekam mir im allgemeinen schlecht, denn die wenigsten Leute mochten das. Es paßte nicht zur Schweiz. Einige warfen mir mißtrauische Blicke zu, andere gaben mir immerhin zögernd Antwort, suchten jedoch bei der nächsten Gelegenheit das Weite. Nur wenige gingen auf mich ein und unterhielten sich mit mir.

Diese Verschlossenheit kannte ich nicht mehr, und sie machte mir nun zu schaffen. Denn ich versuchte ja, neue

Kontakte zu knüpfen und mich nach außen zu öffnen, weil ich mich einsam fühlte.

Doch weil ich viele Abfuhren erhielt, begann ich mich langsam wieder zu verschließen. Da ich in Amerika wirklich dick geworden war, verband ich den Mißerfolg beim Kontakteknüpfen zusätzlich mit meinem Gewicht. Inzwischen brachte ich eine stattliche Anzahl von Kilos auf die Waage und fühlte mich gräßlich fett. Paps hatte ich jegliche Bemerkungen darüber verboten.

An einem sonnigen Frühlingsmorgen, wenige Wochen nach meiner Rückkehr, saß ich am Tisch, ließ meinen rechten Arm über die Stuhllehne hängen und döste vor mich hin. Ich trug ein kurzärmeliges T-Shirt.

Auf einmal kam Paps rein zufällig ins Zimmer. Er schaute auf meinen Oberarm, schaute nochmals und sagte: «Mann, o Mann; dein Oberarm ist ja so dick wie mein Oberschenkel!» Völlig entsetzt über seine Bemerkung, verteidigte ich mich heftig: «Hör auf damit! Und außerdem, schau dich selbst an; du bist auch kein Leichtgewicht!»

Als ich so reagierte, wurde ihm bewußt, daß er mich an meinem wundesten Punkt getroffen hatte. Er entschuldigte sich und verschwand sogleich wieder, denn offensichtlich hatte er sich bei dieser Bemerkung nichts weiter gedacht. Für mich dagegen waren seine Worte ein Schock, denn ich hatte nicht geglaubt, daß ich auf andere so schlimm wirkte.

Ich mußte mir eingestehen, daß dieser Wink für mich gar nicht schlecht war, denn zumindest läutete bei mir endlich eine Alarmglocke, daß es mit meinem Gewicht so nicht weitergehen konnte. Meine Reaktion auf diese Erkenntnis war zwar noch falsch, denn ich bereitete mich sofort auf meine nächste Brechattacke vor. Doch ich hatte endlich eingesehen, daß ich wirklich fett geworden war, und zwar für alle ersichtlich!

Meine zweite Reaktion bestand darin, daß ich mich in mein Schneckenhaus verkroch und niemanden mehr sehen wollte, denn ich mochte nicht angeglotzt werden. Meine Nachbarschaft hatte nämlich gleich gesehen, daß ich nach einem Jahr Abwesenheit Rembrandts liebstes Kind geworden war, und man reagierte mit entsprechenden Anspielungen. Die Amerikaner hatten das nicht getan, aber sie hatten mich ja auch gar nicht anders gekannt. Insgeheim aber schämte ich mich sehr, so, wie ich war, herumlaufen zu müssen und anderen diesen Anblick zuzumuten.

Es dauerte übrigens nicht lange, bis Franco wieder auftauchte. Tatsächlich versuchte er, wieder bei mir zu landen, obwohl er in festen Händen war! Doch er beteuerte mir: «Ich habe noch nie jemanden so geliebt wie dich, und ich habe auf dich gewartet.»

Ich wußte gar nicht, was ich dazu sagen sollte, denn obwohl ich anscheinend seine große Liebe war, hatte es doch bereits für eine neue Beziehung gereicht. Mir tat eigentlich nur seine neue Freundin leid, denn ich wußte ja aus eigener Erfahrung, was sie mit ihm für Scherereien haben mußte.

So gab ich Franco deutlich zu verstehen, daß er sich keine Mühe zu machen bräuchte, denn ich wollte ihn definitv nicht mehr! Das solle er doch endlich begreifen. Ich war ja so was von froh, daß ich mich nicht mehr mit seinen Seitensprüngen herumzuschlagen hatte. Und dabei sollte es auch bleiben.

Sehr schnell stellte sich heraus, wie sich mein neues Familienleben abspielen würde: nämlich gar nicht. Es gab für mich keines, oder genauer gesagt, es war fast derselbe Zustand wie vor einem Jahr. Paps pendelte nach wie vor tagtäglich von unserem Haus zu Margrit und wieder zurück. Von ihr wurde er gehegt und gepflegt. Margrit hatte einen Sohn im Teenageralter und eine bereits erwachsene Tochter. Auch zu diesen zwei «neuen Kindern» hatte Paps offenkundig ein gutes Verhältnis.

Während ich weggewesen war, waren die vier zu einer neuen Familie zusammengewachsen und hatten ihren gemeinsamen, passenden Lebensstil gefunden. Jetzt, da ich wieder hier war, versuchten sie mich zu integrieren. Diesen Willen spürte ich durchaus, doch er hatte wenig Erfolg.

Es stellte sich nun nämlich die Frage, wo ich überhaupt hin sollte. Margrit lebte mit ihren Kindern in der Stadt, fünfundzwanzig Kilometer von unserem Häuschen entfernt, und Paps pendelte hin und her. Für mich gab es in Margrits Wohnung gar keinen Platz, ganz abgesehen davon, daß ich sowieso kein Stadtmensch werden wollte.

In unserem Haus hätte es genügend Platz für alle gegeben, doch Margrit wollte in der Stadt bleiben, vor allem deshalb, weil Sohnemann Roger dort die Schule besuchte. Man dürfe ihn nicht einfach dort wegnehmen, hieß es, denn das würde ihm nicht gut bekommen.

So stand von Anfang an fest, daß ich in unserem Haus leben würde, mit der Konsequenz, daß ich am Familienleben in Margrits Wohnung nicht teilnehmen konnte. So hatte ich mir das allerdings nicht gedacht. Ich hatte mir vorgestellt, daß wir als Gemeinschaft an einem Ort wohnen würden!

Nun, sie sahen das wohl nicht so. Und was mal wieder typisch für mich war: Ich nahm es so hin, ohne einen Ton zu sagen. So schlief ich nach wie vor als einzige in unserem Haus und genoß das anfangs sogar wieder. Öfters fühlte ich mich zwar einsam, aber ich gewöhnte mich erneut daran.

Wie vor einem Jahr hatte ich meinen Frieden, viel Ruhe und konnte tun und lassen, was ich wollte. Gleichzeitig genoß ich die Zeit am frühen Abend, wenn Paps nach der

Arbeit noch bei mir war. Zwar bastelte er ständig am Haus herum, und wir unternahmen auch nicht extra etwas Gemeinsames, doch ich empfand es als wohltuend zu wissen, daß er hier bei mir war.

Äußerlich gesehen hatte sich nichts geändert, doch es gab einige wesentliche Unterschiede zu der Zeit vor meinem Amerikaaufenthalt: Ich mußte Paps zum Beispiel auf einmal «offiziell» teilen. Er «gehörte» nicht mehr mir alleine. Außerdem schwebte er noch auf rosa Wolken und tat nicht mehr alles nur für mich, sondern jetzt auch für die anderen.

An den Wochenenden unternahm die Familie ab und zu Ausflüge von der Stadt aus, von denen ich erst im nachhinein erfuhr. Sicher, sie konnten mittlerweile davon ausgehen, daß ich mit meinen zwanzig Jahren erwachsen war und meine eigenen Wege gehen wollte. Und doch war es einfach so, daß ich noch Nestwärme suchte und sie dringend gebraucht hätte, denn ich fühlte mich durch die Turbulenzen in unserer Familie zu früh aus dem Nest geworfen und wollte das jetzt irgendwie wieder ausgleichen.

Daß das bei mir so war, sagte ich ihnen jedoch nie. Ich öffnete mich in diesem Bereich nur noch wenig, denn die schlechten Erfahrungen, die ich mit den unterschiedlichsten Menschen gemacht hatte, hielten mich davon ab.

Verbrachten Paps' neue Angehörige die Wochenenden nicht unterwegs, kamen sie geschlossen in «mein Reich». Das war sogar meistens der Fall, und dann war es vorbei mit der Idylle. Da im Haus tagelang Totenstille herrschte, störte mich diese Invasion nun mehr, als daß ich mich richtig darüber freuen konnte.

Die ganze Woche durch war ich eher einsam, fühlte mich alleingelassen, und am Wochenende fand von einer Minute auf die andere ein ungeheurer Betrieb statt! Beim besten Willen konnte ich mich nicht daran gewöhnen. Mit

Autos und Mofas kamen sie angefahren, brachten den Hund und manchmal noch Freunde von Roger mit. Und danach war in dem Haus ein Riesenbetrieb: ein Rumgerenne, Rufen, Schreien und Hundegebell; von Ruhe war keine Spur mehr.

Vielfach verkrümelte ich mich dann in mein Zimmer, hörte Musik, las ein Buch und wollte meine Ruhe, obwohl ich das Alleinsein ja so satt hatte. Es gab einfach kein vernünftiges Mittelmaß.

Niemand reagierte auf meinen Rückzug, denn früher hatte ich mich ja auch immer so verhalten. Es wurde als normal angesehen, daß ich einfach so ein Verkrümeltyp war. Manchmal schirmte ich mich ab, indem ich mich vor den Fernseher setzte, doch selbst da war ich vor «Angriffen» nicht gefeit.

An einem Samstag beispielsweise lag ich auf dem Sofa und schaute fern, als die ganze Sippschaft anrollte. Roger brachte seinen Freund mit. Nach wenigen Minuten kamen die beiden rauf ins Wohnzimmer, wo ich lag, begrüßten mich und setzten sich auf die Sessel. Dann nahm Roger die Fernbedienung in die Hand, drehte mir meinen Film ab und schaltete auf den Sportkanal um. Sofort fingen die beiden an, lauthals über das Autorennen auf dem Bildschirm zu diskutieren, und beachteten mich überhaupt nicht mehr!

Zuerst glaubte ich, das Ganze sollte ein Scherz sein, und wartete einen Moment. Als sie aber in keiner Weise zu bemerken schienen, daß sie sich im Unrecht befanden, war ich so perplex, daß ich keinen Ton mehr herausbrachte.

Das ist doch der Gipfel!, dachte ich bei mir. Jetzt kamen die beiden extra hierher, um mir meinen Film abzudrehen! Die hätten ihr Autorennen auch bei sich zu Hause ansehen können, brummte ich verärgert in mich hinein. Obwohl ich vor Wut kochte, sagte ich kein Wort, stand nach

174

wenigen Minuten auf und ging in mein Zimmer. Dort schwelgte ich in meinem Gefühl der Ohnmacht, während die beiden Jungens seelenruhig weiterschauten und wahrscheinlich nicht einmal bemerkten, daß ich gegangen war.

Ich war einfach nicht in der Lage zu streiten. Vor jeder Konfrontation stand ich wie ohnmächtig, und jeder möglichen Diskussion ging ich aus dem Weg, denn ich hatte die Nase voll von Auseinandersetzungen! Deshalb sprach ich mit niemandem über diesen Vorfall mit dem Fernseher und ließ auch nie durchblicken, daß ich mich in meinem eigenen Zuhause nur geduldet fühlte.

Meine einzige Möglichkeit, mir ohne weiteren Ärger Luft zu machen, sah ich im Erbrechen. Jeden kleinen Mist nahm ich als Vorwand, um meine Brecherei zu rechtfertigen. Gründe glaubte ich genug zu haben, denn ich fühlte mich in jeder Lebenssituation irgendwie unglücklich; und egal wie sich ein Tag gestaltete, ich war unzufrieden.

Eins war klar: Unsere neue familiäre Wohnsituation tat mir nicht gut. Da sich aber anscheinend alle anderen darin wohlfühlten und nur ich Mühe damit zu haben schien, wollte ich nicht den Miesepeter spielen und sprach nie mit der Familie darüber. Außerdem fühlte ich mich verpflichtet, meinen guten Willen zu zeigen, und auch das hinderte mich daran, meine eigenen Wünsche anzumelden.

Grundsätzlich waren aber alle sehr nett zu mir. Eigentlich konnten sie gar nicht merken, daß ich mit meinem Leben nicht klarkam, weil ich mir nie etwas anmerken ließ. Sie sahen mich auch sehr wenig, und wenn, dann nur kurz. Und in diesen paar Stunden hatte ich keine Mühe, mich zu verstellen.

Gleichzeitig war ich unfähig, mich ihnen mitzuteilen; ich hatte sogar Angst davor, denn ich konnte keine Konfrontationen ertragen. Ich war so extrem sensibel, daß ich mich mit keiner Silbe in die Nähe eines Konflikts bringen wollte. Wahrscheinlich hätte ich einen Wein- und Schreikrampf bekommen oder wäre vollkommen durchgedreht.

So kam in fataler Weise eins zum andern: Ich hatte zu viele Probleme mit mir selbst, um mich mit der Familie auseinanderzusetzen. Die Familie wiederum hielt mich für alt genug, um selbständig zu sein. Das war ich auch, aber ich hätte mir trotzdem ein intaktes Familienleben gewünscht. Das wiederum konnte ich wegen meiner Konfliktunfähigkeit nicht sagen. Deshalb kam die Familie nie darauf, daß etwas nicht stimmte, und daraufhin schwieg ich erst recht.

Wieder mal zog sich die Verschwiegenheit zur falschen Zeit wie ein Schleier über unsere Familie, diesmal über die neue. Weder ich noch die anderen brachten es fertig, offen miteinander über wichtige Dinge zu reden – jedenfalls nicht in meiner Gegenwart.

Nur noch ein einziges Wesen konnte ich meinen treuen Freund nennen: meine Katze. Sie legte sich jeden Abend neben oder auf mich, je nachdem, wo ich gerade war, und leistete mir Gesellschaft. Wenn aber am Wochenende der Belgische Schäferhund aus Margrits Familie kam, mußte meine Mieze weichen und draußen bleiben, denn die zwei Tiere vertrugen sich nicht. Mir tat das weh, daß meine Katze aus dem Haus geworfen werden mußte, denn so hatte ich noch nicht einmal meinen treuen Freund um mich herum.

All diese Kleinigkeiten brachten mich so weit, daß ich das Gefühl bekam, aus diesem Haus rauszumüssen. Einerseits wollte ich nicht ewig in erzwungener Einsamkeit leben und doch nur beschränkt tun können, was ich wollte, andererseits wollte ich nicht plötzlich mit viel Betrieb überrannt werden und doch keinen in der Familie haben, der meine Interessen teilte oder mich verstand. Wenn ich schon kein «normales» Familienleben genießen konnte, dann wollte ich lieber bewußt alleine leben, um mich darauf einstellen zu können, aber auch, um ungehindert meinen Bedürfnissen nachzugehen. So bald wie möglich wollte ich weg. Ich wußte nur nicht, wie. Denn ich hatte mein ganzes Geld in Amerika verbraucht, und nun reichte es nicht mehr für eine eigene Wohnung.

Auch über dieses Thema verlor ich gegenüber den Familienangehörigen kein Wort. Ich wollte sie nicht verletzen, und angegriffen sollten sie sich auch nicht fühlen. So schwieg ich und pflegte sorgsam meine Brecherei.

An einem gewöhnlichen Tag überkam mich ein Gefühl, das ich schon lange nicht mehr gehabt hatte: Ich spürte einen Moment lang Zuversicht und entschloß mich, mich wieder nach außen zu öffnen. Ich wollte mir endlich selbst die Chance geben, neue Freunde zu finden, um meinem Selbstmitleid zu entkommen. Im Grunde ging ich mir nämlich selbst auf den Wecker mit meiner ewigen Weltuntergangsstimmung, und dagegen wollte ich nun endlich etwas tun.

So trieb ich von diesem Tag an wieder Sport. Ich ging schwimmen, radelte an Wochenenden, so weit ich konnte, und ging abends ab und zu tanzen. So machte ich diese und jene Bekanntschaft und vermied es, so gut es ging, zu Hause zu sein.

Trotz meines chaotischen Lebens – oder vielleicht sogar deswegen – trat überraschenderweise ein neuer Freund in mein Leben. Auch Martin steckte in einer Lebenskrise. Nun wurstelten wir beide gemeinsam in unserem Leben herum.

Da ich mich bei mir zu Hause noch immer nicht wohler fühlte, beschloß ich auszuziehen. Eine eigene Wohnung konnte ich mir nicht leisten, und zusammenziehen wollten Martin und ich noch nicht. So mußte ich nach einer anderen Lösung suchen.

Schließlich ergab sich rein zufällig eine Möglichkeit: Eine Arbeitskollegin, die mit mir in der Handelsschule gewesen war, wußte, daß eine gemeinsame Mitschülerin von damals seit wenigen Wochen allein in ihrer Wohnung wohnte. Ihr Freund war vor kurzem ausgezogen, und sie hatte keine Lust, alleine zu wohnen.

Sofort meldete ich mich bei Manuela und besuchte sie bereits am nächsten Abend. Als sie mir ihre Geschichte erzählt hatte und ich ihr meine, kamen wir zu dem Schluß, daß wir es gemeinsam in ihrer Drei-Zimmer-Wohnung versuchen wollten.

Freudestrahlend fuhr ich nach Hause, und als ich Paps erblickte, erzählte ich ihm gleich meine Neuigkeit. So schonend wie möglich versuchte ich ihm beizubringen, daß ich mich nun alt genug fühlte, um mich selbständig zu machen.

Erstaunlicherweise sagte Paps nicht viel dazu, außer: «Ja, ist gut. Ich werde dir beim Umziehen helfen, wenn du möchtest.» Überrascht nahm ich sein Angebot an. Paps hingegen schien kaum überrascht zu sein. Wahrscheinlich hatte er schon damit gerechnet, daß ich in meinem Alter bald ausziehen wollte.

Bereits am darauffolgenden Wochenende packte ich meine Sachen im Haus zusammen, zerlegte meinen Schrank und lud gemeinsam mit Paps und Manuela meinen Schreibtisch, mein Bett und was sonst noch mit sollte in die beiden Autos. Nach und nach füllte ich nicht nur mein neues eigenes Zimmer bei Manuela, sondern gleich auch die ganze Wohnung, die nahezu leer war, da Manuelas Freund fast alles mitgenommen hatte.

Als wir fertig waren, setzten wir drei uns in Manuelas Wohnung auf den Wohnzimmerboden und tranken gemütlich gekühlte Limonade. Danach verabschiedete sich Paps bei mir und ging nach Hause. Manuela und ich saßen noch immer auf dem Fußboden und beschlossen, ein paar

Hausregeln aufzustellen, damit Streit von vornherein weitgehend vermieden werden konnte.

Punkt 1: Keine von uns beiden besaß einen Fernseher, und keine durfte einen kaufen.

Punkt 2: In allen Räumen herrschte absolutes Rauchverbot. Nur auf dem Balkon sollte Manuela rauchen dürfen.

Punkt 3: Wir wollten Streit verhindern. Manuela schien mit ihrem ehemaligen Freund einen mächtigen Krieg ausgetragen zu haben und hatte Angst vor Auseinandersetzungen.

Punkt 4: Ich durfte ungeniert in der Wohnung erbrechen. Dabei mußte ich Manuela versprechen, dies nur in ihrer Abwesenheit zu tun oder so, daß sie nichts davon mitbekam. Da ich ja immer schon heimlich erbrochen hatte, war ich mit ihren Rahmenbedingungen einverstanden.

Innerhalb von kurzer Zeit stellte sich heraus, daß unsere Wohngemeinschaft sehr gut funktionierte. So einige Leute hatten Skepsis angemeldet, da wir beide sehr verschieden waren und auch verschiedene Interessen verfolgten. Diese Panikmache nahmen wir gelassen zur Kenntnis.

Das Geheimnis unseres erfolgreichen Zusammenlebens lag wohl darin, daß wir die Regeln einhielten, die wir aufgestellt hatten, uns gegenseitig leben ließen, obwohl wir sehr verschieden waren, und gar nichts zusammen unternahmen. So hatten wir kaum Berührungspunkte, an denen wir Krach hätten bekommen können.

In der Praxis sah das so aus: Nach getaner Arbeit blieb ich am liebsten zu Hause und hörte Musik oder las. Manuela ging fast jeden Abend aus. Sie war ständig auf Achse, und indirekt unterstützte ich sie noch darin, indem ich für sie Telefonmädchen spielte. Anrufe waren in neun von zehn Fällen sowieso für sie. Ich schrieb ihr die jeweilige Nachricht auf einen Zettel und legte ihn vor ihr Schlafzimmer. So hatte sie, ohne daheim sein zu müssen, bereits ihr nächstes Rendezvous schriftlich vor der Schlafzimmertür.

Unsere Zettelkultur steigerte sich enorm, und zeitweise war sie für uns die einzige Möglichkeit, um uns zu verständigen. Manchmal sahen wir uns tagelang nicht; ging ich, kam sie – und umgekehrt.

Doch alles in allem klappte das vorzüglich. Mir gefiel dieser Wohnstil. Einerseits war ich nicht ganz allein in einer Wohnung, andererseits konnte ich trotzdem machen, was ich wollte, denn ich mußte Manuela ja keine Rechenschaft abgeben. Ab und zu kriegten wir es sogar hin, daß wir miteinander reden konnten, und das taten wir dann gleich mehrere Stunden lang. Interessanterweise konnten wir einander gut das Herz ausschütten. Und das war es, was ich am allernötigsten brauchte: einen Menschen, der mir zuhören konnte.

Wie üblich flatterte auch dieses Jahr eine Anmeldung zur Zahnarztkontrolle ins Haus. Obwohl ich zwar seit Jahren vor Löchern in den Zähnen verschont geblieben war, ging ich nicht gern zum Zahnarzt – wobei ich bei meinem eigentlich sehr gut aufgehoben war. Nicht nur, daß Dr. Kovacs sehr sympathisch war; er verstand es auch, trotz seiner knappen Zeit stets ein paar Späße zu machen.

Als er meine Zähne untersuchte, stellte er mir dieselbe Frage, die er mir seit ein paar Jahren regelmäßig stellte: «Essen Sie kiloweise Obst?» Da mir diese Frage allmählich absurd vorkam, wollte ich diesmal den Grund dafür wissen, denn ich aß bei weitem nicht kiloweise Obst.

Dr. Kovacs erwiderte: «Ihr Zahnschmelz ist sehr stark abgetragen, besonders bei den vorderen Zähnen, und jedes Jahr sieht es schlechter aus. Außerdem liegen bereits einige Ihrer Zahnhälse frei. Die Abtragung von Zahnschmelz geschieht dann, wenn man zuviel Säure im Mund hat. Da Obst viel Säure hat, könnte dieser Effekt davon kommen. Aber auch wenn man erbricht, ist der Mund übersäuert.»

Als er das Wort «erbrechen» sagte, erstarrte ich im Zahnarztstuhl. In diesem Augenblick ging mir ein Licht auf. Erschrocken und kleinlaut gab ich zu, daß ich ab und zu erbrechen mußte. Als nächstes wollte ich sofort wissen, was genau mit meinen Zähnen war.

Entsetzt sah mich Dr. Kovacs an. Obwohl ich mich nur kurz geäußert hatte, konnte ich an seiner Reaktion erkennen, daß er genau wußte, was wirklich mit mir los war. Er fragte: «Erbrechen Sie noch immer?»

Beschämt schüttelte ich den Kopf, doch das war natürlich eine Lüge. Ich erbrach wie eh und je, doch ich hatte nicht den Mut, ihm meine Ohnmacht gegenüber meiner Sucht zu gestehen.

Völlig geschockt darüber, wie stark ich meine Zähne durch die Brecherei geschädigt hatte, saß ich wie versteinert auf dem Zahnarztstuhl und ließ alles wie in Trance über mich ergehen. Dr. Kovacs berichtete weiter, daß der verlorengegangene Zahnschmelz nach dem heutigen Stand der Technik noch nicht wieder zurückgewonnen werden könne. Es gäbe außer den dritten Zähnen keinen Ersatz dafür.

Diese Nachrichten verstärkten natürlich meine Weltuntergangsstimmung. Zu meinem Entsetzen drückte mir Dr. Kovacs auch noch einen kleinen Spiegel in die Hand. Ich mußte ihn in meinen Mund halten und konnte so selber sehen, daß insbesondere meine Schneidezähne, wenn man sie von innen nach außen betrachtete, fast durchsichtig waren.

«Die restliche Schicht ist bereits so dünn, daß von Zeit

zu Zeit kleine Ecken von Ihren Zähnen abbrechen werden. Ihre Zähne sind bereits derart geschwächt, daß sie ihre Stabilität für normale Anforderungen verloren haben», erklärte er mir weiter. «Wissen Sie, es gibt Leute, die das Gefühl haben, zum Beispiel Nüsse mit ihren Zähnen knacken zu können. Das dürfen *Sie* kein einziges Mal auch nur ausprobieren. Sie würden das zutiefst bereuen!»

Das hatte gesessen. Als Dr. Kovacs mit der Pflege meiner Zähne fertig war, verließ ich seine Praxis völlig verstört und wußte selber nicht recht, wie ich überhaupt nach Hause gekommen war.

Am selben Abend besuchte mich Martin bei mir zu Hause. Ich erzählte ihm sofort mein Erlebnis vom Zahnarzt und daß man gar nicht viel gegen den Zahnschmelzverlust machen konnte. Noch immer war ich völlig aufgewühlt und verstört. Leider konnte Martin auch nichts dagegen tun.

In derselben Nacht lag ich hellwach im Bett und war tief bestürzt über das, was ich an diesem Tag erfahren hatte. Ich wußte weder ein noch aus, denn mir war klar, daß ich diesen Schaden nicht mehr rückgängig machen konnte. Jetzt mußte ich mein ganzes Leben lang mit den Folgen meiner Sucht klarkommen, und dabei war ich erst 21 Jahre alt!

Theoretisch wußte ich, daß ich sofort mit meiner Bulimie aufhören mußte, denn ich wollte unter keinen Umständen mit dreißig schon die dritten Zähne haben. Aber wie sollte ich das in die Praxis umsetzen?

Da fiel mir das Gespräch mit Elizabeth in Amerika wieder ein. Ich glaubte nun zu wissen, was sie mir damals versucht hatte klarzumachen. Sie hatte nicht gemeint, daß mir die Zähne ausfallen würden, sondern daß der Zahnschmelz so stark abgetragen werden würde, daß die Zähne in dieser Hinsicht nicht mehr zu retten wären.

Während die Gedanken in meinem Hirn kreisten,

wurde mir ganz übel. Ich hatte Angst, mir meine Zukunft und die Zukunft meiner Zähne auszumalen.

Nachdem ich eingeschlafen war, wurde ich wieder von denselben Träumen geplagt wie schon in Amerika: Zuerst fielen mir beim Sprechen einige Zähne heraus; dann schmolzen die restlichen, während ich in einen Spiegel schaute, und auf einmal waren gar keine mehr in meinem Mund. Was für ein Horror! Schweißgebadet wachte ich auf und faßte mir sofort in den Mund, um zu sehen, ob noch Zähne da waren.

Von da an träumte ich nicht nur jede Nacht solch schreckliche Dinge, sondern wurde auch noch den ganzen Tag hindurch von furchtbaren Gedanken geplagt. Obwohl ich jeden Tag das Bedürfnis hatte zu erbrechen, war nun meine Angst, den Zustand meiner Zähne zu verschlechtern, größer. Seit diesem Zahnarztbesuch hatte ich echt Panik bekommen.

Tag und Nacht kämpfte ich gegen meine Sucht. Der Schock saß so tief, daß ich vierzehn Tage lang ohne zu erbrechen durchhielt. Das war für mich eine enorme Leistung! Denn während meiner sechsjährigen Bulimikerkarriere hatte ich kein einziges Mal die Kraft gehabt, längere Zeit durchzuhalten, ohne mich zu übergeben. Die einzige Ausnahme waren die ersten sechs Tage bei den Coopers gewesen.

«Leider» ließen meine Ängste und auch meine Alpträume etwas nach, und in meinen Gedanken verblaßten die Bilder der Furcht langsam wieder. Gleichzeitig hielt ich es nicht mehr länger aus, *nicht* zu erbrechen. So tat ich «es» wieder, und zwar mit einer gefühlsmäßigen Hingabe wie selten zuvor.

Hinterher stieg in mir eine tiefe Verzweiflung auf. Wie sollte ich je diesen Teufelskreis durchbrechen können? Mein Wille war zu schwach dazu, und selbst ein schwerer Schock hatte mich nicht ändern können. Das Gefühl des

Würgens mochte ich so sehr, daß mich kein Schock und keine bedrohlichen Fakten davon abhalten konnten.

Die Wende – ich hätte platzen können vor Freude!

Kurz darauf wurde ich von einem liebenswerten Kunden der Computerfirma, in der ich inzwischen arbeitete, gefragt, ob ich mit ihm Mittagessen gehen wolle. Da er oft zu uns in die Firma kam und gerne auch etwas plauderte, kannte ich ihn recht gut. Er war mir von Anfang an wegen seiner freundlichen, offenen und ehrlichen Art aufgefallen. Weil ich aber nie direkt mit ihm zu tun hatte und eher ein Schattendasein im Betrieb führte, erstaunte es mich um so mehr, daß er ausgerechnet mit mir essen gehen wollte. Voller Freude nahm ich seine Einladung an.

Im Restaurant sprachen wir zuerst ein wenig über die Arbeit in seiner Firma, dann ging es um seine Familie, und schließlich wollte Hans wissen, wie es mir so ginge. Weil ich so viel Vertrauen zu ihm hatte und durch das offene Gespräch recht aufgewühlt war, begann ich ihm meine lange Leidensgeschichte zu erzählen. Ich sagte ihm, daß ich wirklich keinen Rat mehr wüßte und mich am Boden zerstört fühlte, weil ich es einfach nicht schaffte, mich aus eigener Kraft von der Bulimie loszureißen.

Sehr interessiert und gleichzeitig auch geschockt hörte er mir zu. Obwohl er mich von seinen gelegentlichen Besuchen im Büro her kannte, hatte ich nie so auf ihn gewirkt, daß er je eine Not bei mir hatte erkennen können.

Hans wurde immer stiller, je mehr ich von meinem seelischen Tief erzählte. Als ich alles aus mir herausgeredet hatte, sahen wir uns eine ganze Weile schweigend an.

Dann sagte Hans: «Ich weiß, daß dir wirklich jemand

helfen kann und auch helfen will. Auch mir hat jemand geholfen.» «Ah, ja?» meinte ich erstaunt und überlegte mir sofort, was für ein Name jetzt fallen würde. Sicher würde er mir irgendeinen Arzt oder Psychiater nennen oder sonst etwas Sinnloses. Doch mit ernstem, sehr überzeugtem Ton meinte er: «Das ist Gott; schlicht und einfach Gott.»

Mit so einer Antwort hatte ich nicht gerechnet. Sprachlos und sehr erstaunt schaute ich ihn mit großen Augen an, während er mich vorsichtig fragte, ob ich mich auch schon mit dem Glauben auseinandergesetzt hätte.

Und nun versetzte ich Hans in Staunen. «Ich bin jetzt einundzwanzig Jahre alt», sagte ich, «und mit fünfzehn habe ich beschlossen, mein Leben selbst in die Hand zu nehmen. Bis dahin hatte ich auch ab und zu in der Bibel gelesen, aber dann entschloß ich mich, alles alleine zu schaffen und zu bestimmen. Ich habe dann auch, aus Protest gegen die Worte Gottes, folgende Sätze in meine damalige Bibel hineingeschrieben: ‹Ich heiße so, wie ich heißen will, und ich lebe so, wie ich es für gut halte. – Ich bin ich; und ich bin stolz darauf. – Ich bin mein eigener Herr und Meister!›»

Dann fuhr ich fort: «Das habe ich aus vollster Überzeugung in meine Bibel geschrieben und dazu noch ein Fabelwesen mit Flügeln und großen Wespenaugen gemalt. Denn in der Bibel steht, daß der souveräne Gott *der* Herr ist, und das wollte ich nicht gelten lassen. Deshalb wollte ich das Thema ‹Gott› mit dieser Kritzelei ein für allemal abhaken!»

Als sich Hans nach meiner Erklärung etwas gefaßt hatte, versuchte er mir seine damalige Situation darzustellen. «Auch ich wollte mein Leben absolut selber in der Hand haben», bekannte er, «und es gelang mir auch sehr gut. Ich hatte den Job, den ich mir gewünscht hatte, und meine Frau und ich hatten eine tolle Arbeitsstelle im Ausland.

Einige Zeit lief alles reibungslos. Doch unsere Ehe lief zielstrebig auf Grund. Ich pflegte sie auch nicht, denn ich glaubte, daß alles schon automatisch gut laufen würde. Als unsere Ehe wirklich am Ende war, stand uns ein Arbeitskollege in dieser schweren Zeit zur Seite. Er machte mich auf Gott, auf Jesus Christus aufmerksam. Er erzählte mir, daß uns Gott in dieser Situation helfen wollte, wenn wir das zulassen würden. Meine Frau und ich nahmen diese Hilfe an. Der persönliche Schritt zu Jesus Christus hat unser Leben völlig verändert.»

Ich hörte Hans sehr interessiert zu und wußte, daß er die Wahrheit sagte. Er hatte in seinem Leben ganz offensichtlich eine Wende erlebt, und er sprach so eindrücklich darüber, daß ich förmlich spüren konnte, wie einschneidend sie für ihn gewesen sein mußte.

Sein ehrliches Bekenntnis ließ eine nie gekannte Hoffnung für meine Situation in mir aufblühen. Ich glaubte ihm, daß Gott, wenn er eine kaputte Ehe gerettet hatte, auch mich aus meiner Sucht befreien konnte.

Aufmerksam hörte ich ihm weiter zu und war sprachlos vor Erstaunen. Denn bis jetzt hatte ich nie geglaubt, daß Gott einem in der heutigen Zeit überhaupt noch helfen würde, denn die Erzählungen aus der Bibel waren ja schon so alt!

Mir wäre auch nie der Gedanke gekommen, daß man eine persönliche Beziehung zu Gott haben kann und er einem persönlich hilft. Hans' Worte rückten meine bisherige Sicht der Dinge in ein völlig anderes Licht. Ich glaubte ihm, was er sagte, und plötzlich stieg in mir das Verlangen auf, mehr von Gott zu hören.

Am Schluß riet mir Hans, zu Hause einfach die Bibel zur Hand zu nehmen und das Johannesevangelium zu lesen. Etwas entschuldigend sagte ich ihm, daß ich mir sicher war, daß ich keine Bibel im Hause hatte, denn bei meinem Umzug war mir keine mehr begegnet.

Ganz erfüllt von seinen Worten wollte ich wissen, was ich neben Bibellesen sonst noch tun könnte, um mit Gott in Verbindung zu treten. Denn ich war mir sicher: Diese Verbindung wollte ich. Hans riet mir zu beten und gab mir ein Beispiel. Voller Enthusiasmus versicherte ich ihm, daß ich den Kontakt zu Gott suchen wollte!

Da unsere Mittagszeit sowieso zu Ende ging, mußten wir uns verabschieden. Ich begab mich zurück zu meiner Arbeit. Doch das Gespräch mit Hans ging mir den ganzen Nachmittag weiter durch den Kopf. Die ganze Angelegenheit ließ mich nicht mehr los. Zum ersten Mal seit dem Beginn meiner Bulimie hatte ich die starke Hoffnung, daß ich einen Ausweg finden würde.

Als ich mich an diesem Abend ins Bett legte, fing ich wirklich an, zu Gott zu beten. Zuerst wußte ich nicht so genau, wie ich zu ihm sprechen sollte, denn ich hatte wenig Erfahrung damit. In meiner frühesten Kindheit hatte ich eine Weile einen Gebetsvers runtergeleiert, und später mußten wir im Religionsunterricht ein Gebet auswendig lernen. Doch wirklich zu Gott gesprochen, so aus tiefem Herzen heraus, wie man mit einem treuen Freund redet, das hatte ich noch nie getan ...

Ich begann also ungefähr so, wie mir Hans geraten hatte: «Gott, mein Vater, ich brauche deine Hilfe. Ich weiß beim besten Willen nicht mehr weiter, und nur du alleine kannst mir helfen. Vater, ich muß dir gestehen, daß ich viel Schuld auf mich geladen habe all die Jahre hindurch und daß ich sie bitter bereue. Bitte verzeih mir ...»

Und dann redete ich einfach drauflos und lud all meinen Kummer bei ihm ab. Ich sprach sicherlich eine Stunde zu ihm; all das, was mich über die Jahre fast erdrückt und so sehr bekümmert hatte, erzählte ich ihm. Zum Schluß bat ich ihn um seinen Beistand, daß er mir die nötige Kraft schenken und meinem Terror irgendwie ein Ende setzen möge. Nach diesem Dauergebet fühlte ich mich außergewöhnlich gelöst und entspannt. Sehr bald schlief ich ein.

Am nächsten Morgen fühlte ich mich taufrisch. Hoch motiviert ging ich zur Arbeit. Als ich nach diesem erquickenden Tag nach Hause kam und in meinem Zimmer herumkramte, öffnete ich voller Schwung meinen großen Schrank – und da fiel mir ein Buch fast auf den Kopf.

Vor lauter Schreck stieß ich einen Schrei aus. Als ich auf den Boden schaute, lag da ein schwarzes Buch. Ich nahm es in die Hand und erkannte mit Staunen, daß es eine alte Bibel war! Sie war in alter deutscher Schrift geschrieben. Noch immer ganz aufgewühlt, blätterte ich darin und fragte mich, wo sie auf einmal hergekommen war. Sie mußte auf dem Schrank gelegen haben und durch die Wucht, mit der ich die Schranktüre aufgerissen hatte, heruntergefallen sein.

Doch wer hatte sie dort hinaufgelegt? Warum hatte ich sie nicht schon vorher dort entdeckt? Ich wußte keine Antwort auf die Fragen. Während ich in der Bibel blätterte, erkannte ich sie auf einmal wieder. Ich sah mich selbst vor meinem inneren Auge, als ich noch ein kleines Mädchen war. Oft hatte ich bei uns zu Hause vor dem Bücherregal gestanden und die vielen wunderschönen und alten Bibeln, die meiner Mutter gehörten, bewundert. Eine davon war mir gerade fast auf meinen Schädel gedonnert. Sie mußte von meiner Großmutter sein.

Ich konnte mir zwar noch immer nicht erklären, wie ich zu dieser Bibel gekommen war, doch ich wollte nicht darüber grübeln. Ich setzte mich kurzerhand aufs Bett und fing an, in ihr zu lesen. Nun hatte sich auf wundersame Weise das Problem geklärt, wie ich zu den Worten des Johannesevangeliums kommen konnte.

Verwundert mußte ich aber feststellen, daß ich herzlich wenig verstand! Irgendwie konnte ich mir aus vielem keinen Reim machen und hatte keine Ahnung, wovon überhaupt die Rede war. So beschloß ich, dem Beten Vorrang zu geben.

Von da an sprach ich jeden Tag zu Gott. Schon nach wenigen Tagen fiel mir auf, daß mein Verlangen nach Erbrechen abgenommen hatte. Ich war erstaunt. In dieser Form war so etwas noch nie dagewesen, und ich konnte mir nicht erklären, warum das so war. Ich erbrach zwar weiterhin, doch von innen heraus wuchs ein für mich undefinierbares Gefühl, das Tag für Tag stärker wurde. Es war ein Gefühl der absoluten Sicherheit, die mir ins Herz gepflanzt wurde.

Und eines Tages hatte ich zum ersten Mal die volle Überzeugung, daß ich von der Bulimie loskommen würde. Ich verspürte eine unbeschreibliche Kraft und Wärme in mir wie nie zuvor. Es war mir selber unmöglich, dieses Gefühl zu beschreiben, und die Sicherheit, die ich verspürte, war auch nicht zu beweisen.

Doch sie war da. Es war absolut keine Einbildung, und ich zweifelte keinen Moment daran, daß ich jetzt anfangen durfte zu genesen. Ich wußte zwar nicht, wieviel Zeit zu meiner Gesundung nötig war, doch das war mir erstaunlicherweise völlig unwichtig. Ich wußte einfach: Ich werde von meiner Sucht befreit werden. Wie das aber vonstatten gehen sollte, konnte ich mir gar nicht vorstellen. Was würde jetzt mit mir passieren?

Auf einmal konnte ich das Essen bewußt in mir lassen. Es kostete mich zwar viel Überwindung, doch ich brachte es fertig. So etwas hatte es seit meiner Brecherei nie gegeben! Ich wußte wirklich nicht, weshalb das mit einem Male ging. Es geschahen immer wieder Dinge mit mir, die ich mir nicht erklären konnte. So wenig ich mich in meiner Sucht unter Kontrolle hatte, so wenig hatte ich nun unter Kontrolle, was mir Positives widerfuhr.

Für einen Bulimiker gibt es nichts Schlimmeres, als etwas Gegessenes zu behalten oder gar zuzunehmen. Ich konnte dagegen mit einem Male ertragen, daß ich zunahm, weil sich die feste Überzeugung in mir auftat, daß das der Weg aus der Sucht war. Irgendwie verstand ich mich selbst nicht. Doch diese tiefe Überzeugung wich nicht mehr von mir.

Leider überfraß ich mich dann, obwohl ich gar nicht wollte. Der Grund lag darin, daß mein Magen nicht mehr zur richtigen Zeit ein Sättigungsgefühl anzeigen konnte. Im Laufe der Jahre hatte er sich ja an riesige Mengen Essen gewöhnt und sich somit ausgeweitet. So geriet ich erst einmal in den Sog der Freßsucht.

Durch das dauernde Zuviel nahm ich einige Kilos zu, verspürte aber noch immer diese Kraft in mir und betete ständig zu Gott. Manchmal zweifelte ich an mir selbst. Bildete ich mir mit diesen Gefühlen nicht doch etwas ein? Wollte ich nicht nur einfach irgend etwas glauben?

Doch die tiefe Überzeugung, den rechten Weg eingeschlagen zu haben, wich nicht von mir. Das machte mir Mut. Nur vermied ich geflissentlich, mich im Spiegel zu begutachten oder mich zu wiegen. Ich wollte mich durch äußere Einflüsse nicht verunsichern.

Weil auch Martin bemerkt hatte, daß ich zunahm, fragte ich ihn eines Tages, ob er trotzdem weiter zu mir stehen würde. Er meinte, daß er meine paar Kilos verkraften würde, wenn ich es nur schaffen konnte, von dieser Bulimie wegzukommen.

Martins Einstellung war für mich enorm wichtig und gab mir noch mehr Motivation, meiner Sucht zu entkommen. Hätte er nicht so zu mir gehalten und mich trotz meiner Kilos geliebt, wäre ich mir nicht sicher gewesen, ob ich so problemlos weiter durchgehalten hätte. Denn die Liebe, die mir Martin trotz der Kilos entgegenbrachte, war mir zu der Zeit trotz allem noch wichtiger, als die Beziehung zu Gott wirklich zu festigen oder zu vertiefen.

Diese Beziehung zu Gott war für mich etwas völlig Neues und noch fremd. Ich tastete mich an Gott heran, denn ich wußte nicht recht, wie Gott ist und was er mit mir vorhatte. Aber mit Martin hatte ich wieder einen Menschen, der mich liebte; und das war für mich wichtiger. Es zählte enorm für mich, denn ich mochte mich ja selbst noch gar nicht leiden.

Nach einigen Wochen wurde mir bewußt, daß ich mich nicht auf meinen Magen und mein Sättigungsgefühl verlassen konnte. Sobald ich es tat, hatte ich nur neue Probleme.

Deshalb mußte ich mir etwas einfallen lassen. Da kam mir eine lustige, aber sehr wirkungsvolle und erfolgversprechende Idee: War ich bei Freunden eingeladen, hörte ich einfach auf zu essen, sobald sie aufhörten. War Martin bei mir, dann nahm ich mir weniger, als ich ihm auf den Teller geschöpft hatte. Damit nahm ich ihn als Maßstab, weil ich keinen anderen hatte, und ging davon aus, daß meine Menge ausreichte. Obwohl mir meine Portion ab und zu sehr klein vorkam, zog ich diese Taktik durch. Mit Erstaunen stellte ich fest, wie wenig mein Körper eigentlich benötigte, um satt zu werden.

Die Tage und Wochen vergingen, und während dieser Zeit lernte ich es langsam aber sicher, mich immer etwas mehr zu beherrschen. Ich erbrach nicht mehr so häufig. Nur Schokolade erbrach ich weiterhin, denn ich brachte es rein gefühlsmäßig noch nicht fertig, eine solche Kalorienbombe im Magen zu behalten.

Wenn ich alleine in der Wohnung war und mich die Freßlust überkam, half ich mir zusätzlich, indem ich laut mit mir selbst redete und mich zurechtwies: «Du weißt ganz genau, daß du dir dein Leben ruinierst. Damit ist jetzt Schluß! Hör endlich auf, dir ständig solche Mistgedanken in deinen Kopf zu setzen und dir einzureden, daß du diese grauenhafte Fresserei brauchst! Du weißt genau, wie elend du dich nachher wieder fühlst. Deshalb fang erst gar nicht an damit! Bist du dann vollgestopft, tust du dir wieder leid, und nachher kannst du dich nicht mehr bremsen. Jetzt ist Schluß!»

So und ähnlich maßregelte ich mich selber sehr heftig und führte ohne Scham in der Wohnung Selbstgespräche. Lautstark versuchte ich mich vor dem Übel zu warnen. Manchmal klappte das sogar, zwar nicht immer, aber immer öfter. Und das waren diese Zurechtweisungen in der eigenen Wohnung allemal wert. Funktionierte es mal nicht, sagte ich hinterher: «Hast dich wieder nicht zurückhalten können, altes Mädchen! Na, mach es beim nächsten Mal besser!»

Von Woche zu Woche hatte ich den Eindruck, mehr Kraft zu haben. Ich fühlte mich allmählich unheimlich stark. Manchmal meinte ich, vor Freude platzen zu müssen, weil ich nach und nach lernte, mich einige Tage zu beherrschen. Immer wieder verspürte ich diese Sicherheit, daß ich wirklich von meiner Sucht loskommen würde, wenn auch nur sehr langsam. So etwas hatte ich früher nie gekannt.

Es gab durchaus Zeiten, in denen mir der Druck und der Streß einfach zu groß wurden. Dann fraß ich zwar alles wieder in mich hinein und erbrach danach, doch ich fühlte mich nachher nicht mehr so furchtbar elend.

Ich hatte begriffen, daß ich solche Ausrutscher nicht als Versagen ansehen mußte, sondern mir selber Verständnis entgegenbringen durfte. Schließlich wollte ich ja gesund werden, und diese Ausrutscher mußte ich lernen als das anzunehmen, was sie waren – eben Ausrutscher!

Die ganze Heilung war ja ein Prozeß, der Zeit brauchte. Die Ausrutscher sah ich jetzt als Druckausgleich, den ich nötig hatte, wenn mich mein gestecktes Ziel zu erdrücken drohte. Dieser neue Gedankengang wirkte Wunder. Ich war ab jetzt nie mehr ein Versager, sondern ein Lehrling, der es übte, zu einem normalen Leben zu finden, und der ab und zu Druckausgleich betrieb ...

Bei Eßproblemen, das merkte ich immer mehr, ist der Weg zu einem normalen Leben wesentlich schwerer als bei anderen Süchten. Ist jemand abhängig von Nikotin oder Drogen, besteht sein einziges Ziel darin, das Suchtmittel endgültig zu lassen. Beim Essen geht das leider nicht. Man kann nicht damit aufhören, sondern muß lernen, richtig damit umzugehen.

Nach vielen kleinen Zwischensiegen und einigem Ausüben von Druckausgleich reduzierte sich mein Gewicht ganz allmählich.

Ein Jahr war bereits vergangen, und ich steckte noch immer in meinem Entzugsprozeß. Gewichtsmäßig ging es bergab, gefühlsmäßig stetig bergauf. Ermüdungserscheinungen kannte ich keine; im Gegenteil, ich merkte, daß ich auf Erfolgskurs war, und «kämpfte» überglücklich weiter. Die nötige Kraft holte ich mir stets im Gebet zu Gott, das für mich zu einer Selbstverständlichkeit geworden war.

Eines Tages erkannte ich, daß sich meine Sucht zurückentwickelt hatte: Ich brauchte das Gefühl des Erbrechens nicht mehr! Meine Sucht fiel allmählich die Stufen hinunter, auf die sie damals geklettert war. Nun hatte ich ein Stadium erreicht, in dem ich erbrach, wenn ich zuviel verschlungen hatte, und nicht mehr, weil ich das Gefühl des Erbrechens mochte und deshalb zuviel in mich hineinfraß.

Das Ergebnis war zwar das gleiche, doch das Motiv ein anderes, und das war entscheidend. Dieses Stadium empfand ich als einen sehr großen Zwischensieg im Kampf gegen meine Sucht, obwohl ich noch lange nicht dort war, wo ich sein sollte. Aber ich lernte allmählich, ab und zu auch mal an etwas anderes zu denken als ständig nur ans Essen.

Meine Angriffe auf die Toilette wurden zusehends weniger, und mit der Zeit bekam ich auf viele Süßigkeiten gar keine Gelüste mehr. Unglaublich, aber wahr: Kuchen, Bonbons und Kekse reizten mich nicht mehr. Dasselbe galt für meinen einstmals so sehr begehrten «junk food». Ich schenkte dem Zeug keine Beachtung mehr. Ich hatte keine Lust mehr, solche Dinge zu essen.

Ich hätte die ganze Welt umarmen können, als ich das feststellen konnte. Die Sicherheit, mein Leben mit Gottes Hilfe in den Griff zu bekommen, ließ mich vor Glück fast schweben. Schon ein Jahr lang hatte ich die Erfahrung machen dürfen, daß Gott treu ist. Er hatte mich getragen und ließ diese absolute Sicherheit, daß ich genesen würde, weiterhin in meinem Inneren.

Nun war mein Gespräch mit Gott zu einer solchen Selbstverständlichkeit geworden, daß ich mir nicht vorstellen konnte, wie ich vorher ohne es ausgekommen war. Jeden Tag dankte ich Gott, daß er so gütig war und mir diese enorme Kraft schenkte und mir beistand, um dies alles durchzustehen.

In einem Punkt machte mir der Entzug allerdings noch Mühe: Bei Schokolade blieb ich weiterhin unheimlich schwach. Dieser Versuchung konnte ich auch jetzt in keiner Form widerstehen. Kaum sah ich etwas Schokoladenartiges herumliegen, mußte ich es sofort «vernichten». Die arme Manuela konnte ihre selbstgekauften Schokoladenkekse höchst selten genießen. Ich aß sie gleich auf, sobald ich sie irgendwo entdeckt hatte. Glücklicherweise hatte Manuela Geduld und gab sich damit zufrieden, daß ich ihr versprach, am nächsten Tag die gleichen Kekse wieder zu kaufen.

Alle möglichen Tricks versuchte ich, um mich auch gegen Schokolade immun zu machen, doch der Kampf blieb hart. Noch immer sah ich dauernd den Kühlschrank vor meinem inneren Auge, sobald ich wußte, daß Schokolade darin war. Bei mir konnte sie nie alt werden; selten genug überstand sie den ersten Tag in unserer Wohnung.

Die Lösung des Problems glaubte ich darin zu finden, daß ich Schokolade nicht mehr als etwas Besonderes ansehen durfte. Das brachte mich auf eine Idee: Ich kaufte zehn Tafeln auf einmal und verteilte sie in der ganzen Wohnung. Damit wollte ich mich an diesen Anblick gewöhnen und lernen zu vergessen, daß es sich um Schokolade handelte, die ich auch essen könnte. Egal welches Zimmer ich betrat, überall lag eine Tafel Schokolade rum. Manuela grinste nur, als sie das sah.

Ich muß zugeben, daß der Versuch nur teilweise gelang, denn die Reizüberflutung war so enorm, daß ich den «Schokoladenanblick» nur gerade zwei Tage aushielt. Danach fraß ich gleich alle zehn Tafeln auf einmal auf. Mit großer Freude erbrach ich alles wieder heraus und fühlte mich danach «sauwohl». Obwohl ich die Schokolade «erfolgreich vernichtet» hatte, war mir klar, daß diese Methode nicht die richtige gewesen war; und ich wiederholte sie auch nicht mehr. Trotzdem konnte ich nach ein paar Wochen feststellen, daß selbst meine Schokoladenattakken nachließen.

Ganz bewußt wollte ich mir nie in Erinnerung rufen, wann ich das letzte Mal erbrochen hatte. Ich wollte diesen Akt nicht wichtiger nehmen, als er war, wollte ihn schlichtweg übersehen. Diese Einstellung schien sich als richtig zu erweisen. Unmerklich hatte ich keine Kontrolle mehr darüber, wie oft ich noch erbrach. Jeglichen Anflug eines Gedankens an die Frage «Wann war das letzte Mal, daß ...?» erstickte ich im Keim.

Endlich, zwei Jahre nach dem besonderen Zahnarztbesuch und dem Beginn meiner Hinwendung zu Gott, glaubte ich, mit gutem Gewissen sagen zu können, daß ich geheilt worden war. Meine Freude darüber war unermeßlich!

Ich hatte zwar noch ein, zwei Rückfälle, doch ich ließ mich davon überhaupt nicht mehr beeindrucken. Ich tat so, als hätte es sie nie gegeben, und das funktionierte prima. Immer noch konnte ich es kaum fassen, endlich befreit worden zu sein, nach all den vielen Jahren!

Und noch etwas änderte sich. Meine Sucht hatte ich ja fast immer heimlich praktiziert. Da ich nun wußte, daß sie überwunden war, hatte ich auf einmal keine Hemmungen mehr, offen darüber zu sprechen. Wann immer sich die Gelegenheit ergab, erfuhr der eine oder andere davon. Wahrscheinlich waren auch einige Leute darunter, die im Grunde nichts von meinen überwundenen Nöten wissen wollten. Doch meine Freude war so unbeschreiblich groß, daß mir das nichts ausmachte, und vor allem schämte ich mich nicht mehr. Dazu war ich viel zu glücklich!

Wenige Monate fühlte ich mich geheilt, als mich ein Erlebnis in Angst und Schrecken versetzte: Ich arbeitete bereits seit einiger Zeit in einer anderen Firma, diesmal in einer Großfirma. Wie gewohnt ging ich zur Arbeit. Über Mittag hatte ich einen Sprachkurs am anderen Ende der Stadt. Noch während des Unterrichts wurde mir von einer Sekunde auf die andere hundeelend. Zuerst dachte ich, daß es an der schlechten Luft im Schulungsraum lag, und war froh, daß die Stunde soeben zu Ende ging.

Ute, eine andere Kursteilnehmerin, und ich gingen gemeinsam zur Firma zurück. Auf dem Weg sagte ich ihr, daß mir schlecht sei. Als wir an einer Bäckerei vorbeikamen, kaufte ich mir ein Brötchen und biß gleich hinein. Nach wenigen Minuten Fußweg kamen wir an ein weiteres Geschäft. Es reichte nur noch bis zur Hausecke. Dann mußte ich mich niederknien und konnte mich nicht mehr halten: Ich erbrach in voller Lautstärke!

Die Leute um mich herum schauten mich nur so an und wollten genau sehen, was ich da machte. Als sie merkten, was los war, verzogen sie sich aber schnell wieder, denn so genau wollten sie so etwas doch nicht mitkriegen. Ute stand fürsorglich neben mir und fragte mich, ob es allmählich wieder ginge. Antworten konnte ich ihr nicht, denn es würgte noch weiter in mir.

Kurz darauf hörte die Brecherei auf. Gleich ging es mir etwas besser, und bald stand ich wieder auf den Beinen. Ute war schon in den Laden gegangen und hatte gemeldet, daß meine Bescherung an der Hausecke lag. Sehr freundlich meinten sie, daß sie das selbst wegräumen würden und wir unbesorgt gehen dürften. Das fand ich äußerst nett.

Kaum waren wir jedoch vor unserem Firmengebäude angelangt, überkam mich die Übelkeit von neuem. Ute brachte mich sofort zum Betriebsarzt. Kaum war ich dort angekommen, bekleckerte ich gleich den Fußboden. Die Schwestern hatten eine Riesenfreude an mir!

Nach dieser netten Vorstellung begleitete mich eine der Schwestern in ein Zimmer und legte mich auf eine Liege. Danach wurde ich in eine Decke gewickelt, und später brachte die Schwester mir Tee. Ute ging darauf zurück zu ihrer Arbeit.

Keine fünf Minuten waren vergangen, als ich wieder aufspringen mußte. Ich rannte in den nächsten Raum und machte das Waschbecken voll. Die Freude der Schwestern wurde immer größer, und eine wies mich mit schroffem Ton an, ich solle gefälligst in die Rinne im gekachelten Boden erbrechen, damit sie das Zeug mit einem Wasserschlauch wegspülen könne.

Erschrocken und verwirrt über diese unsanfte Art, legte ich mich sofort wieder hin. Doch gleich mußte ich schon wieder aufspringen. Wirklich alle zehn Minuten ging dieses Theater von vorne los. Ich glaubte sterben zu müssen; so elend war mir noch nie gewesen!

Die ersten paar Male erbrach ich Wasser, denn weil mein Magen bereits leer war, konnte kein festes «Material» mehr kommen. Doch zu allem Übel spuckte ich später zusätzlich Galle! Nach jedem Mal wurde mir noch mieser, und dann erbrach ich nur noch Galle, Galle, Galle.

Mein Magen konnte sich nicht mehr beruhigen! Mit der Zeit fühlte ich mich richtig ausgetrocknet, und doch kam der Brechreiz dauernd wieder. Dazu kam, daß ich langsam mehr und mehr an Kraft und immer schneller mein Gleichgewicht verlor. Mir wurde schwindelig, und ich mußte mich jeweils beeilen, daß ich rechtzeitig auf meine Liege kam, bevor mir schwarz vor Augen wurde. Kein Wunder, denn ich hatte schon lange nichts mehr im Magen.

Leider machten sich die Schwestern nicht die Mühe, auch nur ein einziges Mal für mich aufzustehen. Sie schauten nach einiger Zeit noch nicht einmal mehr zu mir herüber, wenn ich wieder zur Rinne rannte. Zu sehr waren sie mit sich selbst beschäftigt. Tee war die einzige Hilfestellung, die sie mir all die Stunden hindurch leisteten.

Mir kam es vor, als sei eine Ewigkeit vergangen, als schließlich doch noch jemand mein Zimmer betrat. Ich hatte inzwischen jegliches Zeitgefühl verloren. Auf jeden Fall fand ich, daß es mittlerweile mehr als überfällig war, daß jemand nach mir schaute, denn ich fühlte mich halbtot, schier verhungert und konnte nicht einmal mehr laut schreien.

Es erschien ein junger Assistenzarzt, der mir mitteilte, daß der Chef beschäftigt sei. Danach fing er an, mir Fragen zu stellen. Schließlich wollte er wissen, ob ich irgendwelche Krankheiten hätte. Ich konnte ihm aber nichts Aufregendes berichten. Außerdem sah ich selber keinen Grund für diese Brechanfälle.

Auf einmal dachte ich an meine überwundene Bulimie und sagte dem Arzt nur so beiläufig: «Wissen Sie, ich hatte zwar Bulimie, doch ich bin seit Monaten davon geheilt. Vielleicht ist das hier aber noch eine Reaktion darauf oder eine Entzugserscheinung. Könnte das nicht sein?»

«Was!? Sie haben Bulimie? Wer ist Ihr behandelnder Arzt?» wollte er wissen, erstaunt und besorgt zugleich.

«Ich habe Ihnen doch gesagt, daß ich Bulimie *hatte* und jetzt nicht mehr habe. Außerdem sind Sie der erste Arzt, dem ich das sage. Ich habe keinen Arzt gebraucht. Nach zwei Jahren Kampf bin ich auch ohne so jemanden da rausgekommen», gab ich ihm etwas gereizt zur Antwort.

Der Arzt konnte meinen Erläuterungen keinen Glauben schenken und entgegnete mir: «Ich glaube nicht, daß Sie das alleine geschafft haben.» «Glauben Sie, was sie wollen. Es ist jedenfalls die Wahrheit!» gab ich etwas verärgert zurück. Schließlich war ich nicht hier, um mich mit ihm über meine ehemalige Bulimie zu streiten, sondern hatte die Hoffnung, daß er mir in meiner jetzigen Situation helfen konnte.

Nach meinem letzten Satz mußte ich unsere Unterhaltung gleich noch einmal unterbrechen. Ein Wink meines Magens überzeugte mich davon, daß es an der Zeit war, erneut aus dem Zimmer zu rennen, um etwas Galle loszuwerden.

Als ich zurückkam, plapperte der Assistenzarzt einfach weiter; er könne das ... bla bla bla ... nicht fassen, ... bla bla bla ... Auf einmal sagte er nur noch: «Da Sie keinen Arzt ins Vertrauen gezogen haben, kann ich Ihnen diesbezüglich auch nicht helfen!» Damit ging er einfach wieder aus dem Zimmer.

Ich glaubte zu spinnen. Anstatt mir in meiner elenden Lage zu helfen, hatte er mir die ganze Zeit die Ohren über meine überstandene Sucht vollgequasselt und war dann einfach wieder verschwunden!

Dann ließ ich mir noch einmal seine Worte durch den Kopf gehen. Ich mußte wirklich feststellen, daß ich in all den Suchtjahren nicht ein einziges Mal auf die Idee gekommen war, einen Arzt aufzusuchen.

Verwunderlich war das nicht, denn all diejenigen, die mir nahegestanden hatten und denen ich mich anvertraut hatte, hatten mir ja nicht helfen können. Bei einem «fremden» Arzt hätte ich noch viel weniger Hoffnung auf Hilfe gehabt, was mir dieser Assistenzarzt ebenfalls glanzvoll bestätigt hatte. Langsam geriet ich ins Dösen und dachte nur noch: «So einem Arzt wie diesem hier hätte ich gar nichts anvertraut» und schlief ein.

Am späten Nachmittag kam ich wieder zu mir. Der Schlaf hatte mir gutgetan; mein Magen hatte sich etwas beruhigt. Auf einmal hörte ich die Stimmen der Schwestern, die gerade über mich sprachen. «Eben hat eine Kollegin aus ihrem Betrieb angerufen. Sie kommt Sie holen und fährt Sie nach Hause.» Ich war froh über diese Nachricht und konnte jetzt gelassen auf meiner Liege ausruhen. In diesem Zustand wäre ich ohne fremde Hilfe nirgends mehr hingekommen; vor Schwäche wäre mir sofort schwindelig geworden.

Margarete, meine nette Kollegin, kam schon bald. Sie fuhr mit ihrem Auto direkt vor die Praxistüre und kam aufgeregt herein. «Was machst du auch für Sachen?» fragte sie, als sie mich sah, und half mir aufzustehen.

Durch meine «Aktivitäten» den ganzen Nachmittag hindurch war ich jedoch so geschwächt, daß ich kaum noch stehen konnte. Während Margarete mir in den Mantel half, drehte sich mein Kopf bereits. Ich hängte mich bei ihr ein, torkelte zu ihrem Auto und ließ mich auf den Beifahrersitz fallen.

Während Margarete die Sitzlehne tiefer stellte, merkte ich voller Entsetzen, daß mir Arme und Beine anfingen zu kribbeln. Diese Anzeichen kannte ich nur zu gut. Mir wollte gerade schwarz vor Augen werden, als Margarete im letzten Moment die Rückenlehne wieder etwas höherstellte und ich dann doch nicht in Ohnmacht fiel.

Margarete war wie auf Nadeln. Das merkte ich sehr gut, denn ich war bei klarem Kopf und innerlich sehr ruhig. Es war nur mein Körper, der im Moment nicht mehr so funktionierte, wie er sollte. Mir war jetzt wohl, denn ich fühlte mich nicht mehr so allein wie in der Arztpraxis, wo mir niemand beigestanden hatte.

«Bist du noch da?» fragte Margarete auf der Fahrt immer wieder, denn ich mußte ihr ja meinen Heimweg beschreiben. Bei meiner Kollegin eingehakt, schaffte ich es bis in die Wohnung und verkroch mich dort gleich ins Bett.

Nun warteten wir auf Martin, den man in seinem Büro mit der Meldung erschreckt hatte, er solle sofort zu mir nach Hause kommen, um mich zu pflegen.

Sichtlich erleichtert verzog sich Margarete, als er ankam. Martin holte gleich eine Brechschüssel und stellte sie neben mein Bett. Danach versuchte er mich aufzupäppeln. Er gab mir zu essen, soweit das möglich war, und hielt einfach die Stellung bei mir. Besorgt schien er allerdings überhaupt nicht zu sein. Das irritierte mich ein wenig, da ich selbst ja keine Ahnung hatte, was eigentlich mit mir los war.

Nur ein einziges Mal konnte ich das Essen nicht bei mir behalten, doch ab da ging es, und wenig später schlief ich ein. Am nächsten Tag ging es mir erstaunlicherweise viel besser, und am übernächsten Tag war ich schon wieder auf den Beinen.

Was mir damals wirklich fehlte, weiß ich bis heute nicht genau. Es passierte auch nicht wieder. Selbst mein Hausarzt, bei dem ich ein paar Tage später vorbeischaute und der mich von Kopf bis Fuß untersuchte, konnte nichts Außergewöhnliches feststellen.

Als ich zwei Jahre lang mit Manuela die Wohnung geteilt hatte, beschlossen Martin und ich zusammenzuziehen. Wir fanden eine nette kleine Wohnung in einem geräumigen Mietshaus mitten in einem Viertel mit lauter Einfamilienhäusern.

Ich hatte zwar die ganze Zeit nicht vergessen, was Gott für mich getan hatte und wie erfüllt ich mich fühlte, aber meinen Lebensstil änderte ich trotzdem nicht. Meine Beziehung zu Gott empfand ich mit der Zeit als irgendwie fadenscheinig.

Es störte mich auch nicht, daß ich weiterhin Dinge tat, die mir ein schlechtes Gewissen verursachten. Ich betete nur, wenn ich etwas von Gott wollte, und kaum, um ihm zu danken. Irgendwie kam ich mit Gott nicht weiter. Ich konnte keine tiefe Beziehung mit ihm eingehen.

Ich blieb zwar suchend; aber irgend etwas fehlte mir ihm gegenüber. Die Beziehung zu Gott war nicht persönlich, und sie war für mich auch nicht verbindlich. Ich suchte auch keine Christen auf, weil ich ständig in der Angst lebte, nicht an die «Richtigen» zu gelangen, sondern an eine Sekte. Weil ich noch nicht wußte, wie ich die «Richtigen» von den anderen unterscheiden konnte, ging ich auf Nummer Sicher und schloß mich nirgends an.

Trotzdem versuchte ich Martin von Gott zu überzeugen. Wir trafen uns mit Hans und seiner Familie, und auch sie bemühten sich, Martin Gott etwas näherzubringen. Doch wir stießen bei ihm auf taube Ohren. «Ich bin zwar katholisch, doch das, was ihr da erzählt – na ja, ich weiß nicht recht ...» So oder ähnlich kam es aus ihm heraus.

Gleichzeitig sprachen wir ihn auf seine leidenschaftliche und auch erfolgreiche Pendelei an. Hans erklärte ihm, daß in der Bibel davor klar gewarnt würde. Es sei unbestritten, daß Pendeln funktioniere, aber genauso unbestritten sei es auch, daß nicht alle Dinge dem Menschen zum Guten dienten. Das Pendeln trage zu nichts Gutem bei, warnte er; doch Martin ließ sich davon nicht beeindrucken.

Enttäuscht über Martins Eigenwillen, entschloß ich mich, ihn nicht mehr darauf anzusprechen, sondern klammheimlich in meinem Kämmerlein im Bett für Martin zu beten. Ich bat Gott, er möge Martin doch den Weg zu ihm finden lassen.

Franco besuchte mich noch einige Male die Jahre hindurch. Martin sagte ich zum Thema Franco, daß er sich keine Sorgen machen müsse, weil ich Franco um keinen Preis wiederhaben wollte. Ich fände es aber interessant zu hören, was er mir zu berichten hätte. Dann müsse ich immer denken: «Bin ich froh, daß das alles jetzt nicht mehr mein Bier ist ...»

Bei Francos Berichten wußte ich allerdings nie, ob er die Wahrheit sagte oder mich verkohlte; seine Begabung zu lügen war absolut sensationell.

Franco fand dann eine Frau, die ihn heiratete. Das schien mir kein Zufall zu sein, denn ihre Eltern hatten angeblich viel Geld. Das kam ihm sicherlich gelegen, aus Prestigegründen, versteht sich.

Zwischen mir und seiner jetzigen Frau gab es noch eine Reihe anderer weiblicher Wesen in seinem Leben. Jede davon war wieder etwas jünger als die vorhergehende. Franco suchte sich immer so junge Mädchen aus, wahrscheinlich, weil sie noch so gut formbar und noch so naiv waren und ihm alles abnahmen, was er sagte. Auch ich war ja während unserer Freundschaft keineswegs erwachsen gewesen. Diese Mädchen, noch richtiges Junggemüse, taten wie ich damals sicherlich alles, was er wollte. Und das war ihm natürlich recht.

Es ist anzunehmen, daß er sie auch gleich in sein Sexleben einführte, denn er war schon ziemlich versessen darauf und hatte dazu noch eine schmutzige Phantasie. In jedem Bild, in jeder Bewegung sah er irgendeine sexuelle Handlung oder Haltung.

Damals hatte er mir manchmal sogar erzählt, wie sich die eine oder andere Vorgängerin beim Geschlechtsverkehr verhalten hatte. Vielleicht weiß seine jetzige Frau auch etwas über *mein* Sexualleben; das wäre gut möglich. Es kommt wohl drauf an, ob er bei seinen Erzählungen überhaupt bis zu der Episode mit mir gekommen ist; er hatte ja so viele Frauen. Seit er verheiratet ist, sei er treu, sagte er mir einmal. Für mich wäre es interessant zu wissen, wie lange er die Treue durchhalten kann ...

Einige Zeit nachdem Martin und ich zusammengezogen waren, wurde ich schwanger, obwohl wir eine Menge dagegen unternommen hatten. Panik stieg in mir auf. Ich hatte schreckliche Angst, zurück in den Sog der Bulimie zu fallen, denn ich wußte nicht, wie ich reagieren würde, wenn nach und nach mein Gewicht wegen des Babys wieder klettern würde. Zwar war ich seit einem Jahr von meiner Sucht geheilt, doch ich befürchtete, daß die neue Situation alles wieder über den Haufen werfen könnte.

Schon im zweiten Monat mußte ich erfahren, was es bedeuten konnte, schwanger zu sein: Von morgens früh bis abends spät war mir speiübel! Ich konnte mir noch nicht einmal mehr etwas kochen, da ich höchstens fünf Minuten stehen konnte, ohne daß mir schwindelig wurde.

So steckte ich oft in einem Dilemma. Mir wurde vor Hunger schlecht; sobald ich jedoch etwas gegessen hatte, war mir schlecht, weil ich gegessen hatte! Oft kam der Brechreiz schon beim Geruch des Essens. So eine Dauerübelkeit hatte ich noch nie erlebt. Das war etwas ganz Schreckliches, und ich war sehr oft sehr verzweifelt.

Am Morgen wachte ich auf, und schon war mir übel. Alles drehte sich in meinem Kopf. Dann versuchte ich, so gut es ging, etwas zu essen, doch mir wurde nicht wohler. Den ganzen Tag durch war mir schlecht, manchmal mußte ich mich sogar übergeben. Danach fühlte ich mich für ein paar Minuten besser. Bald darauf wurde mir aber wieder grausam übel.

Deshalb versuchte ich, so oft es ging, zu schlafen, um meinen Zustand nicht mehr zu spüren. Wachte ich auf, war die Übelkeit wieder da. Manchmal träumte ich sogar in der Nacht, daß mir übel und schwindelig war.

Diese Dauerübelkeit brachte mich fast um den Verstand. Einmal hielt sie ganze vierzehn Tage an! Ich wurde aggressiv, weil es mir einfach nicht bessergehen wollte. Es gab Momente, da wünschte ich mir, meinen Bauch wegreißen zu können, weil ich diesen Zustand nicht mehr aushielt.

Einmal legte ich mich extra auf die Wohnzimmercouch, weil mir mal wieder schlecht war. Nach ein, zwei Minuten jedoch merkte ich, daß etwas in mir hochkommen wollte. Krampfhaft versuchte ich das zu verhindern, doch ich spürte, daß es mir nicht gelingen wollte.

Wie ein geölter Blitz sprang ich auf und wollte gleich zur Toilette rennen, doch ich schaffte es nicht mehr, alles bis dorthin mitzunehmen. Hinterher konnte ich unschwer erkennen, wo der Rest liegengeblieben war: Eine gut erkennbare Spur führte durch drei Zimmer. Auf dem ganzen Weg vom Sofa bis zur Toilette war alles voll! Was für ein angenehmer Anblick in meinem lädierten Zustand – und erst der Geruch! Leider blieb mir nichts anderes übrig, als meine Schweinerei selber wegzuputzen, denn außer mir war niemand zu Hause.

Dieses «natürliche» Erbrechen stand in keinem Verhältnis zu dem selbst herbeigeführten während meiner Bulimiezeit. Wenn ich mich selbst zum Erbrechen gebracht hatte, hatte mir das vorübergehend gutgetan und war für mich angenehm erlösend gewesen. Was ich aber jetzt in der Schwangerschaft erlebte, war ziemlich heftig und tat weh. Ich hatte es überhaupt nicht unter Kontrolle, und es laugte mich innerhalb von wenigen Sekunden aus.

Nach den unendlich langen vierzehn Tagen verbesserte sich mein Zustand etwas. Mir war zwar noch öfters schlecht, aber nie mehr so lange an einem Stück und nicht mehr so schlimm.

Schließlich legten sich nach sehr, sehr langen viereinhalb Monaten glücklicherweise die Übelkeit und die Brechreize, und danach konnte ich endlich Freude an meiner Schwangerschaft haben.

Durch das ganze Theater mit der Übelkeit hatte ich in den ersten vier Monaten nicht zugenommen, sondern sogar zwei Kilo verloren! So hatte ich noch einigen Spielraum bis zum Ende der Schwangerschaft. Nach ein paar Wochen sah es so aus, als ob ich nicht ausgesprochen dick werden würde. Damit verflog auch meine Angst vor dieser Begleiterscheinung des Schwangerseins.

Nach diesen ersten schrecklichen Monaten war ich mir nun aber wirklich sicher, daß ich nicht mehr zurück in die Bulimie fallen würde, und das machte mich überglücklich! War das Baby für mich zuerst ein «freudiger Nebeneffekt» gewesen, so war jetzt meine Freude über das in mir heranwachsende Kind wirklich echt und um so größer. Ich sah es nicht nur als wunderbares Geschenk an, sondern als die personifizierte Bestätigung meiner überwundenen Sucht!

Bald wollte ich wissen, ob es ein Junge oder ein Mädchen sein würde. Insgeheim hoffte ich auf ein Mädchen. Martin hätte sowieso auch gerne ein Mädchen gehabt, und so wurde meine Neugierde immer größer.

Eines Tages wollte Martin über meinem Bauch pendeln. Mich störte das zwar, weil ich mit dieser Pendelei nichts zu tun haben wollte. Doch ich ließ ihn machen, und er kam zu der Überzeugung, daß es ein Junge sein würde.

Mehrmals ging ich zum Frauenarzt, um eine Kontrolluntersuchung über mich ergehen zu lassen. Jedesmal bat ich den Arzt, mir doch zu sagen, worauf ich mich nun freuen dürfe. Etwas widerwillig ging er schließlich doch noch darauf ein und kam nach einer Ultraschallansicht zu dem Schluß, daß es ein Junge sein würde.

Ganz tief in meinem Innern war ich ein wenig enttäuscht, denn ich hatte mir ja ein Mädchen gewünscht. Doch ich stellte mich um, und nach einiger Zeit freute ich mich riesig auf «unseren kleinen Jungen».

An einem Donnerstag morgen arbeitete ich noch im Büro, und gegen Mittag ging ich nach Hause, um mich bequem auf die Couch zu legen, meine Beine hochzulagern und zu schlafen. Als ich gegen Abend aufwachte, lag ich inmitten einer Wasserlache, und da merkte ich, daß die Fruchtblase geplatzt war. Sofort wollte ich aufstehen und ins Badezimmer rennen, als mir das Wasser nur so die Beine herunterlief.

Im Badezimmer wechselte ich meine Leggings und hielt mir ein Handtuch zwischen die Beine, als glücklicherweise Martin zur Türe hereinkam. «Martin», sagte ich, «du kannst gleich wieder umdrehen. Wir müssen ins Krankenhaus!»

Martin war sehr ruhig und gelassen und meinte: «Ich habe den ganzen Tag nichts gegessen und habe jetzt Hunger. Das geht alles sowieso nicht so schnell!» Er ging in die Küche, schnitt sich ein Stück Brot ab und fing an zu essen, während mir noch immer das Wasser zwischen den Beinen herunterlief.

«Ruf bitte mal das Krankenhaus an, daß wir gleich kommen», bat ich ihn. Die Dame am anderen Ende fragte ihn die unmöglichsten Dinge, so daß Martin mich andauernd rief und die Fragen an mich weitergab.

«Dann kann ich ja gleich selber rangehen, wenn die so viel wissen will», meinte ich etwas genervt und nahm den

Hörer. Nun stellte mir die Frau nochmals dieselben Fragen, und wir plapperten mehrere Minuten, bis sie mich endlich auflegen ließ.

Als ich aufgehängt hatte, war auch Martin mit Essen fertig, und wir konnten endlich Richtung Krankenhaus fahren. Dort mußte ich bei der «Anmeldung» noch einmal ein Prozedere über mich ergehen lassen, bis ich endlich von einer Hebamme abgeholt wurde. Etwas später fingen auch die Wehen an.

Sehr heftig, aber schnell ging die Geburt voran, und nach vier Stunden rutschte geradezu das kleine Häuflein raus. Martin stand die ganze Zeit neben mir und hielt mich fest. Als das Baby herausgeschlüpft war, sah ich Martin an und stellte fest, daß er es völlig irritiert anschaute. Ich fragte ihn, was los sei. Völlig ungläubig und überrascht meinte er: «Ha, es ist ein Mädchen!»

Als ich das hörte, meinte ich zuerst, er mache Witze, und entgegnete: «Hör doch auf, das kann nicht sein!» «Doch», sagte er, noch immer überrascht, aber hocherfreut. «Es ist ein Mädchen!» Und da kam ich mir wirklich etwas blöd vor. Nun hatte ich mich monatelang auf einen Jungen eingestellt, und jetzt hatten wir doch keinen! Noch nach Tagen konnte ich es kaum fassen, daß wir mit Leonie ein kleines, süßes Mädchen geschenkt bekommen hatten, genau das, was wir uns doch eigentlich gewünscht hatten ...

Ab und zu sprachen Martin und ich darüber, wie verrückt es doch war, daß nicht nur sein Pendel ihn betrogen hatte, sondern auch der Arzt fehlgeleitet gewesen war. Mit Nachdruck bat ich Martin jetzt allerdings, das Pendel weit weg zu werfen. Erstaunlicherweise ließ er es verschwinden. Ich sah es nie mehr.

Die Wochen und Monate vergingen. Erstaunlich schnell gelangte ich wieder zu meinem ursprünglichen Gewicht und wußte, daß ich mit dieser Prüfung meine

Bulimie wahrscheinlich überstanden hatte. Ich konnte endlich erleichtert aufatmen.

Nur eines mißfiel mir: daß Martin den Weg zu Gott noch immer nicht gefunden hatte. Ich betete «im Kämmerlein» weiter für ihn.

Einige Monate später kam Martin abends nach der Arbeit nach Hause und sagte: «Du, Claudia, wir sind beide von einem Kunden von mir zum Abendessen eingeladen worden. Das ist doch nett, oder?» Ich war etwas erstaunt, daß sein Kunde ausgerechnet uns beide eingeladen hatte, und fragte: «Kenne ich den Kunden denn?» «Nein, du kennst ihn nicht», erklärte Martin, «aber wir sind auch nicht zu ihm nach Hause eingeladen, sondern zu einem Bankett in einem Restaurant. Da hält jemand einen Vortrag, und nachher wird festlich gegessen.»

«Was sind denn das für Leute?» wollte ich weiter wissen und war noch immer erstaunt. «Und weshalb lädt uns dein Kunde einfach dazu ein?» – «Er wollte uns einfach so einladen», erläuterte Martin weiter. «Er sagte, das sei eine Vereinigung von christlichen Geschäftsleuten. Da seien zum Teil einflußreiche Geschäftsleute aus der Wirtschaft dabei. Viel mehr weiß ich nicht. Ich habe zugesagt, daß wir kommen. Ist dir das recht?»

Inzwischen war ich hellhörig geworden. «Lassen wir uns mal überraschen, was das ist», stimmte ich zu. Und im geheimen fragte ich mich, ob Martins Weg mit Gott vielleicht dort beginnen könnte. Ich traute mich noch nicht recht, daran zu glauben, denn das wäre zu schön gewesen, um wahr zu sein. Ich beschloß, erst mal abzuwarten.

Der Abend der Einladung kam. Wir waren überrascht, wie viele Leute in dem Restaurant Platz genommen hatten. Schon bald erblickte Martin seinen Kunden, und ich wurde ihm und seiner Frau vorgestellt.

An unserem Tisch saßen noch einige andere Leute, die sich angeregt unterhielten, bis uns vorne auf der Bühne ein

Mann herzlich begrüßte. Er stellte uns den Referenten vor, der zu diesem Anlaß extra aus den USA angereist war.

Der Amerikaner, der simultan ins Deutsche übersetzt wurde, begann über sein Leben zu berichten und zu beschreiben, wie schwer es seine Umwelt viele Jahre lang mit ihm gehabt hatte, bis er zu Jesus Christus finden durfte.

Während der Referent seine Leidensgeschichte erzählte, wurde mir auf einmal ganz warm ums Herz. Ein unheimlich starkes Glücksgefühl kam in mir hoch. Ich spürte, daß ich hier am richtigen Ort war. Dieser Mann auf dem Podium sprach genau über das, was ich all die Jahre in meinem Kämmerlein gesucht hatte. Vor Glück glaubte ich zu platzen!

Ganz gespannt hörte ich ihm weiter zu und wünschte mir, daß sein Vortrag niemals zu Ende sein würde. Ich wollte noch mehr und immer noch mehr hören von jemandem, der von demselben Gott sprach, der mich geheilt hatte. Denn ich hatte ja die ganze Zeit mit niemanden über ihn reden können, weil mir niemand geglaubt hatte, daß mir genau dieser Gott lebendige Hilfe geschenkt hatte!

Leider ging der Vortrag doch zu Ende, und danach wurden wir darauf aufmerksam gemacht, daß diese Vereinigung christlicher Geschäftsleute ständig kostenlose Gesprächsrunden anbot, um den Menschen die Bibel ein wenig näherzubringen. Als ich das hörte, sagte ich Martin voller Enthusiasmus: «Geh doch dorthin!» Sein Tischnachbar sah mich überrascht an, weil dieser Satz so spontan und laut aus mir herausgesprudelt war.

Ich war überzeugt, daß wir hier an der richtigen Anlaufstelle für Martin waren. Diese Menschen sprachen die Sprache, die er verstehen konnte!

«Du wirst ja nur wieder wütend, wenn ich noch einen Abend weniger zu Hause bin!» meinte Martin. Doch zu seiner Überraschung hörte er von mir: «Für diese Sache ist es mir egal, wenn du nicht zu Hause bist. Das ist es mir wert!»

Noch einige Zeit blieb Martin unschlüssig und wußte nicht, ob er es wagen sollte. Doch ich ließ nicht locker, und schließlich meldete er sich an.

Als Martin nach dem ersten Gesprächsabend heimkam, fragte ich ihn, wie es gewesen sei. «Na ja, ist ja alles schön und gut. Sie haben über die Bibel gesprochen, und ich habe mit Gegenargumenten gekontert und nicht lockergelassen», sagte er nur und wollte nicht näher darauf eingehen. Ist ja typisch Martin, dachte ich mir. Es hätte mich doch schwer gewundert, wenn er keine Gegenargumente gebracht hätte. Wir sprachen nicht mehr über den Abend.

Nach der zweiten Gesprächsrunde wollte er mir erst recht nicht sagen, wie es war. Irgendwie war er verstockt und nachdenklich zugleich. Er wollte nicht darüber sprechen, was mich sehr verwunderte. «Na gut», dachte ich, «dann laß ich ihn eben so sein.»

Als Martin in der dritten Gesprächsrunde war, saß ich gerade zu Hause auf dem Sofa und nähte. Auf einmal ging die Haustüre auf, und ich spürte, daß etwas anders war als sonst. Martin kam ganz fröhlich ins Wohnzimmer und strahlte wie ein Maikäfer. «Was ist denn mit dir los?» fragte ich ihn ganz erstaunt. Mit glänzenden Augen schaute er mich an. «Jetzt ist es geschehen!» entgegnete er überglücklich.

Ich wußte nicht, wovon er sprach, und fragte ihn, worum es überhaupt ginge. Noch einmal sagte er völlig überzeugt: «Jetzt ist es geschehen! Jetzt weiß ich, daß das, was in der Bibel steht, stimmt!»

Mir blieb fast die Spucke weg, als ich das aus seinem Mund hörte. «Wie kommst du ausgerechnet jetzt zu dieser Überzeugung?» wollte ich wissen, und dann fing er ausführlich an zu berichten, was er in der Gesprächsrunde alles gehört und gesehen hatte.

Ich war sprachlos vor Erstaunen. Martin war so begeistert und erzählte so viel, daß ich ihn, der sonst ein ruhiger, und beherrschter Mensch war, fast nicht mehr wiedererkannte. Martin war von diesem Tag an völlig verwandelt. Eigentlich war er so geworden, wie ich ihn mir immer gewünscht hatte.

Martin ging noch in zwei weitere Gesprächsrunden und fing an in der Bibel zu lesen. Nun geschah etwas für mich kaum Vorstellbares: Nur drei Wochen nach seiner Wandlung fing er an, mir Bibelstellen zu erläutern, die ich die ganze Zeit nicht hatte verstehen können. Ich konnte das kaum glauben! Nun kam Martin und «überholte mich» in meinem Wissen in nur wenigen Wochen! Was hatte er denn, was ich nicht hatte?

Interessanterweise stellten wir beide dies zur selben Zeit fest. Deshalb sagte ich ihm, daß ich auch sehr gerne an dieser Gesprächsrunden teilnehmen würde. Schließlich wollte ich diese Niederlage nicht auf mir sitzen lassen ... Glücklicherweise ließ sich das arrangieren, und ich konnte mitkommen.

Schon nach meiner ersten Gesprächsrunde erkannte ich, wo bei mir das Problem lag. Endlich fand ich heraus, was zwischen Gott und mir stand und wer mir fehlte! Ich hatte nie begriffen, daß nicht Gott der eigentliche «Ansprechpartner» für uns Menschen ist, sondern Jesus Christus, sein Sohn. Er, so wurde mir klar, ist die Schlüsselfigur für uns Menschen und die Schlüsselfigur in der Bibel!

Als mir dieses Licht aufging, merkte ich, daß ich die ganze Zeit geschlafen hatte und mir das Wesentliche fehlte. Endlich verstand ich, daß Jesus Christus allein wichtig für mich ist und daß ich ihm mein Leben übergeben muß, damit ich verändert werden kann. Er ist die Brücke zu Gott. Und wenn man Jesus Christus nicht annimmt, hat man damit auch die Bedingung nicht angenommen, die Gott uns Menschen stellt, damit wir in ungetrübter Beziehung zu ihm leben können.

Nach dieser Erkenntnis mußte ich mir eingestehen, daß Gott mir bisher sehr gnädig gewesen war. Gleichzeitig wurde mir klar, weshalb ich bisher immer noch nach etwas Weiterem gesucht hatte. Nun hatte ich gefunden, was ich gesucht hatte: den Schutzschild Jesus Christus.

Nun wollte ich nur zu gerne Gottes Bedingungen erfüllen. In einem Gebet stellte ich mich bewußt unter den Schutz von Jesus Christus. Sehr bald schon spürte ich eine echte Verwandlung. Das war die Verwandlung, die mir gefehlt hatte, die ich aber bei Martin erlebt hatte! Von da an empfand ich wirklichen Frieden in mir, einen Frieden, den ich vorher einfach nicht hatte finden können.

Ich las auch wieder in der Bibel, doch nun auf einer anderen Grundlage als vorher. Seit ich verstanden und angenommen hatte, daß Jesus Christus die persönliche Verbindung zu Gott ist, verblüffte mich die Bibel völlig.

Ich las das ganze Neue Testament und kam aus dem Staunen nicht mehr heraus, was sich mir hier mit einem Male alles offenbarte! Ich hatte das Gefühl, diese Worte zum ersten Mal zu lesen.

Obwohl ich mich schon früher öfters mit der Bibel beschäftigt hatte, verstand ich erst jetzt, wie tiefgründig dieses Buch in Wirklichkeit ist. Obwohl es zum Teil mehrere tausend Jahre alt ist, stehen Dinge darin, die so aktuell sind, als wären sie erst vor kurzem geschrieben worden.

Vieles aus der Bibel, was mir bislang rätselhaft vorgekommen war, wurde mir verständlich. Ich merkte, daß ich vorher beim Bibellesen tatsächlich so etwas wie einen Schleier vor meinen Augen gehabt hatte.

Von da an konnten Martin und ich uns stundenlang über die Bibel unterhalten. So oft wir konnten, lasen wir darin. Und je mehr wir uns in sie vertieften, desto erstaunter und ehrfürchtiger wurden wir. Genau genommen wurden wir ganz klein, weil wir uns nun ein wenig vorstellen konnten, was für eine Macht Gott haben muß und wie liebevoll er gleichzeitig mit uns Menschen umgeht.

Wie ein Wunder empfand ich auch, daß seit dem Schritt zu Jesus Christus das Gefühl des Alleinseins, das mich Jahre verfolgt hatte, verschwunden war. Ich fühlte mich bei Gott geliebt und geborgen, und das konnte mir kein Mensch mehr nehmen.

Danach geschah noch ein weiteres Wunder. Wenige Wochen, nachdem Martin und ich unser Leben Jesus Christus übergeben hatten, redeten wir an einem Abend gerade über alltägliche Dinge, als Martin mir plötzlich mitteilte: «Ich habe mich entschieden zu heiraten!»

Zuerst war einen Moment Funkstille. Als ich mich gefaßt hatte, rief ich überglücklich: «Toll!» Und grinsend hakte ich nach: «Weißt du denn auch schon, wen?» Worauf wir beide schallend lachen mußten ...

Damit hatte ich nun wirklich nicht mehr gerechnet. Die ganzen Jahre hindurch gab es jedesmal Krach, wenn ich die Wörter «heiraten» oder «Hochzeit» auch nur in den Mund nahm. Für Martin war der bloße Gedanke daran ein rotes Tuch. Er explodierte regelrecht, wenn man ihn damit reizte, denn er hatte panische Angst vor dem Heiraten.

Doch nun war diese Angst von einem Tag auf den andern wie weggeblasen. Eines Nachts hatte Martin die absolute Sicherheit bekommen, daß ich die Frau war, die er heiraten sollte.

Wenige Monate später setzten wir unseren Entschluß in die Tat um und begruben unsere wilde Ehe. Wir haben diesen Schritt keinen Tag bereut. Ich würde Martin jeden Tag wieder heiraten. Es ist für mich immer wieder neu ein Glücksgefühl, eine eigene Familie zu haben. Seit unserem Schritt zu Jesus Christus führen wir eine Beziehung, die sehr harmonisch ist, was vorher auch nicht wirklich der

Fall war. Heute kommt es nur sehr selten zu Auseinandersetzungen, und die kriegen wir sehr schnell wieder in den Griff.

Es ist heute nicht so, daß ich keine Probleme mehr hätte. Doch ich kann sie jetzt ganz anders angehen als früher; die Verbindung zu Jesus Christus macht dabei einen großen Unterschied. Und ich lerne in schwierigen Situationen immer besser, Gott kindlich zu vertrauen.

Was den Bereich meiner Sucht angeht, so ist für mich das Allerschönste, daß ich es nicht mehr nötig habe, die Waage als Maßstab meines Selbstwerts zu mißbrauchen. So viele Jahre habe ich damit verbracht, meinen Körper zu stählen und so attraktiv wie nur irgend möglich zu werden, mit dem Ziel, auf mich und andere unwiderstehlich zu wirken.

In der Folge mußte ich erkennen, daß mir dieses ersehnte Schönsein in vielerlei Hinsicht nur Probleme und Ärger eingebracht hat. Ich habe gelernt, mich und mein Äußeres nicht mehr so wichtig zu nehmen. Endlich kann ich mich so akzeptieren, wie ich bin.

Ich habe auch keine Probleme mehr mit dem Essen. Ich esse alles, was ich will und wann ich es will. Wenn ich das Bedürfnis habe zu essen, bediene ich mich; und dabei lege ich mir keine Verbote mehr auf, wie ich es in meiner Diätphase als Teenager tat.

Wenn ich nicht mehr essen mag, höre ich sofort auf, und so hält sich mein Gewicht nun seit Jahren bei etwa fünfzig Kilo. Kleine Schwankungen gibt es ab und zu, aber die beunruhigen mich überhaupt nicht mehr.

Es ist tatsächlich so: Heute bin ich ein völlig anderer Mensch als damals. Während ich an diesem Buch schrieb, gab es Momente, in denen ich das Gefühl hatte, ich würde von einer fremden Person erzählen. Wenn ich nicht «dabeigewesen» wäre, könnte ich meine Geschichte beinahe selbst nicht glauben!

Und in gewisser Hinsicht erzähle ich ja auch von einer anderen Person. Ich war völlig ausgebrannt und glaubte mich dazu verdammt, ohne Hoffnung auf Besserung dahinvegetieren zu müssen. So war mir damals wirklich zumute. Doch dieser Mensch von damals bin ich nicht mehr. Wie gesagt, es ist nicht so, daß ich heute keine Probleme mehr hätte, aber all die Lasten von früher habe ich ablegen dürfen.

Ich verspüre auch keinen Drang mehr, mir durch irgendwelche aufregenden Aktivitäten eine vermeintliche Freiheit zu verschaffen. Auch will ich nicht mehr nach Amerika flüchten, um eine Freiheit zu suchen, die ich auch dort nicht finden kann.

Ich fühle mich heute wirklich wohl in meiner Haut, so daß ich nicht mehr vor mir selbst wegrennen oder mich durch Taten betäuben muß. Ich habe es nicht mehr nötig, mir einen Kick zu verschaffen, nur damit mich mein Leben nicht mehr anödet. Ich bin ein neuer Mensch geworden und fühle mich ganz frei aus einer tiefen inneren Zufriedenheit heraus.

Seit ich verheiratet bin, habe ich Franco kaum mehr gesehen. Es ist nicht so, daß ich ihn ablehne, doch ich bin unbeschreiblich froh, daß mich alles, was er tut, überhaupt nicht mehr interessieren muß. Das hat mein Leben ungemein erleichtert.

Werner ist heute ebenfalls verheiratet und hat eine tolle Familie. Immer mal wieder treffen wir beiden Familien uns und kommen phantastisch miteinander aus. Werner ist mir noch heute ein treuer und lieber Bruder, den ich gegen keinen anderen tauschen würde.

Mutter ist inzwischen auch wieder verheiratet, aber ich denke, sie hatte es bei Paps früher einfacher. Ich wäre froh, ich hätte sie näher bei mir. Ihre Hoffnung, in Deutschland glücklicher zu sein, ist wohl leider nicht Wirklichkeit geworden. Wir sehen uns einmal im Jahr, wenn sie mich für eine Woche besuchen kommt. Ich genieße diese Zeit sehr, denn ich liebe meine Mutter und habe sie sehr gerne um mich.

Paps ist der einzige, der noch bei Martin und mir in der Nähe wohnt. Wir sehen uns regelmäßig, und ich schätze das sehr. Ich kann ihn heute in vielen Dingen besser verstehen und ihn mittlerweile wieder so lieben, wie ich ihn als kleines Mädchen geliebt habe. Außerdem bin ich sehr froh, daß er mit Margrit glücklich ist.

Unsere kleine Tochter Leonie ist mittlerweile schon fast fünf Jahre alt, und sie ist wirklich ein liebenswertes Kind. Offenbar hat sie einige Eigenschaften von mir geerbt: Einerseits ist sie oft schüchtern, ängstlich und menschenscheu, andererseits ist sie sehr aufgeweckt, kann nicht stillsitzen und möchte am liebsten, daß immer etwas los ist!

Für Leonie ist es übrigens völlig normal, daß Gott hilft, daß er ihr nahe ist und auf sie aufpaßt. Gott und Jesus Christus – das sind Begriffe, die einfach zu ihr gehören. Obwohl unsere Tochter genauso nähebedürftig ist (und daher vielleicht genauso suchtgefährdet), wie ich es damals war, habe ich keine Angst um sie, weil ich sie in mein Gebet einschließen kann. Es macht mich frei zu wissen, daß sie unter Gottes Schutz steht.

Als Kind und Teenager versuchte ich meinen Eltern die perfekte Tochter vorzugaukeln, was mir ziemlich gut gelang. Ich wollte sie nicht enttäuschen; sie sollten stolz auf mich sein können.

Heute habe ich nicht mehr das Bedürfnis, irgend jemandem etwas vorzumachen. Ich habe gelernt, zu meiner Unvollkommenheit als Mensch zu stehen, und sehe das nicht mehr als Schande an. Ich weiß aber auch, daß wir in unserer alten Familie einige Probleme weniger gehabt hätten, wenn wir nicht alle unfähig gewesen wären, offen über die Dinge zu reden.

Ich habe daraus gelernt und bin heute eher wie ein offenes Buch; das heißt, daß ich auch über meine Schwächen rede. Sicherlich gibt es Dinge, die nicht bei allen gleich gut aufgehoben sind und gleich gut ankommen, doch unter dem Strich bin ich mit der Offenheit noch immer besser gefahren, als wenn ich auf meinem Mund gesessen hätte! Schließlich kommt es ja auch darauf an, *wie* man etwas zum andern sagt.

Egal, was meine Eltern falsch gemacht haben oder hätten besser machen können: Ich weiß, daß sie versucht haben, ihr Bestes zu geben, und das ist es, was zählt. Ich kann ihnen nicht böse sein, denn ich liebe meine Eltern wirklich. Außerdem sind sie auch nur Menschen mit Fehlern und Schwächen wie ich auch; und es steht mir nicht zu, sie zu verurteilen.

Warum ich eigentlich so stark in die Bulimie geriet, kann ich nicht mit absoluter Sicherheit sagen. Das Hauptmotiv war immer, daß ich dünner sein wollte. Außerdem war ich es leid, mich dauernd mit Däten zu quälen. Dazu kamen noch die vielen anderen Punkte: die fehlende Anerkennung nach meinen erfolgreichen Jahren als Turnerin, die Scheidung meiner Eltern, die unglückliche Freundschaft mit Franco und die mißratene Banklehre. All diese Faktoren trugen dazu bei, daß ich vollends vom Gleis abkam und im Chaos endete.

Die einzigen beiden Andenken aus meiner Bulimiezeit sind meine dünnen Zähne und die Umwege, die ich um jede Küche mache.

Meine Zähne sind derart in Mitleidenschaft gezogen, daß sie regelmäßig lackiert werden müssen. Sonst müßte ich bei jedem Atemzug durch den Mund aufschreien, da meine Zahnnerven nicht mehr durch den Zahnschmelz geschützt sind. Damit habe ich ziemlich gut gelernt zu leben.

Leider werden aber meine vorderen Schneidezähne jetzt wirklich immer kürzer. Von Zeit zu Zeit fallen kleine Ecken ab, da die Zähne zu dünn sind und keine Stabilität mehr haben. Das einzige, was man dagegen tun kann, ist, die Zähne etwas abzuschleifen, damit ich mir nicht die Zunge an den scharfen Kanten aufreiße. Das ist natürlich nicht so toll.

Martin ist auch in dieser Hinsicht sehr direkt, was ich in den Jahren sogar lieben gelernt habe. Sein Kommentar zu meinen Zahnproblemen ist: «Du kannst ja schon mal anfangen, für deine neuen Zähne zu sparen.»

In Küchen halte ich mich auch nicht sonderlich gerne auf, und Kochen wird wohl nie meine große Leidenschaft werden. Ich bin immer froh, wenn ich so schnell wie möglich mit dem Essenzubereiten fertig bin; und dementsprechend schmeckt es meist auch ... Einmal pro Jahr kommt es zwar vor, daß ich richtig Spaß am Kochen habe, doch dann ist diese Freude meist auch gleich wieder vorbei.

Deshalb hat Martin vor einigen Jahren kochen gelernt. Das begründete er so: «Um Claudia herum muß ich ja kochen können, denn wenn ich mal etwas Anständiges zu essen haben will, muß ich es selber machen.» Mit dieser Aussage hatte er vollkommen recht.

Heute kocht Martin ausgezeichnet. Da mir mein selbstproduziertes Essen immer noch nicht sonderlich schmeckt, bin ich überglücklich, daß ich so einen tollen Koch zu Hause habe, der mir, wann immer er kann, diese ungeliebte Pflicht gerne abnimmt!

Anhang

Anhang

Wichtigste Merkmale der Bulimie

Bulimie oder «Freß-/Brechsucht» ist eine suchtartige Störung des Eßverhaltens mit Heißhunger und absichtlich herbeigeführtem Erbrechen. In anderen Worten: Man bringt sich selbst dazu, Riesenmengen (zum Teil Kilomengen) zu essen. Unmittelbar danach erbricht man das Ganze wieder, ob auf der Toilette oder an anderen ungestörten Orten.

Das klingt nicht nur schrecklich, es ist auch so. Für Nichtbetroffene mag diese Übung völlig absurd erscheinen; für einen Süchtigen ist sie zum einen ein Ventil, um Dampf abzulassen, zum andern eine geeignete Methode, sich von der Realität abzuschirmen. Gefährlich ist Bulimie für Körper und Geist; zudem ist sie äußerst kostspielig.

Ursprung des Übels ist entweder der unbedingte Wunsch abzunehmen oder ein seelisches Problem. Meistens kommt beides zusammen. Betroffene haben oft Schwierigkeiten damit, eigene Bedürfnisse zu erkennen und auszusprechen. Sie machen ihren Bauch zu ihrem persönlichen Schlachtfeld; hier werden alle Konflikte ausgetragen. Dadurch haben sie die Möglichkeit, den wahren Schwierigkeiten aus dem Weg zu gehen und sich statt dessen in ihre eigene Welt zurückzuziehen.

Manchmal gehen Freßsucht oder Magersucht der Bulimie voraus. Alle drei Süchte können aber auch ineinander übergehen; dabei gibt es alle möglichen Varianten.

Die Freß-/Brechsucht ist eine Krankheit, die sich im geheimen abspielt. Die Scham der Betroffenen ist unheimlich groß, und deshalb treten sie mit ihrer Not kaum an die Öffentlichkeit. Meist haben nicht einmal die Familienangehörigen die leiseste Ahnung. Interessanterweise meinen die armen Seelen, sie seien die einzigen Süchtigen in ihrem Umfeld. Doch das stimmt keineswegs. Es gibt Abertausende von Betroffenen, und die Mehrzahl davon sind Frauen.

Bulimiker denken pausenlos ans Essen. Das fängt mit dem Aufstehen an und hört mit dem Einschlafen auf. Manche träumen sogar nachts noch vom Essen. Das ist die Hölle! Für Bulimiker hat Essen nichts mehr mit Genuß und Freude zu tun, sondern ist nur noch eine einzige große Belastung.

Viele Abhängige gestehen sich ihre Sucht nicht ein. Sie machen sich vor, mit der Brecherei aufhören zu können, sobald sie das nur wollen. Auf der anderen Seite wissen sie genau, daß sie dazu nicht in der Lage sind, und geraten so immer tiefer in einen Teufelskreis. Wie bei anderen Süchten auch gelingt es den wenigsten, sich aus eigener Kraft daraus zu befreien.

Mit Bulimie kann man nicht in dem Sinne aufhören, wie es mit Alkohol- oder Drogenabhängigkeit möglich ist. Durch die notwendige Nahrungsaufnahme wird man bis an sein Lebensende ständig ans Essen erinnert! Das ist der eigentliche Fluch der Bulimie: Einerseits versuchen die Betroffenen verzweifelt, davon loszukommen, andererseits sind sie gezwungen zu essen, um leben zu können.

Schritte hin zur Wende

Gott, mein Vater, du weißt, wie sehr ich mich nach Liebe, Nähe und Geborgenheit gesehnt habe. Aber was ist dabei herausgekommen? Ich habe mich ständig in neue, würgende Abhängigkeiten verstrickt.

Ich habe verzweifelt versucht, mein Leben selbständig zu managen, und dabei gar nie nach dir gefragt. Vor dir, meinem Schöpfer, bin ich schuldig geworden. Bitte verzeih mir! Ich habe mein Leben in weiten Teilen vermurkst.

Mit meiner Kraft und Weisheit bin ich jetzt so ziemlich am Ende. Ich kann nicht mehr. Ich komme nicht mehr weiter.

Doch du bietest mir einen Weg aus meiner Sucht, meinem Selbsthaß und meinem sinnlosen Dasein und Tun an. Du hast mir Jesus Christus geschickt, damit ich nicht in meinem Elend versinken muß, sondern mit ihm ganz neu anfangen darf. Ich fasse jetzt nach seiner starken Hand, auch in meinen Niederlagen und Rückfällen.

Von nun an sollst du, Jesus, mir zeigen, wo es langgeht und was ich als nächstes tun soll. Ich entscheide mich jetzt, mein ganzes Vertrauen auf dich zu setzen. Denn du läßt die Menschen, die zu dir schreien, nicht im Stich. Bitte hilf mir, an dieser Tatsache festzuhalten, auch wenn sie im Gegensatz zu all meinen Gefühlen zu stehen scheint.

Danke, vielen Dank, daß ich immer, Tag und Nacht, zu dir kommen und dir mein Herz ausschütten kann.

Amen

Schritte aus der Bulimie

Tue dir selbst den Gefallen und wage es, im Vertrauen auf Jesus Christus konkrete Schritte zu tun – auch wenn du vielleicht nicht so ganz kapierst, was mit dir geschieht.

Rede immer wieder mit Jesus Christus. Suche die persönliche Beziehung und Nähe zu ihm. Frage ihn, wie es weitergehen soll, und bitte ihn um seine Hilfe, Klarheit und Führung. Er hat übrigens gesagt: «Komm zu mir, wenn du beladen bist, ich will dir Ruhe geben.» Ist das nicht ein Angebot?

Übe dich dabei in Geduld. Das ist zwar keine Stärke von uns Menschen und schon gar nicht von Bulimikern, aber es lohnt sich, auf Gottes Eingreifen zu warten.

Versuche zu spüren und zu erkennen, wo er dich hinführen will. Vielleicht gibt er dir den Impuls,

– dein Problem gemeinsam mit ihm anzugehen;
– dich einem Christen, Freund, Familienmitglied oder sogar einem flüchtigen Bekannten anzuvertrauen;
– einen Seelsorger um Hilfe zu bitten;
– einen Arzt oder eine Beratungsstelle aufzusuchen;
– eine Therapie unter fachkundiger Leitung einer Person, der du wirklich vertrauen kannst, durchzustehen;
– oder einfach noch zu warten ...

Diese Aufzählung ist mit Sicherheit nicht vollständig. Sie soll dich aber dazu anregen, deine eigenen Lebensumstände offen anzuschauen und konkret zu fragen, was für dich dran ist.

Noch ein Tip: Bulimie ist für Nichtbetroffene nur schwer nachvollziehbar. Vielleicht kann dieses Buch eine Grundlage bieten, um in der Familie oder im Freundeskreis besser darüber reden zu können.

Brunnen-Bücher helfen leben

Rebecca Neumann (Pseudonym)

Der unterdrückte Schrei

Sexueller Mißbrauch: Mein langer Weg zur Heilung

214 Seiten, ABCteam-Paperback Nr. 1093

Als Achtjährige wird Rebecca mißbraucht. Der Täter ist ein alter Mann, ihr «bester Freund». Als er ins Gefängnis kommt, gibt ihre Mutter ihr die Schuld und lehnt jedes Gespräch über den Vorfall ab. Rebeccas Gefühlswelt gerät völlig aus den Fugen. Um zu überleben, verdrängt sie die innere Qual.

Doch 25 Jahre später, Rebecca ist inzwischen verheiratet und selbst Mutter, melden sich die Erinnerungen mit nie gekannter Wucht. Der Weg zum Verstehen, zum Vergeben und zum Ablegen der Schuldkomplexe ist lang, schmerzhaft; aber es gibt Hoffnung auf Heilung und neues Leben.

Die Autorin will Menschen ermutigen, die selbst sexuell mißbraucht wurden, aber auch all jene, die sich danach sehnen, helfen und raten zu können.

Brunnen-Verlag · Basel und Gießen